ニュー・ヨーク州事業会社法史研究

ニュー・ヨーク州事業会社法史研究

伊藤紀彦著

信山社

はしがき

　本書は，筆者のアメリカ事業会社法史研究の主要な部分を構成するものであり，ニューヨーク州事業会社法史に関する研究を 1 冊にまとめたものである。その目標は，同州事業会社法史に関する概説を書くことではなく，特許主義の下における設立法（特許状）を具体的・個別的に吟味し，また，同州の近代的な事業会社法の形成過程を究明するため，初期の準則制事業会社法の内容を会社立法史の視点から詳細に検討することにある。1810 年代から 1840 年代半ばまでの個別法律（特許状）の吟味は不十分であるが，1838 年自由銀行法や 1846 年以降 1850 年に至るまでの同州初期準則制事業会社法の制定過程・内容については，かなり詳細な検討が加えられているといえるであろう。

　本書は筆者が 20 年余前から折々書いた論文を再構成して出来上がったものであり，まとめる際に利用した旧稿は次のとおりである。なお，旧稿の誤りは一々指摘する余裕がないので，これでそれを訂正したものとみなすことにしたい。もちろんなお多くの誤りを免れていないことはいうまでもないであろう。

① 「ニュー・ヨーク州における事業会社の設立に関する準則主義の発展（一）（二）」中京法学 12 巻 1 号（1977 年）・同 15 巻 3 号（1981 年）
② 「1840 年代におけるニュー・ヨーク事業会社法の発展」現代株式会社法の課題（北沢正啓先生還暦記念）（1986 年）
③ 「ニュー・ヨーク州初期事業会社法史」現代の法と政治（中京大学法学部 20 周年記念論文集）（1988 年）
④ 「ニュー・ヨーク州における株主の有限責任制の変遷（一）（二）」中京法学 29 巻 1 号（1994 年）・同 31 巻 1 号（1996 年）
⑤ 「続・ニュー・ヨーク州初期事業会社法史」中京法学 33 巻 3・4 合併号（1999 年）

はしがき

⑥「ニュー・ヨーク州初期鉄道会社法史」中京法学34巻3・4合併号（2000年）

　おわりに，筆者を会社法研究に導いてくださった北澤正啓・名古屋大学名誉教授および故・古瀬村邦夫・大阪市立大学名誉教授のお二人の先生に対し本書を捧げ，心からの感謝の念を表すこととしたい。
　末筆ながら，本書の出版を快くお引受けくださった信山社の袖山貴氏に心からのお礼を申し上げたい。

　平成15年10月

著　　者

目　次

はしがき
序　章 ……………………………………………………………1
第1章　ニュー・ヨーク州事業会社法の草創期 (1790年～1810年) ……9

　第1節　序 *(9)*
　第2節　銀行会社法 *(11)*
　　【1】　ニュー・ヨーク銀行設立法 *(11)*
　　【2】　オールバニィ銀行設立法およびコロンビア銀行設立法 *(22)*
　　【3】　マンハッタン・カンパニーの参入 *(24)*
　　【4】　その後の銀行会社設立法 *(26)*
　第3節　保険会社法 *(29)*
　　【1】　ユナイテッド保険会社設立法 *(30)*
　　【2】　ニュー・ヨーク保険会社設立法 *(34)*
　　【3】　その後の保険会社設立法 *(35)*
　第4節　製造工業会社法 *(38)*
　　【1】　製造工業に対するニュー・ヨーク州初期の政策 *(38)*
　　【2】　製造工業会社設立法の検討 *(40)*
　　【3】　2倍責任規定の沿革 *(46)*
　　【4】　商業を目的とする事業会社 *(48)*
　第5節　公益事業的性質の事業会社法 *(50)*
　　【1】　運河会社法 *(51)*
　　【2】　ターンパイク会社法 *(59)*
　　【3】　有料橋会社法 *(72)*
　　【4】　水道会社法 *(76)*
　第6節　本章の時代のアメリカ合衆国における事業会社法の諸問題 *(79)*
　　【1】　事業会社の社員（株主）の責任 *(79)*

vii

目　次

　　【2】　特許主義の下における初期事業会社の設立方式 *(87)*
　　【3】　社員（株主）の議決権 *(91)*
　　【4】　その他若干の問題 *(92)*

第2章　1811年製造工業会社法の制定から1845年まで …… *113*

　第1節　序 *(113)*
　第2節　1811年製造工業会社法の制定 *(114)*
　　　　　――製造工業会社の設立に関する準則主義の出現――
　　【1】　1811年法制定の背景 *(114)*
　　【2】　1811年法の内容とその後の推移 *(118)*
　第3節　特許主義の下における事業会社法の展開（その1） *(122)*
　　　　　―― 1811年～1827年――
　　【1】　製造工業会社法 *(123)*
　　【2】　銀行会社法 *(131)*
　　【3】　保険会社法 *(134)*
　第4節　1827／28年法（The Revised Statutes）の制定 *(135)*
　第5節　特許主義の下における事業会社法の展開（その2） *(142)*
　　　　　―― 1828年～1845年――
　　【1】　製造工業会社法 *(142)*
　　【2】　銀行会社法 *(145)*
　　【3】　保険会社法 *(146)*
　第6節　特許主義の下における事業会社法の展開（その3） *(147)*
　　　　　――鉄道会社法の形成――
　　【1】　鉄道会社法の出現（1826年から1830年まで） *(147)*
　　【2】　1831年から1845年末までの鉄道会社設立法 *(153)*
　第7節　1838年自由銀行法の制定 *(170)*
　　　　　――銀行会社の設立に関する準則主義の成立――
　　【1】　1838年法制定の背景 *(171)*
　　【2】　1837年州議会における自由銀行法案の審議 *(174)*
　　【3】　1838年法の成立とその内容 *(178)*

　　　　　　　　　　　　　　　　　　　　　　　　　　　目　次

　　【４】　1838年自由銀行法と1821年ニュー・ヨーク州憲法 (188)

第3章　1846年ニュー・ヨーク州憲法改正から1860年まで …205

　第1節　序 (205)
　第2節　1846年州憲法改正と事業会社法 (206)
　　【１】　州憲法会議と法人の設立に関する準則主義 (206)
　　【２】　州憲法会議における株主の責任の態様をめぐる論議 (210)
　　【３】　州憲法会議と1838年自由銀行法の改正 (212)
　第3節　1846年州憲法改正後における準則制事業会社法の展開 (216)
　　【１】　1847年板舗装道路・ターンパイク会社法 (217)
　　【２】　1848年ガス灯会社法 (220)
　　【３】　1848年有料橋会社法 (221)
　　【４】　1848年電信会社法 (223)
　　【５】　1849年保険会社法 (224)
　第4節　1848年製造工業会社法 (227)
　　　　　　──製造工業会社の設立に関する準則主義の伸展──
　　【１】　1847年州議会における製造工業会社法案の審議 (227)
　　【２】　1848年法の成立とその内容 (231)
　第5節　1848年および1850年鉄道会社法 (238)
　　　　　　──鉄道会社の設立に関する準則主義の成立──
　　【１】　1847年州議会における準則制鉄道会社法案の審議 (238)
　　【２】　1848年鉄道会社法 (239)
　　【３】　1850年鉄道会社法 (243)
　第6節　1850年代の事業会社法 (249)

む　す　び
　　　　　──1860年代以降のニュー・ヨーク州事業会社立法の主要な動向──
　　【１】　19世紀後半における事業会社法の動向 (262)
　　【２】　1890年以降の会社立法の主要な動向 (266)

ニュー・ヨーク州事業会社法史研究

序　章

序　章

　本書は，1790年から1860年までのニュー・ヨーク州事業会社法の変遷を辿ろうとするものである。19世紀の同州事業会社法史全体を鳥瞰した場合に，1つの大きな区切りとなるのは，1846年から1854年までの10年弱の時期であろう。1846年のニュー・ヨーク州憲法の改正を契機として，その後およそ10年間に種々の事業会社の設立に関する準則主義（準則制事業会社法）が成立し，この時期を境として，同州の事業会社法は大きく変貌したといえるからである。本書の狙いは，この変貌期がほぼ終わる頃までを対象として，専ら制定法（会社法立法）の側面から同州事業会社法史を検討することにある(注1)。

　この時代の事業会社法の発展は，裁判所による法形成というよりむしろ立法府による法形成であったといわれており(注2)，この点に鑑みるとき，事業会社に関する制定法の枠組みを明らかにする作業は不可欠であろう。したがって，本書の目標は，まず，ニュー・ヨーク州における事業会社の設立に関する特許主義の時代の会社制定法（特許状または設立法）を検討することであり，また，1846年州憲法改正後およそ10年間の時期を対象として，種々の準則制事業会社法の制定過程を辿り，同州の近代的な事業会社法の成立過程をできる限り具体的に究明することである。

　周知のように，アメリカ合衆国の「会社法」は州毎に異なっているため，会社法の歴史的研究も州毎に行なうことが要求される。しかし，会社法の歴史的研究が従来本格的に行なわれた州はマサチューセッツ州やウィスコンシン州など僅かであり，多くの州に関する会社法史研究は今後に残された課題であろう。

　本論に入る前に，本書における若干の用語について，アト・ランダムにコメントを付すことにしたい。

　① 本書の事業会社（business corporations）という用語は，州から法人格

序　章

を取得した営利企業，言い換えれば，「州から法人格を取得した営利を目的とする団体」を意味している。以上のかぎりでは，日本の商法でいう会社（営利社団法人）とほぼ同じである。しかし，アメリカでは，business corporations は，partnerships や limited partnerships を含まないのであり，合名会社や合資会社が法人とされる日本の法律は，アメリカの「会社法」とはずれがあることは周知のとおりである。また，ニュー・ヨーク州「会社法」は，後述のようにわが国が経験したことのない社員の責任の態様を認めていた。したがって，本書では，両者の「会社法」制度の違いに注目しつつ，ニュー・ヨーク州「会社法」制度を整理するのに便宜な事業会社という用語を用いることとする(注3)。

このような事業会社の範疇には，銀行会社（Banking Corporations）・保険会社（Insurance Corporations）・製造工業会社（Manufacturing Corporations）・運河会社（Canal Corporations）・ターンパイク会社（Turnpike Corporations）などが含まれる。しかし，これらの会社は日本の会社法学でいう株式会社だけを意味するとは限らないのであり，これらの中には，法人格は有していても社員の有限責任が明文上認められないかまたはその点が明確でない会社も含まれることになる。つまり，本書の事業会社は，社員が無限責任を負う会社も含むわけである。19世紀前半期のニュー・ヨーク州では，事業会社社員の責任の態様は複雑であり，無限責任（使用人の賃金債権についてだけ無限責任を負う態様もある）・比例責任・2倍責任（株金額を払い込む責任プラス株金額を限度とする直接有限責任）・資本総額の払込前は2倍責任（無限責任の場合もある）で，資本総額の払込後は責任がない場合・間接有限責任など多様な責任の態様が存在したことに予め注目しておきたい(注4)。

上述のように，本書でいう事業会社は，厳密には株式会社とイコールではない。従来 business corporations は会社ないし株式会社と訳されてきたが，19世紀のアメリカ事業会社（法）に関して株式会社という日本語を使用する場合には，特に注意が必要であろう。business corporations は株式会社ではない会社（ある種の無限責任会社）も意味しているため，厳密に株式会社法の歴史を問題とする場合に，business corporations や manufacturing corporations などを直ちに株式会社と同一視するときは正確な分析とはいえないこ

序　章

とが多いからである^(注5)。

　19世紀初頭においては，法人の分類として，business corporations という範疇が確立していなかったといわれており，初期の会社制定法において，business corporations という用語を見いだすことは困難である。特許主義の下では，1つの事業会社設立法は特定の事業を目的とする個別の会社を規制するだけであり，多様な種類の事業を営む会社を包括的に意味する事業会社という用語は制定法上の用語としてはおそらく必要性がなかったのであろう。

　また，19世紀半ばの準則制事業会社法の立法形式をみてみると，1つの準則主義立法により一般的にすべての事業会社が規制されるのではなく，特定の種類の事業（製造工業・銀行・保険など）毎に準則制事業会社法が制定されることが通常である。したがって，多様な種類の事業を営む会社を包括する概念たる事業会社という用語は立法上使用されなかったのかもしれない。筆者の知る限り，business corporations という言葉を制定法のタイトルにおいて使用した最も初期の例は，1875年事業会社法（**むすび【1】**参照）であろう。

　ただし，制定法上の用語を別にすれば，19世紀前半の法人に関する文献において，business corporations という用語が使用されなかったわけではない。例えば，Henshaw は，法人を municipal corporations（地方自治体）・eleemosynary corporations（公益法人）・business corporations（営利法人または事業会社）の3つに分類している^(注6)。

　ちなみに，本書が対象とする時代のニュー・ヨーク州の制定法において，本書で用いる事業会社に最も近似する制定法上の用語は，incorporated companies^(注7) ではなかろうか。

　② 現在の日本の会社法学における支配的見解によれば，株主は，一定の出資額を限度とする責任を会社に対してだけ負い，会社の債権者に対しては何らの責任も負わない。また，株式は株式会社の社員たる地位であると説かれている。ところが，アメリカ初期の事業会社法では，無限責任社員についても stockholders という用語が用いられており，stockholders（or shareholders）を株主と訳す従来の日本の常識的用語法には注意が必要であろう。

　アメリカ初期の事業会社法は社員の責任につき多様な態様を認めているた

3

め，ある種の有限責任（例えば2倍責任）の定めがある場合には，そのような stockholders（社員）を株主と呼ぶことは許されるであろう。また，社員の無限責任を明文で定める場合は，そのような stockholders は社員または出資者と呼ぶのが適切であろう。さらに，社員の責任につき明文の規定がない場合に，その構成員を株主と呼ぶことは疑問があるが，本書ではこれを株主と呼ぶこともある。

③ 法人ないし事業会社を設立するための個別法律（a special act of incorporation）は(注8)，アメリカでは，特許状（a charter）と呼ばれることが多い。しかし，イギリスでは，特許状とは国王の特許状（a royal charter）を意味し，法人を設立するための国会の個別法律（a special act of parliament）を意味するときに，charter という用語が用いられることは稀であると指摘されている(注9)。本書の時代のアメリカでは，最早イギリス国王による法人設立は存在せず，州議会（または連邦議会）が制定する個別法律による法人設立が支配している。それにもかかわらず，a charter または a charter of incorporation という用語は，法人を設立するための個別法律という意味で制定法上もしばしば用いられており，日本の従来の用語法も以上のようなアメリカのそれに近いものであるといえよう。本書は，特許状という用語を排除してはいないが，設立法という用語を a special act of incorporation または a special incorporation law の意味で使用することが多い。本書の設立法とは会社（または法人）設立のための個別法律を意味するわけである。

④ by-laws は，元来，town laws（タウンによって定められた法）を意味するが(注10)，現在では，私法人・その他私的団体がその管理に関して定める自治規則を示すものとして用いられる。また，準則主義立法の下における事業会社の by-laws は，業務規則ないし付属定款と訳されるのが通常であるが，本書は特許主義の下における by-laws を自治規則と呼ぶことにする。

⑤ 準則主義という用語はドイツの学者の慣用に由来するといわれており，アメリカには，これに相当する用語は厳密には存在しないであろう。本書の準則制事業会社法という用語は，a general incorporation law（一般的法人設立法）たる事業会社法を意味する。なお，a general incorporation law はもともと法人一般につき用いられる用語であり，18世紀末以後，いわゆる公益

法人に関する general incorporation laws が事業会社に先行して制定されていたことに注目すべきである（本書第2章2節【1】参照）。

また，事業会社法の歴史を扱う場合には，general incorporation laws と general regulating laws との区別を明確にすべきであろう。後者は，特許主義に基づき設立された事業会社に原則として共通に適用される一般法律であり，それ自体は一般法律に基づく法人の設立（準則主義）を定めるものではない[注11]。

さらに，我が国では，一般（的）会社法（general corporation laws）という用語が従来しばしば使用されており，それが準則制会社法を意味するものとして使用される場合もある。しかし，一般会社法という用語は general incorporation laws と general regulating laws とを明確に区別し得ない故に，この用語は慎重に使用されなければならない（むすび【2】における1892年の The General Corporation Law に関する説明を参照されたい）。

最後に，本書で利用した資料につき付言することにしたい。本書におけるニュー・ヨーク州の制定法については，Session Laws of American States and Territories: New York, 1777 – 1899（Bell & Howell Information and Learning 社から販売されたマイクロフィッシュ）が最も重要な資料である。また，他州の制定法についても上記会社から販売されたマイクロフィッシュ資料に大部分依拠している。上記のニュー・ヨーク州に関する資料は，1790年から1800年までについては，LAWS OF THE STATE OF NEW YORK, PASSED AT THE SESSIONS OF THE LEGISLATURE, vols. 3, 4（Albany; Weed, Parksons and Company, 1887）のコピーである。そのうち vol. 3 は1789年から1796年までの制定法を収録しており，vol. 4 は1797年から1800年までの分を収録している。また，1801年以後の上記資料は，毎年公刊される Laws of the State of New York（いわゆる session laws）を収録したものである。

なお，アメリカ事業会社法の歴史的研究に関する文献については，伊藤紀彦「アメリカ事業会社史文献目録」中京法学38巻1号67頁以下（2003年）を参照されたい。

序　　章

[序章の注]

（注1）　本書とほぼ同じ時代のニュー・ヨーク州事業会社の歴史を対象とする著書としては，RONALD E. SEAVOY, THE ORIGINS OF THE AMERICAN BUSINESS CORPORATION, 1784-1855: BROADENING THE CONCEPT OF PUBLIC SERVICE DURING INDUSTRIALIZATION（1982）があり，筆者も同書を参考にしたところが多い。

（注2）　EDWIN M. DODD, AMERICAN BUSINESS CORPORATIONS UNTIL 1860, at 365（1954）.

（注3）　本書のような用語法は，2 JOSEPH S. DAVIS, ESSAYS IN THE EARLIER HISTORY OF AMERICAN CORPORATION 3（1917, reprint 1965）のそれに近いといえよう。彼は「[事業会社とは]　構成員のために，金銭的利益を獲得するかまたは金銭的損失を回避する目的で，組織されたあらゆる法人」であると述べている。なお，日本の商法学の通説によれば，会社（営利社団法人）の定義における営利性とは獲得した利益を構成員に分配することも含めるのであるが，この点を厳密に考えることはないであろう。

ちなみに，Davis は相互会社（mutual companies）をとりあげているが，本書ではこれを省くこととする。また，1890 年の一連のニュー・ヨーク州会社法が制定された後における business corporations という用語に注目する必要がある（むすび【2】参照）。

（注4）　MORTON J. HORWITZ, THE TRANSFORMATION OF AMERICAN LAW, 1870-1960, at 94（1992）は，「アメリカでは，真の株主有限責任は，1900 年になっても，原則とは到底言えなかった」と述べ，この点は通常充分に認識されていないと指摘している。また，Id. at 191 n.165 によれば，従来の研究は，支払不能法人の債権者に対する社員の責任がパートナー（パートナーシップの構成員）の無限責任といつの時点で分岐したかという点に重きを置いてきた。このような考えによれば，それがなければ無限責任となるようないかなる制限も意味のあるものとなる。その結果，大部分の法域において，19 世紀を通じ，社員はその株式の価額（額面）以上の責任（通常 2 倍責任）を定めるのが普通であったという事実が過小評価されているというのである。

上述の Horwitz の見解にいう「真の株主有限責任」とは，いわゆる間接有限責任を意味しているのであろうが，19 世紀の事業会社における社員の責任の態様は極めて複雑であり，2 倍責任以外の社員の責任についても細かい注意が必要であろう。

（注5）　本文に述べた点と関連して，アメリカ木綿工業の成立過程に関する日本のアメリカ経済史学における通説の見解に注目したい。この見解はアメリカ木棉工業の成立過程において 2 つの工場類型を析出しており，その 1 つは「ロード・アイランド型」工場と呼ばれ，もう 1 つは「ウォルサム型」

序　章

工場と呼ばれる。そして,「ウォルサム型」の特徴として,工場の設立に必要な巨額の資本が株式会社 Corporation の形態をとることにより調達されたと説かれ,その具体的な事例として,「ボストン工業会社」(1813年)や「メリマック工業会社」(1822年)が挙げられている。このような通説としては,鈴木圭介編・アメリカ経済史234頁(宮地啓二執筆)(1972年)がその代表的見解であろう。これと同趣旨の見解としては,楠井敏郎・アメリカ資本主義の発展構造Ⅰ・233頁(1997年);有賀貞ほか編・アメリカ史Ⅰ・261頁(五十嵐武士執筆)(1994年)などがある。

　上記通説の最大の疑問点は,1809年に制定されたマサチューセッツ州の The Manufacturing Corporation Act (An Act defining the general powers and duties of Manufacturing Corporations, Act of Mar. 3, 1809, Mass. Laws 1808-09, ch. 65, pp. 464-67〔§6〕)を無視していることである。同法は社員の無限責任を定める一般法律(a general regulating law)であり,上記のボストン工業会社・メリマック工業会社はいずれも1809年の The Manufacturing Corporation Act に服したから,両会社の社員は無限責任を負ったのである。このように社員が無限責任を負う会社を株式会社であるとみなすことは,全社員の有限責任を要求する大塚久雄の株式会社の定義(日本の商法学の通説でもある)と矛盾しており,1830年の The Manufacturing Corporation Act (An act defining the general powers and duties of Manufacturing Corporations, Act of Feb. 23, 1830, Mass. Laws 1828-31, ch. 53, pp. 325-33)の制定前においては,ウォルサム型が株式会社形態を利用したという見解は成り立たないであろう。1809年 The Manufacturing Corporation Act の存在は,Edwin M. Dodd, *The Evolution of Limited Liability in American Industry: Massachusetts,* 61 HAV. L. REV. 1351, 1364 nn. 47, 48 (1948); DODD, *supra* note 2, at 376 により既に指摘されていたにもかかわらずその存在が無視され続けているわけである。

　なお,本書で時々言及するDoddの著書は,マサチューセッツ州法につきリプリント版(1898年)を使用しているが,筆者はそれを入手できなかったため,後述のとおりのマイクロ・フィッシュ資料に依拠している。それ故に,以下本書で引用する同州制定法は,Doddの引用する制定法集の編纂年度・制定法の chapter 番号・頁数などと異なる場合もあることをお断りしておきたい。また,上記1809年 The Manufacturing Corporation Act については,小山賢一・アメリカ株式会社法形成史183頁以下(1981年)を参照されたい。

　(注6)　DAVID HENSHAW, REMARKS UPON THE RIGHTS AND POWERS OF CORPORATIONS 5 (1837). なお,Henshaw は,business corporations の例として,製造工業・銀行・鉄道・波止場・ホテル会社などを挙げている。

　(注7)　The Revised Statutes of the State of New York of 1827／28, Part 1,

7

ch. 18, tit. Ⅳ, §1（本書第2章4節参照）。

　（注8）　本書は special acts（or laws）を個別法律と訳し，general acts（or laws）を一般法律と訳すことにする。このような用語法は，田中英夫・法形成過程（英米法研究Ⅰ）125-26頁（1987年）に依拠している。

　（注9）　1 ARTHUR W. MACHEN, JR., A TREATISE OF THE MODERN LAW OF CORPORATIONS 4 (1908).

　（注10）　高木八尺・米国政治史序説（高木八尺著作集第1巻98頁［注79］）（1970年）。

　（注11）　general regulating laws については，JOHN W. CADMAN, JR., THE CORPORATION IN NEW JERSEY: BUSINESS AND POLITICS, 1791-1875, at 15 (1949) を参照されたい。なお，本書第1章5節【2】B参照。

第 1 節　序

第 1 章　ニュー・ヨーク州事業会社法の草創期(1790 年～ 1810 年)

第 1 節　序

　製造工業会社の設立に関する準則主義をアメリカ合衆国で最初に採用したのはニュー・ヨーク州であり，この準則主義を確立した制定法が An Act relative to incorporations for manufacturing purposes [注1]（以下本法を 1811 年製造工業会社法または単に 1811 年法と呼ぶ）であることは周知のところである。本章は，1811 年製造工業会社法成立前におけるニュー・ヨーク州事業会社法の変遷を辿ることにその目標を置くこととする。本章の時代は同州事業会社法の誕生期であり，事業会社の設立については，専ら特許主義が支配した時代である。同州最初の製造工業会社を設立するための個別法律（特許状ないし設立法）は，1790 年に成立しており，同年にその事業会社法史の出発点を求めることが可能であろう。しかし，同州最初の銀行会社たるニュー・ヨーク銀行（1791 年 3 月 21 日に法人格を取得した）は，既に 1784 年以来，法人格のない団体（パートナーシップ）としてその営業を継続しており，その事実と当時の銀行会社の重要性に鑑みて，以下では，まず，銀行会社法を検討する。次に，保険会社法および製造工業会社法を検討し，最後に，運河・ターンパイク道路・有料橋・水道会社などの公益事業的性質の事業会社法を論じることとする。

　個別的な制定法の検討に入る前に，本章の時代におけるアメリカ事業会社法の一般的状況について，若干の注目すべき点を指摘することにしたい。

　アメリカ建国初期の事業会社法の歴史における顕著な現象は，後に公益事業と呼ばれる分野に属する事業会社の設立数が製造工業・銀行・保険会社などの数よりも圧倒的に多いことである [注2]。1808 ～ 09 年頃から 1830 年代半ばにかけて，法人観が転換したことを想定することが可能であり，法人は

第1章　ニュー・ヨーク州事業会社法の草創期（1790年～1810年）

常に公共的性格を帯びるとみなされた時代から次第に法人の私的性格が許容される時代へと推移したといえる。本章は，このような転換が生じ始める時期までを対象としており，公法人と私法人との区別は未だ充分に確立されていなかったことに留意すべきであろう。本章の時代のアメリカでは，法人創設権限が州立法府に属することは確固たる法準則として確立されていたが(注3)，法人一般とは別個の事業会社に特有の法政策・法準則はようやく形成され始めたばかりのところである。

Hurstは，「要するに，1780年頃から合衆国において事業のために法人を顕著に利用し始めた時に，頼りになる適切な法的経験は僅かしかなかった。100年間，われわれは，イギリスとは比較にならない規模で法人（the corporate instrument）を利用し続けてきた。その発展の中で，主としてわれわれ独自の諸制度により形成された・ほぼすべてわれわれ独自の必要と関心から，法人に対する公共政策（public policy）をわれわれは確立した」と述べている(注4)。

また，Nelsonは，「革命前においては，大抵の法人は教区・タウン・共有地（common fields）のような下位の政府機関であった。それらは，コミュニティの目的のために個人がその富をプールできるようにするため創設されたのである。しかし，19世紀の最初の10年間に製造工業会社のような新しい形態の法人が現れた。これらの新しい法人の出現によって，法人に対する財産の拠出を州が個人に強制できるかどうか考慮しなおすよう裁判所は強いられたのである。そして，私有財産を保護しようとする裁判所は，2つの種類の法人——地方自治体ないし政府法人と私法人（法人の構成員になることまたは法人の使用のために財産を拠出することのいずれをも個人に強いることが許されない）——の区別を設けた。この判例の線引きによって，1つの新しい経済的制度つまり事業会社（the business corporation）が誕生したのであり，この新しい法人形態は，法人が私的諸目的よりはむしろコミュニティに貢献すべきであるという旧来の要件によって課された諸制約を免れていた」と述べている(注5)。

以上のNelsonの指摘は，直接には，マサチューセッツ州に関するものであり，また，判例と制定法の動向とは必ずしも同一の歩調がみられるわけで

はないが，上記の指摘はニュー・ヨーク州についてもほぼ妥当するであろう。本章は，上記Nelsonの指摘にある新しい形態の法人が出現し始める時期までの会社立法を対象とするわけである。

第2節　銀行会社法

　アメリカ革命の開始後最初に設立された銀行会社は，1781年に連合会議により法人格を付与された北アメリカ銀行である。その後，1800年末までに，アメリカ全体で合計25の銀行会社が設立され(注6)，1801年から1810年末までに，73の銀行会社が設立されている(注7)。アメリカの初期の銀行業は，資本の欠乏状況において誕生したのであり，イギリスのように富の蓄積を前提にして，その資金利用のために銀行業が出現したのではない。乏しい資金を集め，個別・個人的には遂行し得ない事業を集合的に実行し得る制度を形成するためには，銀行会社が不可欠であったと説かれている(注8)。また，これら初期の銀行会社は，最も重要でかつ成功を収めた事業会社であり，このような銀行会社の経験は，他の事業分野における事業会社形態の採用の試みを促進したといわれている(注9)。

　本書が扱う銀行会社は，商業銀行であり，この時代の商業銀行は銀行券を発行することができる銀行（発券銀行）（banks of issue or circulation）である。また，本書が対象とする時代には，中央銀行が専ら銀行券を発行するというシステムは存在しなかったことを念頭に置く必要があろう(注10)。

　ニュー・ヨーク州は，本章の時代に合計10の銀行会社設立法を制定しており（表＝Ⅰ参照），以下にこれらの設立法を検討することにしたい。

【1】　ニュー・ヨーク銀行設立法

　A　ニュー・ヨーク銀行創設の経過　ニュー・ヨーク州最初の銀行会社設立法は1791年3月21日に制定され（表＝Ⅰ①），この法律によりThe president, directors and company of the bank of New Yorkという名称（商号）の銀行会社（以下ニュー・ヨーク銀行と呼ぶ）が設立された(注11)。しかし，

11

第 1 章　ニュー・ヨーク州事業会社法の草創期（1790 年～ 1810 年）

同銀行は，既に 1784 年 6 月 9 日以降，法人格のないまま営業を開始しており，その創業以来およそ 7 年間，いわば法人格のないジョイント・ストック・カンパニー（a joint stock company）（パートナーシップ）としての営業活動が先行していたことに留意しなければならない。ニュー・ヨーク銀行の誕生は，基本的には，1784 年 2 月以降における Robert R. Livingston の土地銀行（a land bank）構想と Alexander Hamilton の正貨銀行（a specie bank）構想との対立に由来するものであるといわれている(注 12)。そこで，まず，両者の構想の対立に始まり，ニュー・ヨーク銀行設立法の制定に至るまでの経過を辿ることにする。

　1784 年 2 月 23 日，当時ニュー・ヨーク市で発行されていた 4 つの新聞のうちの 1 つである The New York Packet 紙に，次のような「銀行」と題する広告記事が掲載された。

　「自由な原理すなわち正貨だけから成る資本に基づく銀行を設立することが当市の紳士諸君の意向であると思われる。故に，明日午後 6 時，The Merchants' Coffee-House への皆さんの御参集を請う。そこにおいて 1 つの計画が皆さんの検討に付されるであろう。」

　この短い広告は後のニュー・ヨーク銀行の創業に連なる最初の表立った動きであり，独立直後のニュー・ヨーク市における新しい勢力の動向を示すものであって，当時の商人等は自らの活動のために金融機関の必要性を感じていたといわれる(注 13)。

　ところで，既に 1783 年 4 月頃，John B. Church は，Jeremiah Wadsworth と連携して，ニュー・ヨーク市において銀行の設立を企図していたが，その後，彼等のヨーロッパ旅行のためハミルトンの援助を求めた(注 14)。しかし，ハミルトンの計画がまだ青写真たる段階で，リヴィングストンを中心とする土地銀行設立の企画が進行し，1784 年 2 月 12 日の The New York Packet 紙にその提案が公表されたのである。この土地銀行（The Bank of the State of New-York）は主に大地主・保守的事業家などの利益のために企画され，その主たる機能は土地担保に基づき地主に金銭を貸付けることにあった(注 15)。上記の提案によれば，この土地銀行の資本は 75 万ドルであり，引受人はその引受額の 3 分の 1 を正貨で払い込み，残り 3 分の 2 の払込については，譲

渡抵当または担保のための信託証書 (deed of trust) により土地担保が提供されなければならないとされた[注16]。

この土地銀行計画に対しては直ちに反対運動が起こされ，前述の2月23日付 New York Packet の新聞広告はその1つの現れである。この反対運動において，ハミルトンは主導的な役割を果たし，ニュー・ヨーク商人を中心とする正貨銀行の設立計画を積極的に推進している。この設立計画によれば，同銀行の資本金は，金・銀で50万ドルであり，1株500ドルの株式 (1000株) に分けられるものとされた[注17]。

3月15日に，ニュー・ヨーク銀行創業のための総会が開催され，この総会で取締役に選任されたハミルトンがその constitution を作成したといわれている[注18]。また，同銀行は6月9日にその営業を開始している。しかし，ハミルトン等は，上述の土地銀行の創立とその設立法制定の阻止に成功したとはいえ，同時に，ニュー・ヨーク銀行自身もその設立法の制定に失敗したのである。

法人格のないジョイント・ストック・カンパニー (法律上はパートナーシップ) として創業した後の同銀行は，好調な営業成績を挙げている。しかし，同銀行は，1784年の創業の際および同年末から翌年4月にかけて，その法人化を求める請願を実現することはできなかった。1789年7月15日に，同銀行はまた請願を行ない，翌年1月14日に，同銀行を法人化するための法案が上院に提出されたが，結局これも否決されている[注19]。

1790年州議会において同銀行設立法の制定に反対したのは，当時の同州上院を支配していた反フェデラリスト (1名のフェデラリストを含む) であった[注20]。その反対理由について，The New York Packet 紙のある記事が次のように述べている[注21]。

「……同銀行は金持の結合体であり，人民にとって嫌悪すべきものであって，当州にとって恐るべきものである。[同銀行] は，自らの銀行券を発行することにより州の紙券を減価させてしまった。同銀行は私的利益のために形成された1つの機関であり，公共の利益にとって有害であり，政府の威信を傷つけるものである。」

同年のニュー・ヨーク銀行をめぐる情勢については，Young が次のよう

第1章　ニュー・ヨーク州事業会社法の草創期（1790年～1810年）

に総括している(注22)。「特許状なしで保守的に経営されているが，急速に拡大しつつある1つの銀行［ニュー・ヨーク銀行］。これに対立しているのは，商業銀行に反対する農本主義的敵意および注意深い——保守的銀行家に我慢できない・性急で・危険を好む——事業家たちの不満であった。」

1791年1月の下院にまた改めて特許状の請願が提出されたが，この時までには，ニュー・ヨーク銀行をめぐる州議会の情勢は，その前年までとは全く違ったものとなっていた。その前年に同銀行設立法の制定に反対した反フェデラリストのClintoniansが態度を急変させたのである(注23)。彼等は，1791年2月25日に設立された第1次合衆国銀行の動向に敏感な反応を示したのであり，この間の事情について，Youngは次のように述べている(注24)。

「……James Kentが明らかにしているように，『州政府にとって連邦政府の影響力を制禦することが必要であると同様に，合衆国銀行の影響力を制禦するためには州銀行を有することが必要である。』Clintoniansは，フェデラリストのニュー・ヨーク銀行でさえもフェデラリストの合衆国銀行との競争を余儀なくされるであろう，と推量したにちがいない。その結果，Kentが述べているとおり，『一般的・抽象的にはこの事に反対している』いずれの上院議員および下院議員もニュー・ヨーク銀行の特許状に賛成票を投じたのである。」

Youngは，Clintoniansの態度急変の理由として，もう1つの副次的な理由を挙げている(注25)。それは歳入の源泉に対する州政府の関心の増大である。Clintoniansは，銀行株式に対する州の投資を州政府の歳入増大の手段と考えたのである。なお，ニュー・ヨーク銀行の株式100株を引き受ける権利がニュー・ヨーク州に認められるに至る点は後述のとおりである。

以上のようなニュー・ヨーク銀行設立法の制定をめぐる動きは，ペンシルヴェイニア州の北アメリカ銀行設立法をめぐる激烈な動き（The Bank Warと呼ばれる）や第2次合衆国銀行をめぐるThe Bank Warとは，様相を異にしているが，ニュー・ヨーク銀行の創業の際やその設立法の制定をめぐる動向もThe Bank Warと呼ばれている(注26)。

B　ニュー・ヨーク銀行設立法の内容　かくして成立したニュー・ヨーク銀行設立法は，第1次合衆国銀行設立法をモデルとしており(注27)，また，

第 2 節　銀行会社法

1824 年以前における同州の銀行会社設立法のモデルとなったと説かれている(注28)。この時期の銀行会社設立法は銀行権能（the banking powers）につき規定を設けなかったため，禁止条項（例えば本法§10 参照）を定めることによって，各銀行会社の権能を制約する必要があったといわれている（第 2 章 3 節【2】参照）。

　本法がニュー・ヨーク州事業会社法史において占めるその重要性に鑑みて，以下に各条文をなるべく詳細に紹介し，それに若干のコメントを付すことにしたい。なお，条文番号は筆者が付したものである(注29)。

　[§1]　「現在当銀行の出資者であるかまたは爾後出資者となるであろうすべての者は，随時，1811 年 5 月の第 2 火曜日まで，The president, directors and company of the Bank of New York の名において，実際上も名目上も，一個の法人（a body corporate and politic）となり，ここに一個の法人として，構成され（ordained, constituted），宣言される。

　彼等［現在および爾後の出資者］およびその承継人は，当銀行会社の名において，1811 年 5 月の第 2 火曜日まで，継続承継（continued succession）を有する。彼等およびその継承人は，法律上の人であり，すべての裁判所および場所において，また，すべての種類の訴訟・訴の申立および事件において，訴えまたは訴えられ，訴答を提出しまたは提出され，答弁を提出しまたは提出され，抗弁を提出しまたは提出されることができる。また，法人印を保有し，それを随意に変更することができる。さらに，彼等およびその承継人は，ニュー・ヨーク銀行の名において，同銀行の使用のため，法律上，動産または不動産を買入れ，保有し，譲渡することができる。」

　この規定は，ニュー・ヨーク銀行に法人格を付与し，かつ，その法人としての諸権能を認める旨を定めたものである。爾後の殆どすべての事業会社設立法は，本規定とほぼ同一の表現を繰り返しており，1811 年法§2 も同様の表現を用いている。なお，既に 1789 年の同銀行設立法案の中に本規定と同一の表現がみられる(注30)。

　また，本規定は当銀行の存続期間を 20 年に制限するものであるが，1789 年の設立法案では，その存続期間が制限されていなかったことに留意する必要がある。1791 年の段階で，恐らく第 1 次合衆国銀行設立法の影響により

15

第 1 章 ニュー・ヨーク州事業会社法の草創期（1790 年～1810 年）

このような制限が設けられたのであろう。爾後，存続期間の制限は，同州の事業会社設立法の中に一般的に設けられることになる。しばしば指摘されるとおり，初期の事業会社に対しては様々な制限が課されており，会社の存続期間の定めはその代表的な 1 つである。ただ，後述の The Manhattan Company は永久存続を認められており，初期の運河会社法・ターンパイク会社法・水道会社法では，存続期間の定めは例外的であることに注意する必要がある。

　［§2］「当銀行の 1 株は 500 スペイン・ドル（Spanish milled dollars）またはそれと等価の正貨とする。また，その株式数は，当州が引き受け得る株式を除き，1800 を超えてはならない。同株式数が満たされるまでは，当会社の頭取および取締役等の指示に基づいて，株式引受が継続される。上記の資本（capital, stock or shares）を含めて，当会社が保有することを認められる資本および財産の総額は，100 万ドルの価額を超えてはならない。」

　［§3］当法人の資本・財産・業務および事業（concerns）は，13 名の取締役により管理・運営され，そのうち 1 名が頭取となり，取締役は 1 年間その職務を保有し，株主かつ当州民たることを要する。取締役の選挙は，毎年 5 月の第 2 火曜日に，過半数の取締役が指定するニュー・ヨーク市内の場所・時刻において行なわれ，当該選挙開催の時の 10 日以前 20 日以内に，取締役は，その場所および時間を同市内で印刷される 2 つの新聞に公示（public notice）する。また，その選挙は，そのために自らまたは代理人により出席した当銀行の株主によって行なわれる。すべての取締役選挙は投票によって行なわれ，いずれの選挙においても最高の得票数を得た 13 名の者が取締役となる。ただし，2 名以上の者が同点得票をした場合には，相対多数（plurality of votes）により決し，また，頭取を除く取締役のうち 4 名は次年度の再選資格を欠く。また，もし取締役の死亡・辞任・当州からの移住により取締役の欠員が生じた場合には，それが生じた年の残存期間につき，そのための特別の選挙により欠員が補充される。さらに，最初の取締役の名前が掲げられている。

　取締役が会社の経営に当る旨および取締役の選挙の定めは爾後の殆どの事業会社設立法にみられる条項である。　頭取を除く取締役の 3 分の 1 の者に

第 2 節　銀行会社法

再選資格を認めない旨の規定および取締役の欠員の措置に関する規定は，第 1 次合衆国銀行設立法（§§ 7, 5）と同趣旨であり^(注31)、これらの両規定のうち，前者は，後述のオールバニー銀行およびコロンビア銀行を除き，同州の後の銀行会社設立法から消滅しているのに対し，後者は本節の殆どすべての設立法に受け継がれている。

［§ 4］　「本法に従って行なわれるべき日に，取締役の選挙が行なわれない事態が生じた場合，当会社はそのことを理由として解散されるべきであるとみなされるのではなく，当会社の自治規則が規律する方法により，他のいずれの日においても，取締役の選挙を行なうことは適法である。」この規定は第 1 次合衆国銀行設立法（§ 5）と同一である^(注32)。

［§ 5］　各株主は，議決権行使の時の少なくとも 3 ヶ月前から自らの名において保有している株式数に応じて，次の割合で議決権を有する。すなわち，4 株までは 1 株ごとに 1 議決権，6 株に対し 5 議決権，8 株に対し 6 議決権，10 株に対し 7 議決権，10 株を超える株式については 5 株ごとに 1 議決権とする。また，合衆国内に現実に住所を有する株主だけが代理人によって議決権を行使することができる。

株主の議決権に関する本規定は，ニュー・ヨーク銀行の constitution のそれと同一であり，後者につき，小山賢一は，「議決権の最高制限のない逓減方式は，1 人 1 議決権の貴族政的民主政体から，1 株 1 議決権の政体への移行期を示している」と指摘している^(注33)。

また，Morawetz は，コモン・ローにおいては 1 人 1 議決権が原則であった，と述べているが^(注34)，アメリカの銀行会社法の最初期には，1 株 1 議決権の原則を採用した設立法もあり^(注35)，制定法をみる限りにおいては，1 人 1 議決権から逓減制を経て 1 株 1 議決権へと単純に移行したのではない点は注意されなければならない。なお，本規定（§ 5）と類似の議決権規制を議決権の逓減制（regressive）と呼ぶか逓増制（progressive）と呼ぶかはいずれでもよいと説かれている^(注36)。

なお，1 株 1 議決権の原則の採用において，ニュー・ヨーク州の銀行会社法が後述の保険会社・製造工業会社設立法より幾分遅れている点については，本節【4】を参照されたい。

第1章　ニュー・ヨーク州事業会社法の草創期（1790年～1810年）

　　［§6］「取締役［全員］またはその過半数が適切と考える限りにおいて，当銀行の利益から半年に1度の配当をなすことは取締役の義務である。また，取締役は，3年に1度または 株主の過半数の投票により要求された場合にはよりしばしば，……損失・利益配当［額］を控除した後に剰余利益（surplus of profits）がある場合にはその剰余利益に関する正確かつ詳細な計算書（statement）を株主総会に提出しなければならない。」

　本規定は第1次合衆国銀行設立法§7（14）とほぼ同一である。利益配当を取締役（会）が決定する旨の規定は，アメリカ最初の銀行会社たる北アメリカ銀行の設立プラン（V）およびその自治規則（7thly）以来，これを定めることが通常であり，イギリスと比較した場合の1つの特色であろう^(注37)。

　また，本規定は，配当制限基準として，利益基準を採用し，利益から配当を支払うことができると定めており，また，1784年に採用された同銀行のconstitution, art. 17は，「当銀行の利益に基づき，全取締役の過半数が決定する配当は，1785年5月の一般選挙［取締役選挙］の少なくとも14日前に宣言される。また，爾後のすべての配当は，半年に一度これをなす」と定めている。この条項は，上述の北アメリカ銀行設立プラン（V）に倣ったものであるといわれる^(注38)。

　　［§7］「取締役は，当法人の<u>資本および財産の管理・処分</u>（disposition）ならびに傭い入れた役員・書記・使用人の義務および行為ならびに取締役の選挙および銀行の事業に関連する他のすべての問題について，自治規則（bye-laws, rules, regulations）を定める権限を有する。また，取締役等は，その適切と考える給与・報酬で，当法人の事業を遂行するために必要な数の役員・書記・使用人を任用する権限を有する。ただし，かかる自治規則は，合衆国または当州の憲法および法律に違反してはならない。」

　法人がその運営に関する自治規則を制定する権限を有することは，法人の特性の1つであり，上記規定と類似の規定は爾後の事業会社設立法に共通して設けられ，1811年法§6も同趣旨の規定を設けている。なお，上記下線部分のような資本および財産の管理・処分に関する規則制定権限は，爾後長期間に互って銀行会社設立法により定められている。

　　［§8］「当州は，全部で100株を越えない範囲において，当銀行の株式

を幾株でも引き受ける権利を有する……また，当州がその引受を実行する前に，本法で制限された株式数［1800株］が引受済みとなった場合には，当州は，その引き受ける額を限度として，当法人が保有する株式の数を増加する権利を有する。」

ニュー・ヨーク州が引き受けることができる100株（5万ドル）は，当銀行会社の資本の額とは別の枠として認められたものである（上述の§2参照）。また，この規定は1789年の同銀行設立法案の中には含まれていないのであり，既述のとおり，1791年に，Clintoniansが，この規定を定めることによって，州の歳入増加をはかろうと考えたのであると説かれている。本章の時代に制定された爾後のほぼすべての銀行会社設立法は州の出資を認める規定を定めている(注39)。

［§9］「現実に預託された金銭を除いて，捺印金銭債務証書（bond）・手形（bill, note）または他の契約のいずれによるかを問わず，当法人がいかなるときでも負担しうる債務の総額は，引き受けられかつ現実に払い込まれた資本の額の3倍を超えてはならない。かかる額を超えた場合には，その運営の下でそれを生じさせた取締役は，その超過額につき，自然の個人の資格において責任を負う。しかし，このことは，当法人またはその法人財産が上記超過額に対する責任を免除されるものと解釈されるものではない。また，かかる超過額を負担したときに不在の取締役または超過額を負担する決定もしくは行為に反対した取締役は，……責任を免れることができる。また，当州の法律に基づき発行された信用証券（bills of credit）により支払可能な約束手形または債務を当法人が発行し負担することは違法である。」

本規定は第1次合衆国銀行設立法§7（9）とほぼ同じである(注40)。本規定は，本銀行が資本額の3倍以上の債務を負担した場合に，同超過額につき取締役が個人的に責任を負う旨を定めているが，株主の責任は，積極的には何も定められていないと筆者は考える。しかし，Perkinsは，上記規定につき，次のように述べている(注41)。

「1791年にニュー・ヨーク議会が付与した特許状は，狭義の有限責任と全くの無限責任という両極端の間の妥協的な位置を占める1つの規定を含んでいた。責任条項の争点は，当銀行の債務総額・通貨発行額・預金［額］がそ

19

第1章　ニュー・ヨーク州事業会社法の草創期（1790年〜1810年）

の資本の3倍を超えてはならないと規定する特許状の条項にあった。［当銀行の］破綻の場合には，株主はその投資（their stock investment）の3倍の額まで責任を負う。しかし，常に株主でもある当銀行の取締役は，特許状の制限を超えることに賛成した場合には，その超過債務の全部につき，個人的に無条件に責任を負う。投票の際に欠席していたかまたは反対投票を行なった取締役等は，その特許状条項の違反から生じた債務につき，個人的責任を免れる。もっとも，そのような取締役等も，その他の株主と並んでその投資額の3倍については［株主として］責任を負うのではあるが。」Perkins によれば，当銀行が破綻した場合には，株主はその投資額の3倍の責任を負うことになろう。

　これに対し，本規定（§9）とほぼ同じ内容の第1次合衆国銀行設立法§7（9）につき，それが株主の有限責任を認めるものであるという見解もある。Harold C. Syrett が編集したハミルトン全集の注は，「1790年の報告書におけるハミルトンの提案は，その資本の額を超過した場合の取締役の責任を規定している。他方，株主の責任は銀行資本に対するその投資額に限定されている」と述べている[注42]。この注は，直接には第1次合衆国銀行設立法の提案理由に関するものであるが，ニュー・ヨーク銀行の上記規定についても同様であろう。また，小山賢一は，第1次合衆国銀行設立法§7（9）が株主の完全な有限責任を宣言したものである旨を述べている[注43]。

　筆者は，結論的には次のように考えることにしたい。すなわち，当時の事業会社設立法をみると，社員の責任につき何らの定めも設けていない設立法は珍しくないのであり，上記規定は，社員の責任につき積極的には何も言及していないと解釈できる。ニュー・ヨーク州とほぼ同じ法的状況は，マサチューセッツ州，コネティカット州，ペンシルヴェイニア州などにおいてもみられる。なお，本章の時代のアメリカにおける事業会社社員の責任については，本章6節で論じることにする。

　［§10］「当法人が保有することを適法とされる土地，保有財産および法定相続産は，事業の処理の便宜に関連する直接の施設として必要なもの，または，担保として善意で当法人へ譲渡抵当に供されたもの，取引の過程においてそれ以前に負った債務を返済するため当法人に移転されたものもしくは

かかる債務の故に獲得された判決に基づく売却の際に買い入れられたものだけに限られる。

　また，当法人は，商品の売買または合衆国もしくは特定の州の法律に基づいて創造される stock（公債あるいは株式）の売買を，直接または間接に，行なってはならない。ただし，当法人に対して支払われるべき債務の担保として真実当法人へ動産質に供された場合にそれを売却するときは除く。」

　商業（商品の売買）の禁止は爾後の銀行会社設立法に共通してみられるものであり，このような禁止規定は，イギリスの The South Sea Bubble（1720年）以来みられるとの指摘がなされているが[注44]，同趣旨の規定は既に1694年のイングランド銀行特許状（1 W. & M. c. 20, §27）に設けられている。

　［§11］　「株式の譲渡は，その目的のために取締役により保管される帳簿にかかる譲渡が記入されまたは登録されるまでは，法律上効力を有しない。」

　［§12］　「当法人の法人印を押したうえで何人に対するにせよ作成された金銭債務捺印証書（the bills obligatory）および信用証券は，その者またはその後者の譲受人の手でそれになされた裏書によって譲渡することができる……

　頭取が署名し，支配人（the principal cashier）または会計役が副書して，或る人またはその指図人もしくは所持人に対する金銭の支払を約束して，当会社の指図によって振り出された手形（bills or notes）は，当法人の法人印が押されていない場合でも，私人が私人の資格で発行したときにその私人に対して生ずる効力と同じ効力でもって，当法人を拘束する。そして，かかる手形は，あたかもそれが私人によって振り出されたかのように，譲渡・流通するものとする。」

　この規定は，第1次合衆国銀行設立法§7（13）の一部を除きそれと全く同じであり，爾後1824年までのすべての銀行会社設立法に同一規定が定められている。

　［§13］　「本法人設立法は，来年5月の第2火曜日前には，そのいかなる不使用（non user）を理由としても，失効（be forfeited）しない。……」

　［§14］　「本法は一般法律（a public act）であるものとし[注45]，ここに一般法律であることを宣言する。そして，本法は，その存続期間中，あらゆる

第1章　ニュー・ヨーク州事業会社法の草創期（1790年〜1810年）

裁判所・場所において，本法中に意図されているいずれの有益な目的のためにも，寛大かつ好意的に解釈されなければならない。」

　爾後，ニュー・ヨーク州の銀行会社設立法は必ず当該法律が一般法律である旨を定めている。ある事業会社設立法（特許状）が一般法律であると定める規定は，本来個別法律たる当該設立法が一般法律とみなされ，一般法律としての扱いを受けることを意味するのであろう。つまり，上記のような規定により，当該設立法が当事者の主張・立証をまたずに訴訟において適用される法律であることを意味するものと考えられる。

　以上，ニュー・ヨーク銀行設立法の内容を紹介したが，本設立法の主な特徴について，Hunterは次のように整理している[注46]。第1，銀行の資本は90万ドルである。第2，銀行の債務は払込済み資本の3倍に制限される。第3，銀行の財産は銀行業に関連する諸目的のためにのみ保有できる。第4，銀行は交易（trade）またはstock（公債あるいは株式）の取引を禁止される。第5，取締役等は半年毎の利益配当をする必要がある。第6，本設立法は20年の存続期間を定めている。このようなHunterの整理は，銀行会社社員の責任につき何も言及するところがないが，おそらく責任規定が存在していないという理解を前提としているのであろう。

　ちなみに，ニュー・ヨーク銀行は，1853年1月1日に，自由銀行へ移行し，その名称がThe President, Directors and Company of the Bank of New YorkからThe Bank of New Yorkへと変更されている。さらに，1865年に同銀行はa national bankとなり，その後様々な変遷を重ねて，現在も存続していることは周知のところである[注47]。

【2】　オールバニィ銀行設立法およびコロンビア銀行設立法

　ニュー・ヨーク銀行が特許状を取得した翌年（1792年）1月に，ニュー・ヨーク市の人々は「銀行狂熱」（a banco mania）にとりつかれ，1週間のうちに3つもの新しい銀行会社設立が企てられた。しかし，これらは結局1つの計画に統合されて，The State Bankの特許状の請願に至った。この動きに加えて，オールバニィ市でもオールバニィ銀行の設立計画が進行し，さらに，

第 2 節　銀行会社法

ハドソン市でもコロンビア銀行の設立が企画された。ところが，3月に恐慌が発生して The State Bank の設立は挫折してしまい，1792年の州議会ではThe President Directors and Company of the Bank of Albany という名称の銀行（以下オールバニィ銀行と呼ぶ）を設立するための個別法律だけが成立している（表=Ⅰ②）。

The State Bank は，その企図が投機的性格を強く帯びていたため，恐慌の発生により流産してしまったのである。これに対し，オールバニィ銀行は生産的企業への志向が強くニュー・ヨーク市の起業家たちよりむしろ小規模事業家たちにより支援されていたと説かれている。コロンビア銀行（正式の名称は The president, directors and company of the bank of Columbia である）もオールバニィ銀行と類似の企画であったが，計画の後れにより同年にはその請願は成功しなかった[注48]。コロンビア銀行設立法は1793年3月6日に制定されている（表=Ⅰ③）。

オールバニィ銀行とコロンビア銀行の両設立法は，ニュー・ヨーク銀行設立法をモデルにしており，上記両法は酷似しているといえるが，両法間に違いがないわけではない。前者は，全文18カ条から成るのに対し，後者は，全文17カ条から成る。前者の資本は1株400スペイン・ドルの株式600株から成るのに対して（§2），後者のそれは，1株400スペイン・ドルの株式400株から成る。なお，いずれの場合にも，当該銀行の頭取・取締役の指示に基づき，それぞれの株式総数が満たされるまで，引受が継続される。また，前者の保有できる資本および財産の総額は26万ドルであるのに対して，後者のそれは16万ドルである。その他株主の議決権数に関する僅かな違いなどが両者の間にみられるが，若干の新しい規定がないわけではない。なお，上記両法における州の出資額（50株を限度とする）や社員の議決権数の定め方など細かい点において，そのモデルたるニュー・ヨーク銀行設立法とは違っていることはいうまでもない。

以下に，オールバニィ銀行設立法の中からそのモデルにはみられない規定を例示する。第1，「株主総会は，取締役または合わせて100株以上保有する20名以上の株主が適切であると判断するときはいつでも招集することができる。総会を招集する取締役または株主は，その総会について，オールバ

第1章 ニュー・ヨーク州事業会社法の草創期（1790年～1810年）

ニィ市で印刷される1つの新聞に少なくとも4週間前に予告し，その目的を明示しなければならない（§7）。」第2，「各支配人および書記は，その職務に従事する前に，その義務を誠実に遂行することを条件とし，2人以上の保証人を立て，取締役が満足するように，捺印金銭債務証書——支配人は1万ドル以上の額，また各書記は1000ドル以上の額の——を提出しなければならない（§9）。」第3，「当会社は，貸付または割引に関して，年6％の割合を越える利息を請求しない（§10）。」

なお，上述の諸規定と類似のものが第1次合衆国銀行設立法（§§7（6），7（7），7（10））に設けられている[注49]。

【3】 マンハッタン・カンパニーの参入

1793年までに制定された3つの銀行会社は，そのいずれの経営もフェデラリストの手中にあった。しかし，1799年までは，銀行の創設・活動に対して，政治的争いが影響を与えることはなく，商業と公衆の便宜の要請（地域社会の必要性）が州の立法者たちを導いたと説かれている[注50]。1799年4月以後，水道事業を目的とするマンハッタン・カンパニー設立法（表＝Ⅰ④）の制定を契機として，銀行問題は政治問題化することとなる。なお，マンハッタン・カンパニーの正式名称は，The President and Directors of the Manhattan Company である。

ニュー・ヨーク市では，フェデラリストの手中にあるニュー・ヨーク銀行に対抗して，リパブリカンズ（かつての反フェデラリスト）が自ら支配できる銀行を欲したことは自然である。しかし，当時の州議会はフェデラリストが支配しており，リパブリカンズが銀行を設立できるという望みは薄かった。そこで，Aaron Burr が1つの策略を用いることになる。当時のニュー・ヨーク市は，黄熱病の流行直後であり，以前にも増して清潔で多量の水を必要としていた。この必要を満たすため1つの水道会社の設立が企図され，その設立法の中に次のような条項が挿入されていた[注51]。

「……当会社が当会社に帰属しまたは集積されるかもしれない剰余資本（surplus capital）を公債もしくは株式（public or other stock）の買入れまたは

他のいかなる金融取引（monied transactions or operations）においても使用することは適法である。ただし，専ら当会社の利益のためでなければならず，当州または合衆国の憲法および法律に相反してはならない（§8）。」

剰余資本を金融取引に使用できる旨の上記条項（the surplus capital clause と呼ばれる）によりマンハッタン・カンパニーはその設立後間もなく（9月1日に）銀行業を開始する。しかし，上記設立法案の審議段階においては，州知事または州議会のだれもがその条項の意味を充分には認識していなかったといわれている(注52)。成立後の同会社は，その本来の事業たる水道事業を軽視し，銀行業において成功したのである。同会社は，1840年までには，水道事業を停止し，その事業は様々な過程を経て現在のチェイス・マンハッタン銀行（The Chase Manhattan Bank）へ承継されてきたのである(注53)。

設立後は，同銀行はリパブリカンの銀行となるが，創設時においてはフェデラリストもその水道事業を是認していたのである。しかし，Burr は，心のうちでは最初からニュー・ヨーク市における銀行に関するフェデラリストの独占を打破することを目論んでいたと推測されている(注54)。なお，当時，特定のコミュニティにおいては2つ以上の銀行が存在しないという事実がみられたのであり，銀行の franchise（営業特権）は排他的であると考えられていた。マンハッタン・カンパニー創設は，コミュニティ（ニュー・ヨーク市）における独占的銀行の堅い壁（ニュー・ヨーク銀行の）を打破したことになると説かれている(注55)。

以上のように，マンハッタン・カンパニーは，本来水道会社として設立されたが，実際には銀行業の分野において重要な地位を占めたのである。

以下に，同会社設立法の内容をピック・アップして紹介することにしたい。同会社の事業目的は，上述のようにニュー・ヨーク市住民の使用のために水を供給することであり，Daniel Ludlow ほか3名の者・現在および将来彼らと結合する者（associates）およびその承継人は，爾後永久に，法人となり，法人を構成する（§1）。このように同会社は，その存続期間に制限がなく，そして，永続承継（ただし，法文上は continual succession という用語が使用されている）が認められたわけである。

また，その資本は200万ドルを超えてはならず，1株50ドルの株式に分

第1章 ニュー・ヨーク州事業会社法の草創期（1790年～1810年）

けられた。資本の引受（subscriptions to the said capital stock）は，社長および取締役の指示に基づき，引き受けられた株式総数が（既に引き受けられた株式とともに）3万5000株に達するまで，その手続が開設される。ニュー・ヨーク市は，2000株を超えない範囲において，幾株でも，同会社の株式を引き受けることができる（§2）。

存続期間の無制限の承認と資本金の大きさにおいて，同会社はニュー・ヨーク銀行との競争上有利な立場にあったといわれている。

また，13名の取締役が当会社の資本・財産・事業の管理・経営に当たり，そのうち1名は，ニュー・ヨーク市の記録官（recorder）が職務上当然の（ex officio）取締役となる[注56]。残り12名の取締役選挙は，毎年12月の第2火曜日に行なわれ，その選挙は投票による。ただし，株主の議決権数については，明文の規定を欠如しているように思われる。最初の取締役（12名）の名前が掲げられ，その中から社長が選任される（§3）。株金払込の催告に関する規定が設けられている（§9）。

上述の§8は，銀行業を例外的に許容しているが，発券権能に関する明文の規定はみられない。また，同規定は，他会社株式の保有を認めるものであると解釈されている[注57]。さらに，同会社は生命保険事業にも乗り出していたと説かれている（第3節【3】参照）。

その他水道事業に関連する特有の規定も定められている（§§5, 6, 10）が，当時の他の銀行会社設立法と比較した場合，本法には欠如している規定——例えば配当条項・銀行会社の債務負担能力の制限規定——もある。

【4】 その後の銀行会社設立法

1801年に，リパブリカンズがニュー・ヨーク州議会を支配するに至り，その後は，フェデラリストたちが支配する銀行会社は設立されなかった[注58]。爾後1810年末までに，6つの銀行会社が設立されたが，そのうち1803年のニュー・ヨーク・ステイト銀行は，フェデラリストのオールバニィ銀行に対抗するため設立され，また，1808年のハドソン銀行は，フェデラリストのコロンビア銀行に対抗するため，リパブリカンズの銀行として設立されたと

いわれている(注59)。ただ、リパブリカンズの支配下の州議会で制定された銀行会社設立法も、フェデラリストの手中にあった最初の3つの設立法を大きく変更するものではないといえよう。以下では、表＝Ⅰ⑤〜⑩の諸設立法を中心として、若干の特色を指摘するにとどめたい。なお、以下単に表という場合には、表＝Ⅰを意味する。

この時代の銀行会社設立法は、1株1議決権の原則をまだ確立するには至っていないが、例外的に、1808年のハドソン銀行設立法（表⑨§3）は同原則を定めている。逓減方式を採用する設立法の中には、議決権数の最高限度を設け、その限度を15とする例（表②表③［§5］）やその限度を50とする例（表⑤［§13］）がある。このような議決権の最高限度は、大株主の力を制限するために設けられたといわれている(注60)。また、最高限度の定めがない逓減方式を採用する表⑥の設立法（§12）もある。さらに、表⑦の設立法は議決権の定めを設けていないと読める。同法§2は、「当該［取締役］選挙は、その目的のために、自らまたは代理人により出席した株主によって行なわれる」と定めているが、それ以外に株主の議決権に関する規定は存在しないであろう。

最初の銀行会社設立法以来、ほぼすべての設立法は、州が銀行会社の株式を取得できる旨の規定を設け、また、州の出資限度額を定めている。以下に、表＝Ⅰの諸設立法について、資本の額および州（市）の出資限度額を示すことにする。なお、以下の州出資額は、断らない限り、資本の額とは別の枠として認められる。

表②：資本は24万スペイン・ドル（1株＝400スペイン・ドル）を限度とし、州出資額は2万ドルを限度とする。表③：資本は16万スペイン・ドル（1株＝400スペイン・ドル）を限度とし、州出資額は2万ドルを限度とする。表④：資本は200万ドル（1株50ドル）を限度とし、ニュー・ヨーク市は2000株の範囲において幾株でも引き受けることができる。なお、市の出資額も資本の額に含まれる。表⑤：資本は25万ドル（1株50ドル）を限度とし、州の出資は200株を限度とする。表⑥：資本は46万ドル（1株50ドル）を限度とし、州の出資は3000株を限度とする。表⑦：資本は125万ドル（1株50ドル）を限度とし、州の出資は3000株を限度とする。表⑧：資本は20万ド

第 1 章　ニュー・ヨーク州事業会社法の草創期（1790 年～ 1810 年）

ル（1 株 10 ドル）を限度とし，州の出資は 500 株を限度とする。表⑨：資本は 30 万ドル（1 株 50 ドル）を限度とし，州の出資は 300 株を限度とする。

　表⑩の設立法は，株式引受の方法に関する興味深い規定を設けている。同銀行会社の資本は 150 万ドル（1 株 25 ドル）から成るが，そのうち，25 万ドルを限度として州が引き受ける権利を有し，また，The general society of mechanics and tradesmen of the city of New-York という団体が 15 万ドルを限度として幾株でも引き受けることができる（同法§ 2）。さらに，同市の職人（the mechanics and tradesmen）に対して，60 万ドルが優先的に留保され，残りの 50 万ドルだけが一般から募集される（同法§ 3）。なお，州が銀行会社の株式を取得するという同州の政策は，1814 年に終了している[注61]。

　表⑧の設立法は，設立方式に関して，株式引受のため a board of commissioners を設けており（本章の銀行会社設立法の中では唯一の例であろう），同法§ 1 により，James Constable ほか総数 7 名の者が commissioners に任命されている。これらの者の任務は，引受のための帳簿を開設し，引受の際に，各株金額の 2.5％の額を預託させ，最初の取締役選挙において，自ら検査役（inspectors）を務め，その帳簿・預託金を選任された取締役に引き渡すことなどである。

　既にのべたように，配当制限基準については，利益基準を定める例が多い（本章 2 節【1】B§ 6 参照）。しかし，本章の銀行会社設立法の中には，配当条項を欠如しているものもある（表④⑦⑩）。

　銀行会社の取締役の員数については，最初の設立法が 13 名と定め，その後，表②～⑧の設立法はそれに従っている。しかし，1808 年のハドソン銀行設立法（表⑨）§ 3 がそれを 15 名と定めてから以後（第 2 章の時代も含む）は，14 名・17 名・11 名など区々である。

【表＝Ⅰ】

銀行会社設立法一覧（1791-1810）

　以下の一覧表は，各制定法のタイトル・その制定の日付・session 番号・chapter 番号を掲げたものである。なお，⑤以下については，そのタイトルを省

第 3 節　保険会社法

略し各銀行会社の名称だけを示す。

① An Act to incorporate the stockholders of the Bank of New York, Act of Mar. 21, 1791, N.Y. Laws, 14th sess., ch. 37.
② An Act to incorporate the stock-holders of the Bank of Albany, Act of Apr.10, 1792, Laws, 15th sess., ch. 61.
③ An Act to incorporate the stock-holders of the Bank of Columbia, Act of Mar. 6, 1793, N.Y. Laws, 16th sess., ch. 38.
④ An Act for supplying in the city of New York with pure and wholesome water, Act of Apr. 2, 1799, N.Y. Laws, 22d sess., ch. 84. ［本法は The Manhattan Company 設立法である。］
⑤ The Farmers Bank, Act of Mar. 31, 1801, N.Y. Laws, 24th sess., ch. 38.
⑥ The New York State Bank, Act of Mar. 19, 1803, N.Y. Laws, 26th sess., ch. 42.
⑦ The Merchants' Bank in the City of New York, Act of Mar. 26, 1805, N.Y. Laws, 28th sess., ch. 43.
⑧ The Mohawk Bank, in the City of Schenectady, Act of Mar. 13, 1807, N.Y. Laws, 30th sess., ch. 36.
⑨ The Bank of Hudson, Act of Mar. 25, 1808, N.Y. Laws, 31st sess., ch. 84.
⑩ The Mechanic Bank in the City of New-York, Act of Mar. 23, 1810, N.Y. Laws, 33d sess., ch. 87.

第 3 節　保険会社法

　アメリカ革命後，銀行会社に次いで成功し，順調に発展した事業会社は保険会社である。本節の時代においては，主要な保険の分野は海上保険と火災保険であり，生命保険はようやく誕生し始めたばかりのところである。ニュー・ヨーク州保険会社法の発端は1798年に設立された2つの保険会社設立法であるが，1810年末までに，合計10の設立法が制定されている（表＝Ⅱ参照）。なお，1781年から1800年末までにアメリカ全体で設立された保険会社の総数は32であるが[注62]，1801年から1810年末までの保険会社総数を明らかにした文献はまだ存在していないと考えられるから[注63]，この時期の保険会社総数につき筆者が知り得た限りの数字を示すことにしたい。筆者がチェックしたのは，コネティカット州とニュー・ハンプシャー州

第1章　ニュー・ヨーク州事業会社法の草創期（1790年〜1810年）

とを除き，Session Laws of American States and Territories（**序章**参照）が主である。

　1801年から1810年末までに設立された各州の保険会社の数は，マサチューセッツ州＝25，コネティカット州＝5，ニュー・ハンプシャー州＝1，ロード・アイランド州＝5，ニュー・ヨーク州＝8，メアリーランド州＝4，ペンシルヴェイニア州＝8，ヴァージニア州＝2，サウス・キャロライナ州＝2，ケンタッキー州＝1である。

　なお，1810年末に連邦を構成した17州のうち，1801年から1810年末までの間に，保険会社設立法を全く制定しなかった州は，ジョージア州，ニュー・ジャージー州，デラウェア州であり，また，ヴァーモント州，オハイオ州，テネシー州もおそらく同様であろう。

【1】　ユナイテッド保険会社設立法

　ニュー・ヨーク州最初の保険会社は，ユナイテッド保険会社であり，その設立法は1798年3月20日に制定されている（表＝Ⅱ①）。同年には，後述のニュー・ヨーク保険会社設立法も制定されており，これら2つの設立法は，ペンシルヴェイニア州の北アメリカ保険会社設立法（1794年に制定された）をモデルにしたものであると説かれている[注64]。

　以下，ユナイテッド保険会社設立法の内容を条文に即して概括することにしたい。同法は全文13カ条から成り，その前文は，同法人の事業目的として海上保険，家屋・動産および生命に関する保険を営むことを挙げている。このように，同法人は，海上・火災保険のほか生命保険を営むことも認められたのであるが，当時はじまったばかりのところである生命保険事業はまだ新規で契約は稀であり，その重要性は殆ど認められなかったといわれている[注65]。また，すでに創立されていたThe United Insurance Companyという名称のカンパニー（法人格のない団体）およびその承継人が法人となる。そして，それに法人の諸権能が与えられ，その商号はThe United Insurance Company in the City of New Yorkであり，その存続期間は1809年5月1日までに制限された（§1）。当法人の資本および財産の総額は50万ドルを超

第 3 節　保険会社法

えてはならず、その 1 株の金額は 500 ドルで、その株式総数は 1000 を超えてはならない。このような株式総数が満たされるまで、社長および取締役の検査の下で、株式引受の手続きは継続する（§ 2）。なお、同会社の資本は、1805 年の改正により、1 株 50 ドルの株式 1 万株から構成されるものとされた(注66)。

　17 名の取締役が会社の事業を管理・運営し、その任期は 1 年で、その資格は株主および同州民たることが要求された（§ 3）。また、ニュー・ヨーク市の他の保険会社社員たる者は当会社の取締役となることができない（§ 11）。取締役の選挙は毎年 2 月の第 2 月曜日に行なわれ、その選挙は、ニュー・ヨーク市で印刷されている 2 つ以上の新聞に、その選挙の直前 10 日間引き続き公示され、取締役でない株主 3 名の検査の下で行なわれる。また、その選挙は出席株主が有する議決権の相対多数の投票によって行なわれ、株主の議決権につき 1 株 1 議決権の原則が採用され、さらに、議決権の代理行使も許されている。ただし、代理人は当州に住所を有する合衆国市民であることを要する（§ 3）。

　上述のように採用された 1 株 1 議決権の原則はアメリカで最初に採用されたものではない(注67)。しかし、この原則は、後述のニュー・ヨーク保険会社を除く爾後のすべての保険会社設立法によって採用され、1809 年以後の多くの製造工業会社設立法によって受け継がれ、さらに 1811 年法が一般法律の形でその原則を定めたのである。本法は、かかる一連の系譜の出発点に位置するという意味で、ニュー・ヨーク州事業会社法史において重要な地位を占めているといえよう。以上と同じことが株主の責任（2 倍責任規定）についてもいえることは後述のとおりである。

　選出された取締役は、選挙後すぐに会議を開いて取締役の中から 1 名の社長を選び、社長は、1 年間その職務を有し、その職務を誠実に遂行する旨を誓約しなければならない。また、取締役の欠員が生じた場合の措置が定められ、17 名の最初の取締役および社長の名前が掲げられている（§ 4）。一定の日に取締役の選挙が行なわれなかった場合の措置は既述のニュー・ヨーク銀行設立法 § 4 と同一である（§ 5）。取締役会の定足数は 8 名または 9 名（社長欠席の場合）の取締役の出席を要し、出席者の過半数により議事が決せ

31

第1章　ニュー・ヨーク州事業会社法の草創期（1790年～1810年）

られた。また，会社財産の管理・処分その他につき，取締役は自治規則を定める権限を有する（§6）。このような取締役の権限に関する規定は，既述のニュー・ヨーク銀行設立法§7とほぼ同じであり，この規定は爾後の保険会社設立法により長期に亙り採用されている。

取締役会は，少なくとも月1回定時に開くことを要し，また，取締役が適切と考える回数だけ開催することも認められた（§7）。

「事業の緊急の必要がある場合には，社長および彼が交替制で任命した4名の取締役から成る1つの委員会が毎日開かれる。また，取締役および本委員会は，会社のため，船舶・船荷，家屋・家財および生命について付保する権限を有する。また，締結された保険契約は，社長がそれに署名し，秘書役が副書し，当会社に対して拘束力を有しており，当会社の会社印を押した場合と同じ効力を有する（§7）。

「毎年2月と8月の第1月曜日に，取締役［全員］またはその過半数が適切と考える当会社の利益から配当をなすことは取締役の義務である。」「また，会社の資本を減少せしめる損失を生じたときには，その減少額に等しくかつ会社の利益から生じた額がその資本に付加されるまでは，次期以降の利益配当はこれをなすことができない（§8）。」

この規定は，配当制限基準として資本減損禁止基準（欠損填補必要型のもの）を採用しており，この基準を最初に最も鮮明に表明した北アメリカ保険会社設立法§7 (8) の影響によると説かれている[注68]。爾後，上記とほぼ同一の資本減損禁止基準を設ける保険会社設立法が多い。

また，取締役は，3年に1回以上，剰余利益に関する計算書を株主総会に提出しなければならない（§8）。

会社の不動産保有権については，ニュー・ヨーク銀行設立法§10と同一の規定が設けられている（§9）。

当会社は商品の売買を禁止される。また，stock（公債あるいは株式）の売買を行なうことも禁止される。ただし，①一層の安全のため，その資本を公債に投資する目的で［stockを］買い入れる場合，②会社債務の支払いのため［stockを］売却する場合，③または当会社に対して支払われるべき債務の担保として，かかるstockが真実当会社へ動産質に供された場合は除かれ

第3節　保険会社法

る。銀行会社の場合には，上記③だけが禁止を解かれており，両者間に違いがみられる（本章2節【1】B§10参照）。

「また，当会社が手形を発行しまたは金銭の支払いだけのための契約を締結することは違法である。ただし，それが当会社の会社印を押してなされた場合，かかる手形および契約が捺印証書によるものと解釈される場合およびそれがコモン・ロー上の捺印証書よりも大きな譲渡能力を有しない場合を除く（§10）。また，本法は一般法律であると宣言される（§12）。

本法の重要性を読みとるための指標となるのは，株主の責任規定であり，本法§13は，株主の責任につき次のように定めている。

「当会社の解散の時に，その構成員たる者は，1809年5月1日以前に当会社が負担するであろうすべての債務について，当会社の解散後に提起されるいかなる訴訟においても，各自の株式を限度として，個人的に責任を負う。」

この規定は，いわゆる株主の2倍責任（double liability）を定めたものである(注69)。2倍責任（または倍額責任）とは，会社の解散の際に，株主が，会社に対するその出資の履行を完了しているか否かを問わず，その有する株式の額面を限度として，会社の債務につき個人的に負う責任である。したがって，株主が既に会社に対する出資の履行を完了している場合には，額面の倍額の責任を負うことがあり得るため，2倍責任と呼ばれるわけである。なお，2倍責任の場合，会社の債権者に対する責任は直接責任であり，現在の日本の会社法が認める株主の有限責任とは異なり，直接責任という限りで合資会社の有限責任社員の責任に近いといえよう。ただし，合資会社の有限責任社員の責任はその出資額に限定されることはいうまでもない。

本規定は爾後のニュー・ヨーク州の会社立法に重要な影響を与えており，この2倍責任規定は，爾後の殆どすべての保険会社設立法に引き継がれ(注70)，それが後述する1809年のThe Columbia Manufacturing Society設立法§7（表＝Ⅲ⑥）およびその後の多くの製造工業会社設立法に恐らく影響を与えたものと推測できる(注71)。そして，1811年法§7が上述の2倍責任規定とほぼ同じ規定を定めるに至ったと考えられる（本書第2章2節【2】§7参照）。

上述のように，1811年法の2倍責任規定は，その系譜をニュー・ヨーク州における立法上の先例の中に明確に辿ることが可能である。既に1株1議

33

第1章 ニュー・ヨーク州事業会社法の草創期（1790年〜1810年）

決権の原則についても同様の指摘をしたが，この2つの問題に関する立法史的沿革が明らかになったことによって，1798年のユナイテッド保険会社設立法がニュー・ヨーク州事業会社法史において占める重要な位置が明らかになったといえよう。

　従来，1798年の2つの保険会社設立法については，その重要性が見逃されてきたように思われる。たしかにLivermoreは，1798年の保険会社設立法以来しばしば2倍責任規定が定められてきたと述べている(注72)。しかし，彼は，その後における製造工業会社設立法との関連については全然述べていない(注73)。また，Davisも1798年の上記2つの保険会社設立法を挙げているが(注74)，その具体的な分析を全く行なっていない。ただし，この2倍責任規定が1798年より古い沿革を有するかどうかは明らかではない。本法以前に制定された他の州の事業会社設立法を検討する必要があるが，この問題は本章6節において言及することにしたい。

　最後に，本保険会社のその後の顛末につき一瞥することにしたい。本会社の存続期間は，1805年の改正により，1815年5月1日まで延長され，さらに，1815年の改正により，1835年5月1日まで延長されている(注75)。爾後の同会社の歴史については，筆者はそれを明らかにすることができない。

【2】　ニュー・ヨーク保険会社設立法

　ニュー・ヨーク州の第2番目の保険会社は，1798年4月2日に制定された設立法に基づくニュー・ヨーク保険会社である（表＝Ⅱ②）。最初の保険会社設立法から1カ月後に制定された本保険会社設立法は，その内容上最初の設立法に極めて似通っており，その事業目的は最初の会社と同一である。その他，例えば，株主の2倍責任を定める規定や利益配当に関する規定などのように，両者に共通する規定も少なくない。もちろん両者に違いがないわけではない。最初の設立法の条文数が13カ条であるのに対し本法のそれは14カ条であること，前者の取締役の員数が17名であるのに対し本会社のそれが21名であること，また，両者の存続期間が僅かに異なることなど小さな違いはいくつもある。以下では，上述の両設立法の内容につき，その主な

違いを列記するにとどめる。第1に，両者の資本の額は同じ（50万ドル）であるが，前者の資本は1株500ドルの株式1000株から成るのに対して，本法のそれは1株50ドルの株式1万株から成る（§2）。第2に，前者の株主の議決権は1株につき1議決権であるのに対し，本法のそれは，10株までは1株ごとに1議決権，11株以上については5株ごとに1議決権（ただし，最高限30）が与えられた（§3）。

また，以下4つの規定は，ともに本法だけに設けられていて，前者には欠けている。第1に，ニュー・ヨーク州は当会社の株式を引き受ける権利を有する（注76）。第2に，「株式を譲り受けてから90日が経過するまでは，その譲り受けた株式の議決権を行使することはできない。また，社長もしくは取締役は，その地位に留まる間に保有する20株以内のいずれの株式も譲渡してはならない（§6）。「……各取締役は，選挙の時およびその地位が続く間，少なくとも20株の保有者でなければならない（§3）。第3に，当該払込請求が履行されない場合には，引受人・株主が既に払い込んだ払込金その他を没収する旨が定められている（§8）。第4に，社長を除いた取締役20名のうち8名の者は次年度の取締役たる資格を欠くという制度が採用され，それに適合しないときの措置が定められている（§3）。ほぼ同じ措置がニュー・ヨーク銀行設立法（§3）にみられることは既述のとおりである。なお，1800年の改正により，この制度は廃止されている（注77）。

最後に，本保険会社のその後の顛末につき一瞥することにしたい。本会社の存続期間は，1808年の改正により，1820年1月の最初の月曜日まで延長され，さらに，1818年の改正により，1840年1月の最初の月曜日まで延長された（注78）。

【3】 その後の保険会社設立法

1801年から1810年末までに，8つの保険会社設立法が制定されている（表＝Ⅱ参照）。既に述べたとおり，最初の2つの保険会社は海上保険を主たる事業目的とし，火災・生命保険を営むことも許容された。上記8つの保険会社の事業目的をみてみると，最初の会社と同じ目的を有する会社（表＝Ⅱ

第1章　ニュー・ヨーク州事業会社法の草創期（1790年〜1810年）

③⑦⑨），海上保険を目的とする会社（④⑤），火災保険を目的とする会社（⑥⑧），火災保険と海上保険を目的とする会社（⑩）に分かれている。本節の時代には生命保険事業はあまり重要性が認められなかった点は既に指摘したが，第2節【3】で述べたマンハッタン・カンパニーが生命保険事業にも乗り出していたことに注目すべきであろう(注79)。

1798年に，The Mutual Assurance Company of the City of New-York(注80)が設立され，1802年に，The Washington Mutual Assurance Company(注81)が設立された。前者は表＝Ⅱ⑧の保険会社に変更され，後者は表＝Ⅹ・1814：ch. 51の保険会社（The Washington Insurance Company of the City of New-York）に変更されている。

表＝Ⅱ⑧の会社の名称は，The Mutual Insurance Company of the City of New-York（以下B会社と呼ぶ）であり，その名称だけから判断した場合には，相互会社としか読めないが，同会社はa stock companyである。上記⑧の設立法によれば，その資本は50万ドル（1株50ドル）であり，同会社が保険契約の締結を始める前に，その資本全額が引き受けられかつ払い込まれなければならない旨が定められている。また，上述の1798年に設立されたThe Mutual Assurance Company of the City of New-York（以下A会社と呼ぶ）の全基金（funds）は，B会社に出資されたものと宣言され，B会社はA会社の締結した火災保険契約に基づくすべての危険を引き受け，A会社の責任を引き継ぐ旨が定められた（§4）。さらに，A会社の現在の取締役がB会社の最初の取締役となる旨が定められている（§7）。なお，B会社設立法は，1816年に改正され，ニュー・ヨーク州立法府が爾後その存続期間を制限するための法律を制定するまで更新された。その後，同会社は，1846年にその名称をThe Knickerbocker Fire Insurance Companyへと変更し，1890年に任意解散している(注82)。

上述の8つの設立法は，本節【1】【2】の2つの保険会社設立法の枠組みを基本的に受け継いでいるといえるが，もちろんそれぞれの間に細かな違いはみられる。例えば，利益配当の回数は通常は年2回であるが，取締役が適切と考える時に配当を宣言する方式（表＝Ⅱ⑥⑧⑩）も採用されている。これらの会社は，実際には年2回の配当を行なっていたかもしれないが，規

第 3 節　保険会社法

定だけみれば，上記設立法は当時の通常の方式とは異なる規定を設けたといえよう。また，上記⑧⑩の2つの設立法は，その配当条項がニュー・ヨーク銀行と同じ利益基準であるのに対し，他の8つの設立法は資本減損禁止基準（本節【1】§8参照）を定めている。なお，表＝Ⅱ⑥の設立法§3は，その資本総額（50万ドル）が引き受けられかつ払い込まれるまでは，保険契約の締結［事業］を開始できない旨を定めている。

　表＝Ⅱ⑩の設立法は，会社設立の手続きが比較的よく分かる例であろう。同設立法に掲げられている一定数の者および彼らと結合する者が法人となり，同会社の事業目的は火災保険および海上保険の引受である（§1・2）。その資本は50万ドル（1株＝25ドル）であり，その全額が引き受けられかつ払い込まれるまでは，同会社は保険契約を締結することを許されない（§3）。同設立法に名前が掲げられた6名のうちいずれの3名の者も，会社成立後，株式引受のための帳簿を開設することができる（§5）。本法［当会社］成立後60日以内のいずれかの日に，当会社を組織する（organising）ため，取締役の選挙が開催される（§13但書）。18名の取締役が選出され，会社の経営に当たる（§7）。

【表＝Ⅱ】

保険会社設立法一覧（1798-1810）

① An Act to incorporate the stockholders of the United Insurance Company in the city of New York, Act of Mar. 20, 1798, N.Y. Laws, 21st sess., ch. 41.
② An Act to incorporate the stockholders of the New York Insurance Company, Act of Apr. 2, 1798, N.Y. Laws, 21st sess., ch. 71.
③ The Columbian Insurance Company, Act of Mar. 21, 1801, N.Y. Laws, 24th sess., ch. 27.
④ The Marine Insurance Company of New-York, Act of Mar. 16, 1802, N.Y. Laws, 25th sess., ch. 40.
⑤ The Commercial Insurance Company of New-York, Act of Apr. 4, 1805, N.Y. Laws, 28th sess., ch. 72.
⑥ The Eagle Fire Company, Act of Apr. 4, 1806, N.Y. Laws, 29th sess., ch. 152.
⑦ The Phoenix insurance company, of New-York, Act of Feb. 20, 1807, N.Y.

第 1 章　ニュー・ヨーク州事業会社法の草創期（1790 年～1810 年）

　　　 Laws, 30th sess., ch. 153.
　⑧　The mutual assurance company of the city of New-York, Act of Mar. 28, 1809, N.Y. Laws, 32d sess., ch. 149.
　⑨　The Ocean insurance company, Act of Mar. 2, 1810, N.Y. Laws, 33d sess., ch. 19.
　⑩　The New-York Firemen Insurance Company, Act of Mar. 2, 1810, N.Y. Laws, 33d sess., ch. 20.

第 4 節　製造工業会社法

　1800 年末のアメリカにおける製造工業会社の総数は，8 社にすぎない^(注83)。しかし，1801 年から 1810 年末までに設立された製造工業会社の総数を明らかにした文献はまだ存在していないように思われるので，以下に筆者の調査に基づき，上記時期のアメリカで設立された製造工業会社設立数をまず紹介することにしたい。筆者がチェックしたのは，コネティカット州とニュー・ハンプシャー州を除き，Session Laws of American States and Territories（**序章**参照）が主である。

　1801 年から 1810 年末までに設立された製造工業会社の数は，コネティカット州＝ 3，マサチューセッツ州＝ 22，ニュー・ハンプシャー州＝ 13，ヴァーモント州＝ 15，ニュー・ヨーク州＝ 28，ニュー・ジャージー州＝ 3，ペンシルヴェイニア州＝ 1，メアリーランド州＝ 2，ヴァージニア州＝ 4，ジョージア州＝ 1，ケンタッキー州＝ 1 である。

　1810 年末時点で連邦を構成した 17 州のうち，6 州（ロード・アイランド，デラウェア，ノース・キャロライナ，サウス・キャロライナ，テネシー，オハイオ）は，筆者の調査の限りでは，本章の時代には製造工業会社設立法を制定していない。また，上記の製造工業会社社員の責任の態様については，本章 6 節【1】C で言及する。

　なお，本章の時代に商業を目的とする事業会社が 1 つだけ設立されたが，この会社については，本節【4】で一瞥することにしたい。

第 4 節　製造工業会社法

【1】　製造工業に対するニュー・ヨーク州初期の政策

　ニュー・ヨーク州初期の製造工業会社法がどのような社会的・経済的背景のもとで制定されたかを明らかにすることは興味深い課題であるが，以下では，同州の初期の製造工業に対する政策につき若干の指摘をするにとどめる。

　ニュー・ヨーク州では，早くから州による製造工業に対する保護育成政策が採用されており，1786 年に，州知事 George Clinton は，製造業者に対する州の援助を提唱している[注84]。また，同州議会も 1790 年に陶器製造業者に対して州資金を貸付ける旨の個別法律を通過させており，同法は，「有用な製造工業の施設は common weal（一般的福利）と密接な関連がある故に，本立法府はそれを奨励することを望み，本件請願者の願いを承認した」と述べている[注85]。

　製造工業に対する州援助の 1 つの方策は，州資金の貸付であった。1790 年から 1808 年までに，10 の製造業企業に対して総計 7 万 9000 ドルの貸付金を認める旨の諸個別法律が同州議会を通過している[注86]。その他，事業会社に対する州の出資・奨励金の付与・免税などの方策もとられた[注87]。さらに，このような財政的援助のほかに，民兵義務（militia duty）・陪審義務（jury duty）の免除など種々の奨励策がとられており[注88]，製造工業会社を設立するための個別法律（設立法）の制定もこのような州援助の方策の 1 つであったと説かれている。つまり，製造工業会社も地域社会（communities）に貢献する準公共的存在であるとみなされ，このような観点からその法人化が容認されたのであろう[注89]。

　1808 年以前のニュー・ヨーク州においては，産業資本の運動の中心舞台たる製造工業の分野をみた場合，製造工業会社の設立数は，極めて少数にとどまっている（表＝Ⅲ参照）。この時代に製造工業企業の発展が遅れた原因としては，技術上・経営上の困難も考えられるが，一層重要なものとしては，1793 年から 1807 年の時期における外国貿易の繁栄が挙げられる。1793 年の英仏戦争の勃発により，「アメリカ商業の黄金時代」がスタートし，アメリカは貿易による利益獲得の好機に恵まれたのである。このような外国貿易の繁栄は，人々の関心を製造工業から引き離し，製造業企業への投資を遠ざけ

第1章　ニュー・ヨーク州事業会社法の草創期（1790年～1810年）

ることとなり，結果的には製造工業会社の発達を遅らせることとなったのであろう^(注90)。

【2】　製造工業会社設立法の検討

以下では，初期の製造工業会社設立法を具体的に検討するが，その前に，1786年に，「当州における鉄の製造を促進するため」，The Associated Manufacturing Iron Company of the City of New York が組織されており^(注91)，このカンパニーにつき一瞥することにしたい。このカンパニーを規律する制定法は，7年間の時限立法であり，このカンパニーを法人化することが想定されていたが，実際にはその法人化は実現されなかったと説かれている^(注92)。本法は，2カ条から成る簡単なものであり，本法§1は，法人化された場合の株主の責任を定めている。本規定は初期の株主の責任に関する制定法上の規定の1事例として注目すべきであろう。この規定によれば，Samuel Ogden 以下全部で5名の者およびそれと結合する者（associates）は，鉄の製造を促進するという特別の目的のため，当カンパニーの名前により当カンパニーの信用で負担されたあらゆる債務につき，次のような態様で，各自個人的に責任を負う。すなわち，当カンパニーを構成する者は，その責任につき，当カンパニーの債務総額における各自の負担割合を持株比率に応じて計算し，かつ，当カンパニーの資本総額を超えて，かかる債務の履行につき連帯的に責任を負わない。

Davis は，上記規定が有限責任を定めるものであると述べているが^(注93)，この責任は少なくとも会社の債権者に対する直接責任を意味しており，ある種の比例責任であるといえよう。この責任は，第2章3節【1】で検討する表＝Ⅷ㉟の設立法§8と類似のものであるといえよう。

　A　The New-York Manufacturing Society　　同州最初の製造工業会社を設立するための個別法律は，1790年3月に制定されており（表＝Ⅲ①），この法律により The New-York Manufacturing Society が設立されている。

その前文は，当会社の目的が製造工場を創立し，正直で勤勉な貧しい人々に雇傭を提供するという称賛すべきものであり，会社設立者たちがその愛国

的な意図（注94）を実現できるようにするために会社の設立を請願した，と述べている。この個別法律によって，The New-York Manufacturing Society は法人となり，それに法人の諸権能が付与され，その存続期間は25年に制限された（§1）。当会社の資本および不動産の総額は6万ポンドを超えてはならず（§1），1株の金額は10ポンドとされた（§3）。

当会社の資本，財産および事業は12名の株主たる取締役によって管理・運営され，取締役は会計役とともに毎年3月の第3水曜日に選挙で選ばれる。なお，12名の最初の取締役の名前が掲げられている（§2）。株主の議決権は次の割合で与えられる。すなわち，1ないし4株の株主には1議決権，5ないし9株の株主には3議決権，10ないし19株の株主には5議決権，20株の株主には8議決権，また，20株を超える場合には，10株毎に1議決権が与えられた（§3）。また，議決権の代理行使も許されている（§6）。取締役は，3・6・9・12月の年4回，定時または随時に，会議を開催し，会社資本（funds）の処分権を有する。また，「取締役は，毎年3月の第3水曜日に会計および業務に関する一般的な計算書を株主に提示し，そして，株主の閲覧・検査のため，少なくとも年次総会の10日前にその計算書を会計役に提示することは取締役の義務である。」さらに，取締役は自治規則を定める権限を有する（§4）。

上述のように，本設立法は取締役（会）が会社の事業・財産の管理・処分権を有することを定めているが，利益配当に関する明文の規定を設けていない。なお，利益配当については，本節【2】D参照。

本法は一般法律であると宣言され（§5），ニュー・ヨーク州の財務長官（treasurer）は当会社の株式200株を州民のために引き受ける権限を有する（§7）。この規定は同会社に対する同州の出資を認めるものであり，これは州の安全な投資であると考えられたのではなく，有用な企業に対する援助とみなされたといえよう。同会社が短期間で失敗した後は，製造工業会社に対する州の出資が再び認められることはなかった（注95）。

なお，The New-York Manufacturing Society は，その特許状取得前に既にその営業（木綿・リンネル製造）を開始しており，1789年3月21日（当会社が法人格を取得する前）に，その constitution が定められている（注96）。同

第1章　ニュー・ヨーク州事業会社法の草創期（1790年～1810年）

constitution は既述の設立法にはみられない若干の規定を定めており，以下にこれらの諸規定を紹介することにしたい。第1に，「……会計役に対する株金額の払込に基づいて会計役は払い込まれた株式に対して株券 (certificate) を交付し，また，その株券は，自らのためにその株券を交付された者が当会社の資本 (funds) に対して有する持分 (interest) の証拠となる (art. 2)。」第2に，「すべての株式は譲渡可能であり，かかる譲渡は，所有者またはその適法な代理人が，会計役の面前で，その株券を会計役に交付し，かかる株式が譲渡される者の名で新しい株券を受領することによってなされる (art. 4)。第3に，「取締役は，毎年3月の第3水曜日に，彼等が適切と考える場所で，その総会の60日前に2つの新聞に広告して，会社の総会 (a meeting of the society) を開催する。また，出席株主が定足数を構成し，その過半数の議決権によってすべての問題を決定する (art. 5)。」第4に，「会計役は，その信任の誠実な履行のため，取締役が適切と考える額の担保 (security) を，取締役が適切と考える者に対して提供する (art. 10)。」

ところで，このニュー・ヨーク州最初の製造工業会社は，1780・90年代のアメリカで設立された殆どすべての製造工業会社と共通の運命を辿っており，極めて短期間で失敗に終わっている。既に，1792年，同会社の工場は「徐々に衰微してきており，今や殆ど消滅している」と Pennsylvania Gazette 紙は報じており，1794年1月には，同会社は工場の建物・機械などを競売により売却している[注97]。

The New-York Manufacturing Society 設立法は，形式的には，ニュー・ヨーク州の事業会社設立法のうち最も古いものである。しかし，既述のように，1791年に制定されたニュー・ヨーク銀行設立法は既に1784年および1789年の段階でその法案が州議会に提出されたことがあり，実質的には後者が先行していたといえよう。ただ，後者も，1791年の段階で，第1次合衆国銀行設立法の影響により相当変更されているという事情を考えるとき，上記両設立法がともに同州事業会社法史の出発点を形成したというのが無難であろう。

B　The Hamilton Manufacturing Society　ニュー・ヨーク州第2番目の製造工業会社は，1797年3月に設立された The Hamilton Manufacturing Society である（表＝Ⅲ②）。この会社はガラス製造を目的としており，その

第4節　製造工業会社法

存続期間は14年に制限された（§1）。その資本は10万ドルを超えてはならず，1株の金額は1000ドルとされた（§5）。会社の事業は5人の取締役が経営する（§3）。本法は，The New-York Manufacturing Society設立法から強い影響を受けているが，両設立法には次のような違いもある。本法は，社員の議決権に関する規定を欠いており（ただし§9参照），また，株金払込の催告およびその違反の効果について規定を設けている（§6）。

さらに，本法は次のような特異な規定を設けている。同法§1は，「……爾後取締役が負担するかもしれない債務を当会社の社員が免除されると解釈すべきものは，本法中には何ら含まれているものではなく，各社員は，何人に対するにせよ当会社が支払の責を負う債務につき個人的に責任を負う」と定めている。

この規定は，社員の有限責任を明文で否定するものであり，したがって，The Hamilton Manufacturing Societyは株式会社ではない。18世紀末の事業会社設立法において，本法のように明文で社員の無限責任を定める例は稀であるといわれている[注98]。

なお，会社債権者の便宜のため，本法§2は，「取締役は，毎年1回，オールバニィ市で印刷される1つの新聞に，当会社の社員の名前を公表し，その謄本に取締役が署名し，それをオールバニィ市およびカウンティの書記の事務所に提出する」と定めている。

C　The Rensselaer Glass Factory　ニュー・ヨーク州第3番目の製造工業会社は，1806年2月に設立されたThe Rensselaer Glass Factoryであり（表＝Ⅲ③），その存続期間は15年に制限された（§1）。同会社設立法は基本的にはThe New-York Manufacturing Society設立法をモデルにしているといえるが，次のような2つの新しい規定を設けている。第1に，当工場に傭われている支配人・職人などに対して，陪審員を務める義務および民兵を務める義務が免除された（ただし，侵略を受けた際の民兵義務は除かれる）（§7）。第2に，「当会社は，本法が示すガラス製造という目的以外にはその資本のいかなる部分も使用してはならない（§9）。」

上記§7と同趣旨の規定は，1809年に制定された製造工業会社設立法に多くみられる（表＝Ⅲ⑤〜⑨⑪⑫）。また，上記§9と類似の規定は爾後の多

第1章 ニュー・ヨーク州事業会社法の草創期（1790年〜1810年）

くの設立法に設けられているが，さらに，資本を銀行取引に使用してはならない旨を追加する例もあり，これが1811年法§7に受け継がれているといえよう^(注99)。

もう1つ言及しておきたいのは，株金の払込催告に関する次の規定（§4）である。

「当会社の資本は100株以下から構成され，各株式は1000ドルを超えないものとする。また，取締役が適切と考える時と割合において，各株主に対し，それぞれが引き受けた全額の株式払込金の払込催告を取締役が行なうことは適法である。もしその払込催告に違反した場合には，その株式およびそれまでに払い込まれた払込金を没収する。ただし，その払込がなされるべきであった日の後10日間払込が懈怠され，かつ，かかる払込催告の日の30日前にその公示が前述のとおり1新聞になされたときに限る。」

本規定と類似の規定は，既にThe Hamilton Manufacturing Societyの設立法（§6）にみられたが，爾後の製造工業会社設立法の多くは上記規定を受け継いでいる。なお，The Manhattan Company（表＝Ⅰ④）を始めとして，The Farmers Bank（表＝Ⅰ⑤）やThe New York State Bank（表＝Ⅰ⑥）は上記規定と類似の規定を設けており，1811年法§5はこれらに一層近い表現を採用している。

D その後の製造工業会社 1809年は，ニュー・ヨーク州事業会社法史における画期的な年であるといえよう。同州は，同年だけで9つの製造工業会社を設立するための個別法律を制定しており，それが後の会社立法に多大な影響を与えることになる。なお，1809年に製造工業会社が急激に増加する社会的・経済的背景については，第2章2節【1】で瞥見することにしたい。

ところで，1811年法は，定款を州務長官に届け出ることにより会社を設立できるという設立方式（準則主義）を除き，1809年以後における製造工業会社の諸設立法の諸条項を集成したものであるといえる（第2章2節【2】A参照）。そこで，1811年法に集成される前の諸設立法の代表的な例として，The Columbia Manufacturing Society設立法（表＝Ⅲ⑥）をとりあげ，その内容を以下に概括しておくことにしたい。

第4節　製造工業会社法

　本法は全文7ヵ条から成る。その前文は，当会社の目的が綿織物と毛織物の製造であり，必要な衣類を外国に頼るべきではない旨を述べている。本法§1は，ニュー・ヨーク銀行設立法（§1）と同趣旨の規定で，同会社の存続期間は15年に制限される。§2は，5名を超えない取締役（trustees）により会社の事業が経営される旨および取締役の選挙・欠員の場合の措置を定め，株主の議決権につき1株1議決権の原則を採用している。§3は，既述のニュー・ヨーク銀行設立法§4と同一である。本法§4は，会社の資本が20万ドルを越えてはならない旨および1株の金額を500ドルとする旨を定め，また，株金の払込催告につき，既述の1806年のThe Rensselaer Glass Factory設立法（§4）と同一の規定を設けている。§5は，取締役の自治規則の制定権限に関する規定であり，同条によって，当会社の資本（stock）・財産・物的財産・人的財産の管理および処分に関して，取締役は必要かつ適切と考える自治規則（by-laws, rules and regulations）を定める権限を有する。この規定はニュー・ヨーク銀行設立法（§7）と殆ど同じである。§6は，当会社に雇われている支配人・職人が陪審員を務める義務を免除される旨を定めている。§7は，当会社の株式を人的財産とみなし，本法を一般法律とみなす旨を定めている。なお，株式を人的財産とみなす旨の規定の意味するところについては，本章5節【1】Bを参照されたい。また，既述のとおり，株主の2倍責任規定が設けられ，さらに，取締役は会社の資金（funds）を銀行取引に使用する権限を有しない旨が定められている。

　上述の§5と同じ規定は，最初の製造工業会社設立法以来，ほぼすべての設立法に設けられている。これに対し，殆どの製造工業会社設立法は利益配当に関する明文規定を欠如しており，この点は同時代の銀行・保険会社法と比較した場合の製造工業会社法の特色であるといえよう。表＝Ⅲの設立法のうち，利益配当に関する規定を設けているのは，④⑩の2つの設立法だけである。その他大部分の設立法は利益配当については何も規定せず，上述の§5とほぼ同じ表現の規定を設けているだけである。上記④の設立法（＝The American Paint Company）§8および⑩の設立法（＝The Bronx River Paint Company）§7は，利益配当につき，同一の規定を設けており，それらの規定によれば，当該会社の取締役は，6ヵ月に1度，その適切と考える会社の

第1章　ニュー・ヨーク州事業会社法の草創期（1790年～1810年）

利益から半年に1度の配当を宣言することができる。これは前述した銀行会社の場合の配当条項とほぼ同じであるといえよう（本章2節【1】B§6参照）。

　上述のように本設立法（§4）はその資本の額の上限を20万ドル（1株500ドル）と定めているが，その他の製造工業会社の資本の額についても言及しておくことにする。表＝Ⅲ②③は資本額10万ドル以下（1株の金額1000ドル以下）であるが，額面の大きさが目立つ例である。表＝Ⅲ④～㉘の設立法が定める資本の額は，注に掲げるとおりである[注100]。そのうち，資本の額が10万ドル超の会社が11に及ぶ点に注目すべきであろう。これらの会社は後に述べる1811年製造工業会社法によっては設立できない額の資本を擁していたのである。

　この時期に制定されたすべての種類の規定が本設立法中に網羅されているわけではないのはもちろんである。他の設立法には設けられているが，本設立法には欠けている規定もあり，また，他の少数の設立法にだけ定められている規定もある。以下では，この時期に2例だけみられる製造工業会社の解散に関する規定を紹介するにとどめる。上述の表＝Ⅲ④の設立法§8は次のように定めている。

　「……いずれかの年次取締役選挙の日に，引き受けられた全株式の3分の2を有する株主が当会社の営業を廃止することに賛成投票した場合には，できるだけすみやかに当会社の全財産を処分し，当会社に支払われるべきすべての債務を取り立てることは，取締役の義務である。そして，そこから［全財産を処分し，かつ取り立てた分から］当会社が支払うべきすべての債務を差し引いて弁済した後に，その時点で各株主が有する株式数に応じて会社の残余財産の公正な分配を取締役が行なうものとし，かつ，取締役は，各株主に対するそれぞれの分配金の支払いを済ませ，その結果，当会社は解散される。」

　また，表＝Ⅲ⑩の設立法§8は，全株式の4分の3を有する株主に解散権限を認めている。

第 4 節　製造工業会社法

【3】　2倍責任規定の沿革

　本章 3 節【1】で述べたとおり，1798年のユナイテッド保険会社設立法（表＝Ⅱ①）§13を始めとする一連の保険会社設立法が定める2倍責任規定は，1809年のThe Columbia Manufacturing Society設立法（表＝Ⅲ⑥）§7以後の一連の立法（製造工業会社設立法）に影響を与えているというのが筆者の推測であるが，以下でこの問題につき補足することにしたい。1809年に制定された9つの製造工業会社設立法のうち5つが2倍責任規定を設けており（表＝Ⅲ④〜⑫），そのうち最初に制定されたのがThe Columbia Manufacturing Society設立法である。そして，本法制定の日付に最も近い保険会社設立法は，1807年のThe Poenix Insurance Company設立法（表Ⅱ⑦）であり，その2倍責任規定（§14）は既述のユナイテッド保険会社設立法§13と同一である。The Poenix Insurance Company設立法（表＝Ⅱ⑦）以前の一連の保険会社設立法がThe Columbia Manufacturing Society設立法（表＝Ⅲ⑥）以後の一連の製造工業会社設立法に影響を与えたものと推測することができるであろう。

　ユナイテッド保険会社設立法§13（本章3節【1】参照）とThe Columbia Manufacturing Society設立法§7とを比較するために，後者の規定を次に掲げることにする。

　「……当会社の解散のときに，その構成員たる者は，当会社が支払いの責を負うであろうすべての債務について，当会社の解散後に提起されるいかなる訴訟に関しても，各自の株式を限度として個人的資格において責任を負うものとする。……」

　ユナイテッド保険会社設立法§13以後における一連の保険会社設立法の2倍責任規定がThe Columbia Manufacturing Society設立法§7以後の一連の製造工業会社設立法に影響を与えたのであり，このような一連の設立法を集成する形で1811年法の2倍責任規定（§7）が誕生したといえよう。以上の事柄を直接裏付ける立法当時の資料はなく，もっぱら制定法の成立の趨勢および2倍責任規定の比較に基づく推測にすぎない。なお，上掲法文のう

第 1 章　ニュー・ヨーク州事業会社法の草創期（1790 年～1810 年）

ち，「個人的資格において」"in their individual and private capacity" という表現は，先行する一連の保険会社設立法の 2 倍責任規定と同一であるが，1811 年法§ 7 では，単に individually という用語に変更されている。

【4】　商業を目的とする事業会社

本章の時代の事業会社法に関する注目すべき 1 つの事実は，商業を目的とする事業会社が殆どみられないことであろう。この点はアメリカ全体に共通しており，ニュー・ヨーク州では，1808 年に The American Fur Company が設立されたのみである（注101）。

この会社は，土着のアメリカ・インディアン住民との交易を目的とする交易会社（a trading company）である。同会社設立法§ 2 によれば，この会社の資本の額は，成立後 2 年間は，100 万ドル（1 株の金額 500 ドル）を超えることができない。しかし，2 年経過後は，「各株式の最初の額［500 ドル］に追加して，全部で 500 ドルの額を限度として，各株式に対して更なる支払いを当会社が請求することは適法である。その結果，当会社の資本の額はいつでも 200 万ドルを超えてはならない。」

同法§ 12 は，1 年 1 回の利益配当をなす旨および配当制限基準として利益基準に欠損填補型の資本減損禁止基準を付加する旨を定めている。また，株主は会社の債務について 2 倍責任を負う（§ 15）。

【表＝Ⅲ】

製造工業会社設立法一覧（1790-1810）

⑤以下の設立法については，各制定法のタイトルを省略し，各会社の名称だけを掲げる。

① An Act to incorporate the stockholders of New-York Manufacturing Society, Act of Mar. 16, 1790, N.Y. Laws, 13th sess., ch. 26.
② An Act to incorporate the stockholders of Hamilton Manufacturing Society, Act of Mar. 3, 1797, N.Y. Laws, 20th sess., ch. 68.

第 4 節　製造工業会社法

③ An Act to incorporate the stockholders of the Rensselaer Glass Factory, Act of Feb. 28, 1806, N.Y. Laws, 29th sess., ch. 26.　[The President and Directors of the Rensselaer Glass factory]
④ An Act to establish a company in the city of New-York, for the purpose of manufacturing the paints and other articles, Act of Feb. 17, 1809, N.Y. Laws, 32d sess., ch. 28.　[The President and Directors of the American Paint Company]
⑤ The President and Directors of the Oneida Glass Factory, Act of Feb. 17, 1809, N.Y. Laws, 32d sess., ch. 31.
⑥ The Columbia Manufacturing Society, Act of Feb. 24, 1809, N.Y. Laws, 32d sess., ch. 51.
⑦ The Albany Manufacturing Society, Act of Mar. 3, 1809, N.Y. Laws, 32d sess., ch. 62.
⑧ The Pleasant-Valley Manufacturing Company, Act of Mar. 7, 1809, N.Y. Laws, 32d sess., ch. 64.
⑨ The President and Directors of the Madison Manufacturing Association, Act of Mar. 17, 1809, N.Y. Laws, 32d sess., ch. 73.
⑩ The Bronx River Paint Company, Act of Mar. 17, 1809, N.Y. Laws, 32d sess., ch. 75.
⑪ The President and Directors of the Woodstock Glass Manufacturing Society, Act of Mar. 24, 1809, N.Y. Laws, 32d sess., ch. 86.
⑫ The Union Cotton Manufactory, Act of Mar. 27, 1809, N.Y. Laws, 32d sess., ch. 115.
⑬ The President and Directors of the Mount Vernon Glass Company, Act of Feb. 17, 1810, N.Y. Laws, 33d sess., ch. 16.
⑭ The President and Directors of the Galen Salt Company, Act of Mar. 2, 1810, N.Y. Laws, 33d sess., ch. 22.
⑮ The President and Directors of the Ontario Glass Manufacturing Company, Act of Mar. 2, 1810, N.Y. Laws, 33d sess., ch. 27.
⑯ The President and Directors of the Utica Glass Manufacturing Company, Act of Mar. 9, 1810, N.Y. Laws, 33d sess., ch. 37.
⑰ The Manlius Manufacturing Society, Act of Mar. 9, 1810, N.Y. Laws, 33d sess., ch. 43.
⑱ The President and Directors of the Lenox Glass Factory, Act of Mar. 9, 1810, N.Y. Laws, 33d sess., ch. 45.
⑲ The Oneida Manufacturing Society, Act of Mar. 9, 1810, N.Y. Laws, 1810, 33d

sess., ch. 49.
⑳ The Smithfield Manufacturing Society, Act of Mar. 12, 1810, N.Y. Laws, 1810, 33d sess., ch. 52.
㉑ The Milton Manufacturing Society, Act of Mar. 19, 1810, N.Y. Laws, 33d sess., ch. 70.
㉒ The President and Directors of the Oneida Iron and Glass Manufacturing Company, Act of Mar. 23, 1810, N.Y. Laws, 33d sess., ch. 77.
㉓ The Rensselaer Woollen and Cotton Manufacturing Company, Act of Mar. 23,1810, N.Y. Laws, 33d sess., ch. 81.
㉔ The New-York Slate Company, Act of Mar. 23, 1810, N.Y. Laws, 33d sess., ch. 89.
㉕ The Home Manufacturing Society, Act of Mar. 23, 1810, N.Y. Laws, 33d sess., ch 90.
㉖ The New-Hartford Manufacturing Society in the county of Oneida, Act of Mar. 30, 1810, N.Y. Laws, 33d sess., ch. 99.
㉗ The President and Directors of the Geneva Glass Manufacturing Company, Act of Mar. 30, 1810, N.Y. Laws, 33d sess., ch. 112.
㉘ The President, Directors and Company of the Paper Manufactory in the County of Schoharie, Act of Mar. 30, 1810, N.Y. Laws, 33d sess., ch. 122.

第5節　公益事業的性質の事業会社法

　アメリカ初期事業会社法の歴史における顕著な現象は，後に公益事業（public utilities）と呼ばれる分野に属する事業会社の設立数が製造工業・銀行・保険会社などの数よりも圧倒的に多いことである。本章の時代においては，法人は常に公共的存在であるとみなされ，"私的利益の追求を目的とする法人"という観念は存在していなかったといわれている。製造工業会社でさえも地域社会に貢献する準公共的存在であると認められ，法人化が容認されたことは既に述べたとおりである。
　国内交通の改良（internal improvement）は，アメリカ建国初期の歴史における最大の課題の一つであり，この時代における運輸手段の発達は，港湾・河川の改修と併せて「交通革命」ないし「運輸革命」と呼ばれている。そして，この時代の交通・運輸の発展については，次のような3つの時期に区分

する見解が一般的であろう。すなわち，ターンパイク（有料道路）の時代＝1790年代から1810年代，運河の時代＝1820年代・30年代，鉄道の時代＝1840年代・50年代の3つである[注102]。

このような「交通革命」との関連において，いわゆる公益事業的な性質を有する事業会社が多数設立されたが，ニュー・ヨーク州の運河会社は「運河の時代」が開始される前から設立され始めており，また，同州のターンパイク会社よりも早く設立されているので，本節は，まず，運河会社法をとりあげる。ターンパイク会社は，この時代で最も数の多い事業会社であり，1807年のターンパイク会社法がその歴史における1つの画期点をなしているといえる。有料橋会社は，銀行・保険会社に次いで成功した事業会社である。最後に，水道会社法を扱う。なお，鉄道会社法は第2章の課題である。

【1】 運河会社法

アメリカにおける運河建設は，一般的に公共投資優位の事業であったといわれており，ある経済史家は，「アメリカの運河とイギリスのそれとの最も相違せる点は，イギリスの場合が株式会社形態による純粋な私的経営であったのに対して，アメリカの場合は，特許を得て，incorporated companyを中心に進められたとはいえ，公的援助に頼る場合が多く，特に西部の運河の場合，政府（州，地方）の公共事業として建設されたものがほとんどであったことである」と述べている[注103]。

ニュー・ヨーク州においては，1825年のエリー運河完成前に設立された殆どすべての運河会社は営業を開始するまでには至らなかったと説かれている[注104]。また，その最も重要なエリー運河は州政府により建設・管理・運営され，その他の主要な運河についても州有政策が採用されていたから，同州の運河史において事業会社が占める比重はかなり低かったといえよう。ただ，初期運河会社の法的枠組みを明らかにすることは初期事業会社法史研究の一環として有益であろう。

A 西部運河会社および北部運河会社　ニュー・ヨーク州の最初の運河会社設立法（表＝Ⅳ①）は1792年3月30日に制定され，同法によって，

第1章　ニュー・ヨーク州事業会社法の草創期（1790年～1810年）

"The president, directors and company, of the western inland lock navigation in the State of New York"（以下西部運河会社と呼ぶ）および "The President, directors and company, of the northern inland lock navigation in the State of New York"（以下北部運河会社と呼ぶ）という名称（商号）の2つの運河会社が設立されている。前者の目的は，モホーク河とオナイダ湖とを連結し，オンタリオ湖に達する運河を建設することであり，後者の目的は，ハドソン河とシャンプレイン湖との間に運河を建設することである。

「ニュー・ヨーク州住民の関心は，その植民の当初から，ハドソン川と西部の湖とを『人工の川』によって接合することに向けられていた」[注105]といわれている。1825年のエリー運河の完成により「運河の時代」が開始されるが，その時代の先駆けとしての地位を上記2つの会社は占めていたのである。1790年代の初期には，東部の土地投機業者たちは，モホーク河ルートを改善するための運河を建設することによって，西部に対するその投資価値を増大するための手段を確保できると考え，このような運河建設に熱心であったと説かれている[注106]。

1792年の運河会社設立法に基づく2つの運河会社は，ほぼ同じ法的規制に服したといえるが，同設立法の内容は以下のとおりである。なお，section番号は筆者が付したものである。

［§1］　両運河会社の資本（the capital stock）は，いずれも1000株から構成される。ただし，1株の金額の定めは欠如しており[注107]，このような規定は爾後稀となる。3人から構成される株式引受のためのコミッショナー（a board of commissioners）がニュー・ヨーク市とオールバニィ市のそれぞれに置かれ，各コミッショナーは，両会社のためにそれぞれの帳簿を開設する。株式引受人は，引受の際に各株式につき25ドル（金・銀のほか合衆国銀行やニュー・ヨーク銀行の銀行券でもよいとされた）を払い込まなければならない。そして，一定の引受のための手続きを経たうえ，ニュー・ヨーク市のコミッショナーは，各引受人の引受株式数を記載して，各会社の完全な引受人名簿を作成し，それを大法官または高位裁判所の1裁判官の面前で確認し，それを当州の統治を行なう者［知事］に提出し，その者が500株の引受がなされたものと考えた場合には，その者は当州の州務長官の事務所にその名簿を提

第5節　公益事業的性質の事業会社法

出し，記録するよう州務長官に指示する。

　[§2]　上述のように，引受人名簿が州務長官の事務所に提出・記録された時から，その名簿に記載された者（その者が株主である間）および将来株主となるであろうすべての者は，法人となり，彼等およびその承継人は永久承継（perpetual succession）を認められる。

　以上のように，法人の成立につき個別法律の制定に加えて行政機関が関与する方式は稀な例であり，このような方式は，同州のその後の運河会社設立法においては，表＝Ⅳ④の設立法を除き，採用されていない。これと類似の方式は，後述するように，最初のターンパイク会社設立法の場合にも採用されている。同様の方式の下における行政機関の関与の仕方については，ペンシルヴェイニア州の例に注目すべきであろう(注108)。

　また，両会社は，当時の法人に一般的に与えられた種々の権能を有し，30万ドルの額まで財産を保有することができ，自治規則を制定・実施することができる。

　[§3]　会社業務の管理（the well ordering）のため，それぞれ13名の取締役が選任される。取締役選挙は，最初の年を除き毎年5月の最初の月曜日に，株主みずからまたはその代理人による投票の相対多数（a plurality of votes）によって行なわれ，取締役等は，その中から1名の社長を，選挙後初の会議において，選任する。また，本法は西部運河会社につき29名のリストを掲げており，その中から最初の13名の取締役が選任される。そして，右の29名のうち株主資格を取得した者が13名に達した場合には，彼等が最初の取締役となり，株主資格を取得した者が13名に満たない場合には，株式引受のためのコミッショナーがその不足の取締役を選挙するため株主総会を招集し，同コミッショナーは選任された取締役のリストを新聞に公表する。また，同コミッショナーが要請した日・場所に取締役が集合し，その1人を社長に選任する。さらに，北部運河会社についてもほぼ同趣旨の規定が設けられている。このような方式は，最初の取締役の名前が設立法において明示される後の方式（表＝Ⅳ④の設立法以後のもの）とは異なっていることに注意すべきであろう(注109)。

　社長および取締役等は，必要に応じて臨時総会を招集することができる

53

第1章　ニュー・ヨーク州事業会社法の草創期（1790年～1810年）

（§4）。取締役等は，会社の事業を遂行するために必要な役員・代理人・書記・監督・技術者を任命する権限を有し，その他会社の業務を管理する権限を有する（§5）。

　§6は，11項目にわたる両会社の基本的諸条項（fundamental articles）を定めている。第1は，株主の議決権に関する定めであり，1人につき30の議決権を最高限度として，議決権を逓増する方式が採用された。すなわち，2株以下の場合は1株につき1議決権，2株超10株以内の場合は2株毎に1議決権，10株超30株以内の場合は4株毎に1議決権，30株超60株以内の場合は6株毎に1議決権，60株超100株以内の場合は8株毎に1議決権，100株超の場合は10株毎に1議決権が認められ，株主1人につき30の議決権を限度とする。第2は，取締役の資格に関する定めであり，取締役は合衆国の住民であることが要求され，現職の取締役のうち翌年の取締役選任の資格がみとめられるのはその4分の3までとする。ただし，現職の社長たる取締役は常に再選され得る。第3は，取締役の報酬に関する定めであり，株主によって承認されなければ，取締役はいかなる報酬を請求する権利も認められない。第4は，取締役会に関する規定であり，社長を含めて7名以上の取締役が事業の処理に関する取締役会（a board for the transaction of business）を構成する。第5は，株主総会の招集に関する規定であり，合わせて200株以上の株式を有する60人以上の株主は，会議の目的を明示した広告を一定の新聞に2週間掲載して，いつでも総会を招集する権限を有する。このように少数株主に対して総会招集権を認める規定は，その後の運河会社設立法にはみられないであろう。

　第6は，会計役の捺印金銭債務証書の差出しに関する規定であり，いずれの会計役もその職務を始めるに先だって，取締役が適切と考える額の捺印金銭債務証書（2人の保証人を付して）を差し出すものとする。第7は，土地財産の所有に関する規定であり，両会社が創設された直接の目的（運河の建設）のために必要な限りにおいて，会社は土地を所有することができる。第8は，両会社の事業経営に関する制限を定めた規定であり，会社は，銀行を設立すること，いずれかの銀行の株主となること，国債・州債を取引・保有することなどを禁止された。第9は，株式の譲渡に関する規定であり，両会社の株

式は，会社の自治規則に従って譲渡することができる。第10は，両会社の発行する手形の効力などに関する規定である。第11は，利益配当に関する規定であり，会社は，すべての年間純収益（all the neat annual income）から利益配当を半年毎に行なう。

　［§9］　社長および取締役等は払込の請求（assessments）をなす権限を有し，請求に応じない株主はその株式につき失権し，当会社はその株式を他の株主に売却できる。

　この払込請求権は，当会社の株式には額面の定めがないことを考慮すれば，実質的には追徴権とほぼ等しいのではなかろうか。§1によれば，株式引受の際に，25ドルの払込がなされるが，額面の定めがないため払込残額が不明である。

　§15は，役員の捺印金銭債務証書の差出しにつき定めている。

　［§16］　社長および取締役は，公正な決算書（accounts）を作成し，各会社は，すくなくとも1年に1回はその決算書を株主総会へ提出しなければならない。また，運河を航行可能とするために使用した費用・支出の総額が弁済された後は，各会社の1000株［資本］が充分でない場合に，当該会社の社長および取締役が，本法の目的を達成するのに必要な限度まで，株主総会において，株式数を増加することは適法である。

　本法は株式の額面の定めを欠如しているが，上記規定は，その目的達成のため必要な限度に限ってではあるが，総会決議により資本の額の変更を認めるものである。

　さらに，当該会社の社長および取締役は，すべての不確定な費用（all contingent costs and charges）を最初に控除して，利益（the clear profits and income）から配当を宣言し，毎年6月と12月の第2月曜日に，利益配当を公表する。以上の配当条項は，利益基準を採用したものといえるが，ニュー・ヨーク銀行設立法のそれが配当財源を単純に利益に限定するタイプであるのとは異なる（本章2節【1】B§6参照）[注110]。

　［§18］　西部運河会社はモホーク河とオナイダ湖とを連結する運河を1793年1月1日から5年の間に建設し，オンタリオ湖に達する運河を15年の間に建設しなければならない。以上に違反した場合は，その設立法は失効

第1章　ニュー・ヨーク州事業会社法の草創期（1790年～1810年）

する。

　なお，各会社に対して州の補助金（12500ドル）が認められた（§20）。

　以上のほか，運河会社に特有の諸規定も定められている。例えば，土地の収用に関する詳細な規定が設けられ（§7），運河に隣接する他人の土地へ立ち入る権利が認められ（§10），通行料金を徴収する権限が認められ，通行料の額が定められ（§11），さらに，利益率の最大限度が定められている（§17）。

　最後に，両運河会社のその後の顛末につき附言する。まず，北部運河会社は，1797年に解散し，ほとんど成果を残さなかったといえよう[注111]。次に，西部運河会社は，1795年に，北部運河会社とともに州から200株の出資を獲得し[注112]，その他の曲折を経たうえ，1797年にはその運河の一部を完成したが，結局，運河全体が完成されることはなかった。そして，1817年運河法により，エリー運河委員会が西部運河会社の財産を買い取る権限を認められ，1820年には，ニュー・ヨーク州に対する同会社の財産譲渡手続きが完了している[注113]。

　B　その後の運河会社　最初の2つの運河会社が設立された後，1810年までに，3つの運河会社が設立されている。それらはいずれも実際に営業にまでこぎつけたものはないが，初期の会社立法史を辿る際には，それらも重要な資料であるといえるから，以下順次それらの設立法を概観することにしたい。

　第3番目の運河会社は，The Niagara Canal Company（表＝Ⅳ②）であり，1798年にその設立法が制定されている。この会社の設立方式によれば，エリー湖とオンタリオ湖とのあいだに運河を開設するために，James Watson以下4名の者およびそれと結合する者が1つのカンパニーを設立し，当カンパニーの構成員となる者が法人を構成するものとされた（§§1,2）。

　この設立方式によれば，個別法律に掲げられた一定数の者・それと結合する者［およびその承継人］が法人を構成し，個別法律の制定のみによって法人が成立することになる。この点は上述Aの2つの会社と異なっており，爾後の運河会社設立法は，表＝Ⅳ④の設立法を除き，本法と同じ設立方式を採用している。

第5節　公益事業的性質の事業会社法

　株主総会は，全体の過半数の株主（代理人も可）の出席により成立する（§3）。このように総会の定足数につき株主の頭数による旨を明示した規定は珍しい例であろう。また，最初の総会は，社長・会計役・書記および必要と判断される数の取締役を選任する（§5）。この定めも珍しい例であり，社長などの選任は取締役（会）によりなされるのが通常である。なお，本法の議決権に関する定めは上述Aの設立法と同じであり，額面の定めは欠如している。

　第4番目の運河会社は，1808年に設立された The Trustee of the Peconick River Lock-Navigation Company（表＝Ⅳ③）である。会社の設立については，Solomon Townsend 以下6名の者および現在・将来の構成員（associates）およびその承継人が法人となるものとされ（§1），法人たる会社が成立した後に，株式引受の手続きが開始される。株式引受のためのコミッショナーが組織され，このコミッショナーが引受の手続きを遂行する。爾後のすべての運河会社設立法は上記と同じ方式を採用している。そして，上記コミッショナーが最初の株主総会を招集し，そこにおいて最初の3名の取締役（trustees）が選任され，社長は chairman と称された（§2）。資本（the stock or funds）は，1株20ドルの株式250株を超えてはならず，株式引受の際に，1株につき5ドルを払い込むものとする（§4）。残額の払込請求は，取締役等が決定する方法（額・時期 など）によりなされる（§2）。爾後のすべての設立法は，本法と同じように資本と額面に関する規定を設けている。

　最後に，当会社の株式は人的財産（personal estate）であるとみなされ，取締役等が指定する方法により譲渡できる（§9）。Dodd によれば，会社の株式を人的財産とみなす旨の規定は当然の注意規定であり，次のような意味をもっていたのである。すなわち，このような会社の財産は主として物的財産（realty）から構成され，かかる場合には，特許状に別段の定めがない限り，社員の持分も物的財産とみなされたため，上記のような注意規定が設けられたわけである[注114]。なお，会社の株式を人的財産とみなす旨の規定は，ニュー・ヨーク州では，1802年に初めて設けられたのではなかろうか[注115]。

　第5番目の運河会社は，1810年に設立された The president, directors and company of the Black River navigation, in the state of New York（表＝Ⅳ④）で

第1章 ニュー・ヨーク州事業会社法の草創期（1790年～1810年）

ある。この会社の資本は，1株50ドルの株式200株で構成される。会社の設立については，株式引受のためのコミッショナーが組織され，引受人は，その引受の際に，1株につき2ドル（金・銀または合衆国銀行・当州銀行の銀行券で）を払い込むものとする。上記コミッショナーは，一定の手続を経て，200株の引受を完了させ，完全な引受人名簿（各引受人が引き受けた株式数を記載する）を作成し，それをジェファソン・カウンティの1判事の面前で確認して，同カウンティ書記の事務所に提出し記録させるものとする（§1）。

上記のように引受人名簿がカウンティ書記の事務所に提出され記録されたときから，引受人等は法人となる（§2）。この方式は，会社の資本総額が引き受けられた時に法人の成立を認めるわけであり，表＝Ⅳ③を始めとする当時の通常の設立方式とは違っている。なお，上記の手続きのうち，引受人名簿をカウンティの書記の事務所に提出・記録したときに法人の成立を認める点は，1811年製造工業会社法の準則主義に基づく設立方式とかなり似ているといえよう。

株主の議決権については最高限度を設けない逓減方式が採用され，10株以内の場合は1株につき1議決権が与えられ，10株超については5株毎に1議決権が与えられた（§5）。また，取締役の員数は5名で，その欠員の場合には，その残任期間につき補充のための取締役が臨時総会で選任される。さらに，最初の取締役の名前が本設立法に明示されている（§3）。爾後の設立法は一般的に最初の取締役を明示する方式を採用している。なお，本法§5は，表Ⅳ①の設立法§6と同趣旨の規定（会社の基本条項に関する）であり，既述の議決権のほか利益配当（毎年1回）・株式譲渡などに関する定めを設けている。

最後に，以上3つの運河会社設立法は，最初の運河会社設立法とともに社員（株主）の責任に関する規定を欠如しており，この点は本章の時代のターンパイク会社設立法や銀行会社設立法と共通しているといえよう。

【表＝Ⅳ】

運河会社設立法一覧（1792-1810）

第5節　公益事業的性質の事業会社法

　なお，WHITFORDは，1806年に，Hudson's River Canal and Channel Companyが設立されたと指摘しており(注116)，また，EVANSも同年に1つの運河会社が設立されたとしているが(注117)，筆者の調査の限りでは，この設立法を見つけることができなかったため，この会社は除くことにする。

① An Act for establishing and opening lock navigations within this State, Act of Mar.30, 1792, N.Y. Laws, 15th sess., ch. 40.
② An Act for opening the navigation between Lake Erie and Lake Ontario, Act of Apr. 5, 1798, N.Y. Laws, 21st sess., ch. 92.
③ An Act incorporating the Peconick river lock-navigation company, Act of Apr. 8, 1808, N.Y. Laws, 31st sess., ch. 157.
④ An Act for improving the navigation of the Black River in the county of Jefferson, Act of Apr. 5, 1810, N.Y. Laws, 33d sess., ch. 181.

【2】　ターンパイク会社法

　1780・90年代のニュー・ヨーク州においては，アメリカ革命前と同様に，公道（high-ways）の建設・維持・管理は地方政府の責任であるとされていた(注118)。しかし，このような公的な道路建設により州西部からの急速な道路建設の要求に応じることはできなかったから，道路改善のため私的資本を糾合する必要性は大きかったのであり，19世紀初期の陸上交通の発達は，基本的には私的資本によるものであったと説かれている。1797年から1830年までのニュー・ヨーク州において，政府によってではなく，事業会社（私的資本）によって道路建設の主導的な役割が担われたのであり，それが何故であったかは1つの問題であるが(注119)，この時期の道路建設において事業会社が決定的な役割を果たした点は，運河事業の場合とは大きく異なっていたのである。1800年〜1830年の間に，ニュー・ヨーク州は合計993の事業会社を設立し，そのうち339社（全体の34％）がターンパイク会社であったといわれており(注120)，ターンパイク会社法は同州初期事業会社法の歴史において重要な位置にあったといえよう。なお，ターンパイク会社の事業は利益が少なかったと説かれているが，この会社の場合には，株式を取得する動機が社員としての利益を得ることではなくむしろその地域社会（the community）

第1章　ニュー・ヨーク州事業会社法の草創期（1790年〜1810年）

にとって有益な事業に対するファイナンスの援助をすることであると考えられたと説かれている(注121)。

　本項末尾に掲げた表＝Ⅴは，1797年から1810年までに制定されたターンパイク会社設立法の一覧表であるが，時折，有料橋とターンパイク道路事業とを兼ねる事業会社が設立されたり，また，1つの法律によって，複数のターンパイク会社と有料橋会社が同時に設立された例がみられることに注意すべきであろう。したがって，会社設立法の数と会社設立数とは一致しないわけである。

　ちなみに，表＝Ⅴをみると，設立法のタイトルにおいて a turnpike corporation という用語がしばしばみられるが，このような corporation という用語の使用法は，当時の他の種類の事業会社設立法にはみられないように思われる。つまり，a canal corporation, a banking corporation, an insurance corporation, a manufacturing corporation などの用語は設立法のタイトルでは用いられていない。しかも，ターンパイク会社の場合に，正式の会社の名称（商号）につき corporation という用語が用いられることはなく，a turnpike company という形が通常である。例えば，表＝Ⅴ②の設立法のタイトルでは，a turnpike corporation という用語がみられるが，この会社の商号は，The President Directors and Company of the Western Turnpike Road であり，商号においては，corporation という表現は用いられていない。そして，ターンパイク会社の場合にも，1807年以後は，設立法のタイトルが統一化され，そのタイトル中に a turnpike corporation という表現はみられなくなり，An Act to incorporate a turnpike (road) company という形式が採用されるようになっている。

　A　1806年以前のターンパイク会社法　　**ⓐオールバニィ・アンド・スケネクタディ・ターンパイク会社**　　ニュー・ヨーク州の最初のターンパイク会社は，1797年に，表＝Ⅴ①の個別法律によって設立され，これにより，"The President, Directors and Company of the Albany and Schenectady turnpikes in the county of Albany and State of New York" という名称（商号）のターンパイク会社が設立されている。

　本法と最初の運河会社設立法との間にはかなりの類似性がみられるが，以

第5節　公益事業的性質の事業会社法

下, 最初の運河会社設立法との比較を念頭に置きながら, 本設立法の内容を紹介することにしたい。

本設立法は全文18カ条から成り, まず注目すべきは, その設立方式が爾後のターンパイク会社設立法と異なる点である。オールバニィ市とスケネクタディ町との間に道路を建設する目的で a company が設立され, その資本は2000株から構成される。ただし, 額面の定めは欠如しており, この点は最初の運河会社設立法の場合と同じである。そして, 株式引受の手続はコミッショナー (a board of commissioners for taking subscriptions) によって遂行され (上記2カ所にそれぞれ board が置かれた), 株式引受人はその引受の際にコミッショナーに対して10ドルの払込をしなければならない。同コミッショナーは, 一定の募集の手続きを踏み, 各引受人の引受株式数を示したうえ, 引受のための帳簿に引受人の名前を記入して, オールバニィ・カウンティ民訴裁判所の1判事の面前で確認し, それを同カウンティの書記の事務所に記録させるものとする (§1)。

以上のように引受人の名簿が確認・記録されたときから, その名簿に引受人として記載された者 (その者が株主である間) および将来株主となるであろうすべての者は, 既述の名称によって法人 (a corporation and body corporate) となり, 永続承継が認められる (§2)。

本法の設立方式は, 既に述べた最初の運河会社の設立方式と類似しているといえるが, 細かくいえば, むしろ既述した表＝Ⅳ④の設立法のそれに似ているであろう^(注122)。

また, 同会社は20万ドルの額まで財産を保有する権能・自治規則を制定する権能・その他法人に認められる様々な権能を有するものとされた (§2)。

当会社の業務管理のため, 13名の取締役の選任が必要であり, 毎年9月の第1火曜日に, 株主により取締役が選任され, そして, 選任後初の会議において取締役の中から社長が選任される (§3)。

社長および取締役等は臨時総会招集権を有し (§4), 取締役等は, 会社事業の執行に必要な役員・代理人・書記などを任命し, その報酬 (給与) を支払う権限を有し, また, 当会社の業務管理に関するその他の権限 (powers and authority) を有する (§5)。

61

第1章　ニュー・ヨーク州事業会社法の草創期（1790年〜1810年）

　本法§6は，10項目に互る会社の基本的諸条項を定めており，既述のとおり表＝Ⅳ①の運河会社設立法§6に類似しているが，若干の違いがみられる。まず，株主の議決権についてであり，1人につき20の議決権を最高限度として，議決権を逓減する方式がとられている。次に，総会招集権の要件についてであり，400株以上保有する40人以上の少数株主に招集権が認められている。その他については，右運河会社設立法の場合とほぼ同じであり，以下に，項目だけを掲げておく。第1＝議決権，第2＝取締役の報酬，第3＝取締役会の定足数，第4＝少数株主の総会招集権，第5＝会計役の捺印金銭債務証書の差出し，第6＝会社の不動産保有権能，第7＝銀行業の禁止，第8＝株式の譲渡性および会社が発行する手形の効力，第9＝規定なし，第10＝半年毎の利益配当。

　役員の捺印金銭債務証書の差出しに関する規定（§13）は最初の運河会社設立法§15と全く同じであり，払込請求に関する規定（§8）・決算書の作成・利益配当などに関する規定（§14）は，最初の運河会社設立法§§9・16とほぼ同じである。最後に，当会社が1793年5月1日から10年以内に当該ターンパイク道路を完成させない場合には，当会社は解散し，本法に基づいてなされたすべての改善工事は当州の人民の財産となる（§18）。

　以上のほか，§7は道路用の土地を収用するための手続きを詳細に定め，§9は道路の隣接地に対する会社の立入権と損害賠償につき定めている。さらに，通行料の徴収権限や通行料金の額などに関する規定（§§10〜12）・通行料金の支払を回避した場合にはその4倍額の制裁金を支払わなければならない旨の規定（§14）も設けられている。

　最後に，当ターンパイク会社のその後の経緯につき附言する。1797年に設立された同会社は，営業を開始するまでには至らず，1802年に，その設立法が更新され，1805年にようやくその道路が完成している[注123]。

　ⓑ　**その後のターンパイク会社法（1806年末まで）**　　最初のターンパイク会社設立法の制定から1806年までに，合計66のターンパイク会社設立法が制定され（表＝Ⅴ参照），合計70のターンパイク会社が設立された[注124]。これらの設立法は著しいパターン化がみられ，既に述べた最初のターンパイク会社の設立方式を別にすれば，いずれの設立法も類似性が顕著であるとい

第 5 節　公益事業的性質の事業会社法

えよう。そこで，以下，Klein と Majewski の研究を参考にして(注125)，初期のターンパイク会社設立法の内容を類型化してみることにしたい。

　初期のターンパイク会社の法的枠組みは，1799 年と 1800 年に制定された 10 個のターンパイク会社設立法を吟味することによって明らかになる。まず，各設立法は，その掲げる一定数の者および当該道路を作るため結合する者が法人を構成する旨を定め，当該会社の一般的権能につき定めている。法人の成立後に，株式引受の手続きが開始され，そのためのコミッショナーが組織されて，1 株の金額（通常 20 ドルまたは 50 ドル）・引受の際の払込額・株式総数などが定められる。株式総数のうちの一定数（例えば，全部で 1000 株のうち 600 株）以上が引き受けられたときに，株主総会が開催され，株主が取締役を選任し，取締役等は社長を選任する。取締役等は，自治規則を作成し，払込請求をなす権限を有し，また，株式を譲渡することができる。

　道路のための土地収用手続きが詳細に定められ，簡単ながら道路の仕様も定められている。通行料金が定められ，また教会に通う場合や仕事で農場へ行き来する場合などには通行料の支払が免除される旨が規定される。

　会社（取締役等）は，公正な決算書を作成して，半年に一回の利益配当（本節【1】A § 16 と同じ）を行なうことができ，また，州の会計検査官（comptroller）に対して年次報告書を提出することを要する。通行料金収入が，当該道路の購入・修理・維持のため支出した金額および一定の利息［年利率 10 ％または 12 ％］の合計額に達した場合には，当該道路は州の財産となり，当該会社は州立法府により解散される。また，当該設立法の成立の日から 2 年以内に道路建設が始まらない場合または当該設立法の成立の日から 7 年以内に当該道路が完成しない場合には，その設立法は失効する。

　以上が初期ターンパイク会社の法的枠組みのあらましである。本稿の対象とする時期に制定されたターンパイク会社設立法は多数に及び，細かくみれば，上述の整理ではカヴァーできない諸規定がみられるのはもちろんであるが，ここではこれ以上立ち入った検討は省くことにしたい。

　B　1807 年ターンパイク会社法　　1807 年 3 月 13 日に制定された An Act relative to turnpike companies（以下 1807 年法と呼ぶ）(注126)は，a general regulating law であり，別段の定めがない限り，同法は爾後個別法律によ

第1章 ニュー・ヨーク州事業会社法の草創期（1790年～1810年）

り設立されるすべてのターンパイク会社に対して共通に適用される一般法律である。同法は，準則主義立法ではなく，事実上，設立免許主義に近い側面を有するが，同法はターンパイク会社の設立手続（法人化）に関する規定を設けていない。会社を設立するためには，州議会による個別法律の制定を依然として必要としたのであるから，1807年法は免許主義を採用するものではない。

上述のような一般法律たる事業会社法・general regulating laws としては，1807年法がおそらくニュー・ヨーク州の最初の制定法であろう。なお，アメリカ各州における general regulating laws に関する歴史的研究は，未だ充分に行なわれていないようである。

ところで，1807年法の内容は，それまで多数制定されたターンパイク会社設立法を集成したものであり，このような諸設立法の内容と大幅に異なるものではない。以下に，1807年法の内容を紹介することにしたい。なお，もともとは条文番号は付されていない。

［§1］　ターンパイク道路を作るため，当州議会の法律により今後法人格を取得するすべての者は，当該法律によって付された名称により法人（a body corporate and politic）となり，そして，その名称によって，土地・保有財産・法定相続産・動産・あらゆる種類の人的財産（chattels and effects）を，当該法律が規定する額を限度として，自らおよびその承継人のために，購入・所有・保有・享受する能力を法律上有する。ただし，購入・保有されるべき人的財産とともに物的財産も当該法律における当該法人の目的（end）を達成するために必要なものでなければならない。

［§2］　当該法律において，引受に当たるためのコミッショナーとして任命されたそれぞれの者は，1冊の帳簿を自ら備え，それを引受のため2年間開設し続けることとする。そして，その帳簿上の引受人は，当該社長および取締役等が随時要求する時と場所において，その引き受ける各株式につき1株の額として当該法律が定める額を，法人化されるはずの当該［会社の］社長および取締役に対して，支払わなければならない。ただし，その支払額の10分の1を除くものとし，この分は引受の時にその引受に当たったコミッショナーに対して支払われる。また，当該法人の資本として当該法律によ

第5節　公益事業的性質の事業会社法

り決定された総株式数の6分の1が引き受けられたときには，当該コミッショナーは，ただちに当該道路のルートの最も近くで印刷されている2つの新聞に30日間広告を出し，当該引受人等が取締役を選任するため集合する時と場所を公示する。〔なお，各ターンパイク会社の資本は，それぞれの設立法により定められることになる。〕そして，出席した引受人等は，当該会合につき決められた日に，1年間の当該法人企業の取締役として株主の中から9人を投票により選任する。なお，この投票は，既述の引受に当たるコミッショナーがそれを主宰する。また，株主の議決権に関する定めが置かれており，10株までは1株につき1議決権，10株超については5株毎に1議決権が認められ，議決権の最高限度は設けられていない[注127]。

　また，5人の取締役が会議の定足数を構成し，当該法人の事業を処理することができ，そのように会合した取締役の過半数のいかなる行為も当該法人を拘束する。選任された取締役等は，選挙後会合して取締役の中から一人の社長を投票により選任する。当該社長および取締役等は，彼等が適当と考えて指定する時と場所において会議を開くことができ，彼等は，当該法人業務の管理のために必要であると彼等がみなす自治規則（ただし，当州または合衆国の憲法・法律に抵触してはならない）を作成する権限を有する。死亡・辞任または他の事由により取締役の地位に欠員が生じた場合には，在職中の他の取締役等は，過半数の投票によって，次期の年次選挙の日まで，その欠員を補充することができる。

　最初の取締役の最初の会議の際に，既述の引受に当たるコミッショナーは，当該会社の社長および取締役等に対して，それぞれの引受のための帳簿を引き渡し，引受の際にそれぞれ受け取った金銭を支払うものとする。そして，当該社長および取締役等は，引受が認められた全部の株式の引受が完了するまで，当該会社の引受を継続することができる。

　§3ないし§9は，ターンパイク会社に特有の諸規定である。まず，道路の設計のため3人のコミッショナーが知事により任命され，また，道路のために使用する土地の購入価格に関する合意が成立しない場合に，いかなる手続きを要するかにつき詳細な規定が設けられている（§3）。これはいわゆる収用権（eminent domain）を認める規定である。道路幅や道路の表面の作り

65

第1章　ニュー・ヨーク州事業会社法の草創期（1790年～1810年）

方なども規制しており（§5），料金徴収用のゲートの設置を州知事がいつ認めるかに関する規定（§6），料金レート（§7），料金不払い・ゲートの回避などに対する制裁金の定め（§8），料金徴収者の非行に対する制裁金の定め（§9）などが設けられた。

当該ターンパイク会社の株式は人的財産であり[注128]，株式は社長および取締役等が指定する方法により譲渡できる（§10）。

社長および取締役等は，公正な決算書を作成し，毎年5月と11月の第1火曜日に，株主に対して，（すべての不確定な費用を最初に控除して）利益（the clear profits and income）から配当を行なう（§11）。

この配当条項は最初の運河会社やターンパイク会社の規定と同じであるが，一般法律により配当制限基準（利益基準）を定める最も初期の事例であるといわれている[注129]。

社長および取締役等は，当州の会計検査官に対し毎年決算書を提出し（§12），また，株主に対して株式の払込請求をすることができる（§13）。

州議会は一定の場合に当該ターンパイク会社を解散させることができ，また，当該会社が2年以内に操業を始めない場合もしくは5年以内に道路を完成できない場合には，当該会社設立法は失効する。さらに，ターンパイク会社設立のための請願を州議会に対して行なおうとする者は，4週間にわたる新聞広告によりその意図を事前に表明しなければならない（§14）。

当該ターンパイク道路の取締役は，当該道路（どの部分であっても）を作るための契約を直接または間接に締結することはできない（§15）。これは取締役個人が道路建設契約の相手方当事者となることを認めない趣旨であろうか。また，ターンパイク道路を検査するための委員が任命され，その義務や報酬などに関する規定が設けられている（§16）。

最後に，1807年法の効果につき一瞥する。同法の最も顕著な効果は，爾後のターンパイク会社設立法が簡略化されたことであろう。個別法律の制定に当たる州議会の側からみれば，設立法の簡略化によって，議会の仕事の負担が幾分なりとも軽減されたといえよう。1806年に，同州知事 Morgan Lewis は，将来におけるすべてのターンパイク会社の設立に関する原則が樹立されることによって，立法の費用の節約が実現できるであろうと述べてい

第 5 節　公益事業的性質の事業会社法

たのである（注130）。ただし，設立法は簡略化されたが，ターンパイク会社の設立を推進する当事者からみれば，依然として，個別法律の制定なくして会社を設立することはできなかったのであるから，そのための費用と時間を要した点はそれまでと根本的に変わったわけではない。なお，1807年ターンパイク会社法は1827／28年法（第2章4節 Title I 参照）によりそっくり引き継がれている。

C　1807年以後のターンパイク会社法（1807〜1810）　1807年ターンパイク会社法の制定後においても，ターンパイク会社を設立するためには州議会の個別法律を必要とした点は従来と同様である。1807年〜1810年の間に，ニュー・ヨーク州は67のターンパイク会社設立法を制定している（注131）。

1807年法施行後の最初の年に合計8つのターンパイク会社設立法が制定されたが，後に言及する表＝V・1807年：ch. 175を除き，いずれの設立法も1807年法を前提として，その内容が簡略化されている。上記8つのうち最初に設立されたターンパイク会社設立法（表＝V・1807年：ch. 101）（注132）を以下で具体的に紹介することにしたい。

同法§1は，最初に13名の者の名前を掲げ，それらの者と結合する者およびその承継人が"The president, directors and company of the Essex turnpike road company"という名称で法人となり，法人としての諸権能を有する旨を定めている。なお，財産の保有は当法人の目的を達成するに必要な限りにおいて認められる。§2によれば，当法人の資本は1株25ドルの株式1000から構成され，また，3名の者が株式の引受のためのコミッショナーに任命され，その引受方式は1807年法の指示するところによる。§3は，様々な区分による通行料金を定めている。§4は，当会社が1807年のターンパイク会社法により認められるすべての権利・特権・権能・免責を享受できる旨を定めている。以上の4カ条が同法のすべてであり，同年に制定された他の6つの設立法もほぼ同じ内容である。また，1807年法施行後1827年末までに制定されたターンパイク会社設立法は，上記§2と同旨の規定を定めるのが通常である。

最後に，1807年4月7日に制定された The New-Platz Turnpike Road 会社

第 1 章　ニュー・ヨーク州事業会社法の草創期（1790 年～ 1810 年）

設立法は 1 つの注目すべき規定を含んでおり，同設立法 § 22 は合併を授権するニュー・ヨーク州最初の個別法律であると説かれている^(注133)。

【表＝V】

ターンパイク会社設立法一覧（1797 ～ 1810）

　以下，①～⑫については，それぞれの設立法のタイトル・制定の日付・session law の chapter 番号を掲げる。[　] 内は，各会社の正式の名称（商号）である。⑬～㊸の設立法は，そのタイトルを省略し，ターンパイク会社の名称だけを示し，また，設立法制定の日付・session law の chapter 番号を示すにとどめる。また，1806 年以後の設立法については，その chapter 番号だけを示す。なお，各会社の名称の表記法は不統一であり，<u>The President Directors and Company of</u> the West-Chester Turnpike Road という表記が一般的であるが，以下では，上記の下線部分は省略した形で商号を示すことにする。ただし，上記省略形の The New-Burgh and Windsor Turnpike Road Company という名称がもともと採用される場合もある。

① An Act for constructing a road and establishing and erecting turnpikes between the city of Albany & the Town of Schenectady, Act of Apr. 1, 1797, N.Y. Laws, 20th sess., ch. 87. [The President Directors and Company of the Albany and Schenectady turnpikes in the county of Albany and State of New York]

② An Act [to] establish a turnpike corporation for improving the State road from the house of John Weaver in Watervliet to Cherry Valley, Act of Apr. 4, 1798, N.Y. Laws, 21st sess., ch. 88. [The President Directors and Company of the Western Turnpike Road]

③ An Act to establish a turnpike corporation for improving the road from the Springs in Lebanon to the city of Albany, Act of Apr. 5, 1798, N.Y. Laws, 21st sess., ch. 94. [The President Directors & Company of the Albany & Columbia Turnpike Road]

④ An Act to establish a turnpike corporation for improving the State road from the house of John Weaver in Watervliet to Cherry Valley, and to repeal the act therein mentioned, Act of Mar. 15, 1799, N.Y. Laws, 22d sess., ch. 30. [The President, Directors and First Company of the Great Western Turnpike Road. なお，この会社は上記②の設立法が廃止され，本法により商号が変更され

第5節　公益事業的性質の事業会社法

たものである。]
⑤ An Act to establish a turnpike corporation, for improving the road, from the city of Hudson, to the line of Massachusetts, on the route to Hartford, Act of Mar. 29, 1799, N.Y. Laws, 22d sess., ch. 59. [The President Directors and Company of the Columbia Turnpike Road]
⑥ An Act to establish a turnpike corporation for improving the road from the Springs in Lebanon to the city of Albany, and a like corporation, for improving the road from the village of Bath to the Massachusetts line, and for repealing the act therein mentioned, Act of Apr. 1, 1799, N.Y. Laws, 22d sess., ch. 73. [この法律により The President, Directors, and Company of the Rensselaer and Columbia Turnpike Road および The President Directors and Company of the Eastern Turnpike Road という2つの会社が設立された。なお，前者は，上記③の設立法が廃止され，新法が制定されて，商号が変更されたものである。]
⑦ An Act to establish a turnpike corporation for improving the road from the village of Lansingburgh through Cambridge and Salem to the house now occupied by Hezekiah Leaving in the town of Granville, and also from the house of John Faukner junior in Salem to the line of Rupert in the State of Vermont near the house of William Brown, Act of Apr. 1, 1799, N.Y. Laws, 22d sess., ch.79. [The President, Directors and Company of the First Company of the Northern Turnpike Road]
⑧ An Act to establish a turnpike road company for improving the State road from the house of John House in the village of Utica, in the county of Oneida, to the village of Cayuga in the county of Cayuga, and from thence to Canandarque in the county of Ontario, Act of Apr. 1, 1800, N.Y. Laws, 23d sess., ch. 78. [The President and Directors of the Seneca Road Company]
⑨ An Act to establish a turnpike corporation for improving and making a road from the town of Salisbury in the State of Connecticut to Wattles's ferry, on the Susquehannah river, Act of Apr. 1, 1800, N.Y. Laws, 23d sess., ch. 79. [The President Directors and Company of the Susquehannah Turnpike Road]
⑩ An Act to establish a turnpike corporation in the county of Orange, Act of Apr. 4, 1800, N.Y. Laws, 23d sess., ch. 102. [The President Directors and Company of the Orange Turnpike-Road]
⑪ An Act to incorporate the Mohawk Turnpike and Bridge Company, Act of Apr. 4, 1800, N.Y. Laws, 23d sess., ch. 105. [The President, Directors, and Company of the Mohawk Turnpike and Bridge Company]

69

第 1 章　ニュー・ヨーク州事業会社法の草創期（1790 年～ 1810 年）

⑫　An Act to establish a turnpike corporation for improving the road from East to Byram, Act of Apr. 7. 1800, N.Y. Laws, 23d sess., ch. 121. [The President Directors and Company of the West-Chester Turnpike Road]

⑬　The New Burgh and Cochecton Turnpike Road, Act of Mar. 20, 1801, N.Y. Laws, 24th sess., ch. 19.

⑭　The Flushing and Newtown Turnpike, Bridge and Road Company, Act of Mar. 21, 1801, N.Y. Laws, 24th sess., ch. 28.

⑮　The Chenango Turnpike Road, Act of Mar. 30, 1801, N.Y. Laws, 24th sess., ch. 37.

⑯　The Oneida Turnpike Road, Act of Mar. 31, 1801, N.Y. Laws, 24th sess., ch. 39.

⑰　The Union Turnpike Road, Act of Apr. 3, 1801, N.Y. Laws, 24th sess., ch. 49.

⑱　The Stephentown Turnpike Road, Act of Apr. 3, 1801, N.Y. Laws, 24th sess., ch. 50.

⑲　The New-Windsor & Blooming Grove Turnpike Road, Act of Apr. 3, 1801, N.Y. Laws, 24th sess., ch. 51.

⑳　The President, Directors and second Company of the Great Western Turnpike Road, Act of Apr. 4, 1801, N.Y. Laws, 24th sess., ch. 64 ［原文の 44 はミスプリであろう］.

㉑　The Quaker-Hill Turnpike Road, Act of Mar. 30, 1802, N.Y. Laws, 25th sess., 1802, ch. 66.

㉒　The Albany and Schenectady Turnpike, Act of Mar. 30, 1802, N.Y. Laws, 25th sess., 1802, ch. 69.

㉓　The Troy and Schenectady Turnpike, Act of Apr. 2, 1802, N.Y. Laws, 25th sess., 1802, ch. 95.

㉔　The Hudson Branch Turnpike Road, Act of Apt. 2, 1802, N.Y. Laws, 25th sess., 1802, ch. 96

㉕　The Ulster and Delaware Turnpike Road, Act of Apr. 2, 1802, N.Y. Laws, 25th sess., ch. 108.

㉖　The Dutchess Turnpike Road, Act of Apr. 5, 1802, N.Y. Laws, 25th sess., ch. 111.

㉗　The Schoharie Turnpike Road, Act of Apr. 5, 1802, N.Y. Laws, 25th sess., ch. 113.

㉘　The Newtown turnpike road, Act of Mar. 22, 1803, N.Y. Laws, 26th sess., ch. 50.

㉙　The Canandaigua and Bath Turnpike Road, Act of Apr. 2, 1803, N.Y. Laws, 26th sess., ch. 77.

第 5 節　公益事業的性質の事業会社法

㉚ The Third Great Western Turnpike Road Company, Act of Apr. 4, 1803, N.Y. Laws, 26th sess., ch. 84.
㉛ The Highland Turnpike, Act of Mar. 24, 1804, N.Y. Laws, 27th sess., ch. 32.
㉜ The Susquehannah and Bath Turnpike Road Company, Act of Apr. 7, 1804, N.Y. Laws, 27th sess., ch. 71. [なお，この法律によって The Jericho bridge company も設立されている。]
㉝ The Albany and Bethlehem Turnpike Road, Act of Apr. 9, 1804, N.Y. Laws, 27th sess., ch. 90.
㉞ The Fall-hill Turnpike and Bridge Company, Act of Apr. 9, 1804, N.Y. Laws, 27th sess., ch. 97.
㉟ The Chatham Turnpike Road, Act of Apr. 10, 1804, N.Y. Laws, 27th sess., ch. 106
㊱ The Coxsackie Turnpike Road, Act of Mar. 2, 1805, N.Y. Laws, 28th sess., ch. 22.
㊲ The Albany and Delaware Turnpike Company, Act of Mar. 2, 1805, N.Y. Laws, 28th sess., ch. 26.
㊳ The Little Delaware Turnpike Road, Act of Mar. 16, 1805, N.Y. Laws, 28th sess., ch. 36.
㊴ The Lake-Erie Turnpike Road Company, Act of Mar. 28, 1805, N.Y. Laws, 28th sess., ch. 52.
㊵ The Fourth Great Western Turnpike Road, Act of Mar. 28, 1805, N.Y. Laws, 28th sess., ch. 56.
㊶ The Hillsdale and Chatham Turnpike Road, Act of Apr. 2, 1805, N.Y. Laws, 28th sess., ch. 64.
㊷ The Cayuga Turnpike Road Company, Act of Apr. 2, 1805, N.Y. Laws, 28th sess., ch. 68.
㊸ The Ontario and Genesee Turnpike Road Company, Act of Apr. 2, 1805, N.Y. Laws, 28th sess., 1805, ch. 69.
㊹ The Onondaga Salt Spring Turnpike, Act of Apr. 4, 1805, N.Y. Laws, 28th sess., ch. 73.
㊺ The Great Northern Turnpike Road Company, Act of Apr. 4, 1805, N.Y. Laws, 28th sess., ch. 76.
㊻ The Delaware Road Company, Act of Apr. 6, 1805, N.Y. Laws, 28th sess., ch. 85.
㊼ The Newburgh and Chenango Turnpike Road Company; The Nevisink Turnpike Road Company; The Popacton Turnpike Road and Bridge Company, Act

第 1 章　ニュー・ヨーク州事業会社法の草創期（1790 年～1810 年）

　　　　　of Apr. 6, 1805, N.Y. Laws, 28th sess., ch. 89.［なお，上記 2 つめの会社は，Neversink が正確であり，また，同じ法律によって，上記 3 つの会社のほか，さらに The Delaware Bridge Company; The Susquehannah Bridge Company の 2 会社も設立されている。］
　㊽　The Plattsburgh and Chateaugay Turnpike Road Company, Act of Apr. 8, 1805, N.Y. Laws, 28th sess., ch. 92.
　㊾　The Utica Turnpike Road Company; The Rome Turnpike Road Company, Act of Apr. 10, 1805, N.Y. Laws, 28th sess., ch. 125.［同一の法律により上記 2 つの会社が設立されている。］

1806 年：chs. 49, 50, 80, 87, 91, 97, 98, 103, 111 ～ 113, 119, 123, 145, 154, 155, 164.
1807 年：chs. 101, 153, 159, 160, 163, 167, 172, 175.
1808 年：chs. 31, 41, 46, 56, 65, 66, 68, 79, 83, 89, 104, 112, 114, 123, 128, 153, 158, 161, 190, 195, 196, 197［本法により 3 つのターンパイク会社が設立された］, 198, 199.
1809 年：chs. 25, 30, 41, 70［本法により 2 つの会社が設立された］, 71, 74, 81, 96, 129, 130, 132, 146, 171, 177.
1810 年：chs. 1, 11, 13, 28, 30, 47, 48, 69, 75, 78, 79, 102, 106, 116, 124, 162.

【3】　有料橋会社法

　アメリカにおける有料橋会社の出現は，ターンパイク会社よりもやや早く，また，後者が儲けの少ない事業であったのに対し，前者はより儲けが多い事業であったと説かれている(注 134)。

　A　カユーガ有料橋会社　ニュー・ヨーク州最初の有料橋会社は，1797 年 3 月 28 日に設立された The Cayuga Bridge Company（表 = Ⅵ①）であり，ターンパイク会社より数日早く設立されている。なお，同会社は，当州の全事業会社のうち第 8 番目に設立されている。

　当会社設立法は，全文 8 ヵ条から成り，最初のターンパイク会社設立法と比較すると，かなり短い法律である。

　本法§ 1 は，The Cayuga Bridge Company という名称のカンパニー（a company of shareholders）およびその承継人が法人（persons in law）となること，その存続期間が 25 年に制限されること，当会社が法人としての諸権能

第 5 節　公益事業的性質の事業会社法

を有すること，その資本および財産の総額が 2 万 5000 ドルを超えないことかつその不動産が土地 250 エイカーを超えてはならないことなどを定めている。

　［§2］　会社の資本・財産・業務および事業または株式引受（obtaining subscription）の方法につき，5 名の取締役が経営・指令・執行する。取締役は会計役とともに選任され，その選任は，投票によって，その最大得票を得た者が任期 1 年で選ばれる。また，取締役の欠員の場合の措置が定められ，最初の取締役と会計役の名前が掲げられている。

　ちなみに，以上のような取締役に関する規定は，マサチューセッツ州の有料橋会社設立法では 1807 年までみられないのであり，a clerk または officers を選任する旨が定められていただけである。

　［§3］　当会社の資本を構成する株式（shares or subscriptions）の数は，500 株を超えてはならない。また，各株式につき払い込まれる額は 50 ドルとする。各株主の有する議決権の数については，逓減制が採用され，その者が有する株式の数の割合に従う。すなわち，1 株ないし 4 株の所有者は 1 議決権，5 ないし 10 株未満の所有者は 3 議決権，10 ないし 20 未満の所有者は 5 議決権，20 株の所有者は 8 議決権，20 株を超える 5 株毎に 1 議決権が与えられた。

　［§4］　取締役は，上記の使用と目的［カユーガ湖とその出口河川に橋を建設すること］のため会社財産の処分権を有し，毎年 5 月の第 1 月曜日に，その計算と活動に関する計算書を当会社の株主に提出しなければならない。また，取締役は，年次総会のすくなくとも 10 日前に株主の検閲・調査のためその計算書を会計役に提出しなければならない。さらに，取締役は，自治規則を定める権限を有する。

　［§5］　本法通過後 3 年以内に本件の橋が建設され完成されない場合には，本法人は解散したものとみなされる。

　§6 は通行料金の最高限を定め，§7 は，当会社の存続期間（25 年）が満了したときには，本有料橋が当州人民の財産となる旨を定め，また，本法が一般法律である旨を宣言している。

　B　その後の有料橋会社設立法　　ニュー・ヨーク州で第 2 番目の有料橋

第 1 章　ニュー・ヨーク州事業会社法の草創期（1790 年～1810 年）

　会社設立法が制定されたのは 1801 年になってからであり，その後は毎年かなりの数の設立法が制定され続けている。第 2 番目の設立法以後，顕著な変化は，法人たる有料橋会社が成立した後，コミッショナーが任命され，彼等が株式引受や株主総会の招集に関与する手続きが定められる場合が比較的多くみられることであろう。また，1 株 1 議決権の原則はしっかりと確立するまでには至っていないが，同原則を採用する設立法もかなりみられる[注135]。なお，社員の責任については，明文の規定を設ける設立法は存在していないようである。

　配当条項については，表＝Ⅵ④の設立法は最初の運河会社設立法と同じ規定を定めており（本節【1】Ａ§16参照），他のいくつかの設立法も同趣旨の規定を設けている[注136]。

【表＝Ⅵ】

有料橋会社設立法一覧（1797-1810）

① An Act to incorporate the Cayuga Bridge Company, Act of Mar. 28, 1797, N.Y. Laws, 20th sess., ch. 59.

② An Act to authorize the building of a Toll-Bridge over the Mohawk River, Act of Mar. 31, 1801, N.Y. Laws, 24th sess., ch. 40.〔The Canajohary and Palatine bridge company〕

③ An Act to incorporate the Catskill Bridge Company, Act of Apr. 4, 1801, N.Y. Laws, 24th sess., ch. 56.

④ The Murderer's-Creek Bridge Company, Act of Mar. 16, 1802, N.Y. Laws, 25th sess., ch. 42.

⑤ The Schoharie-Kill Bridge Company, Act of Mar. 30, 1802, N.Y. Laws, 25th sess., ch. 71.

⑥ The Union Bridge Company, Act of Feb. 22, 1803, N.Y. Laws, 26th sess., ch. 12.

⑦ The Fort-Miller Bridge Company, Act of Mar. 16, 1803, N.Y. Laws, 27th sess., ch. 33.

⑧ The Montgomery Bridge Company, Act of Apr. 5, 1803, N.Y. Laws, 26th sess., ch. 91.

⑨ The Jericho Bridge Company, Act of Apr. 7, 1804, N.Y. Laws, 27th sess., ch.

第 5 節　公益事業的性質の事業会社法

71. なお, この法律は表＝Ⅴ㉜の設立法と同一である。
⑩ The Troy Bridge Company, Act of Apr. 9, 1804, N.Y. Laws, 27th sess., ch. 92.
⑪ The Schoharie and Cobelskill Bridge Company, Act of Mar. 28, 1805, N.Y. Laws, 28th sess., ch. 55.
⑫ The Walleboght and Brooklyn Toll-bridge Company, Act of Apr. 6, 1805, N.Y. Laws, 28th sess., ch. 86.
⑬ The Delaware Bridge Company; The Susquehannah Bridge Company. この2つの会社は表＝Ⅴ㊷の設立法により設立された。
⑭ The Fort-Hunter Bridge Company, Act of Apr. 9, 1805, N.Y. Laws, 28th sess., ch. 97.
⑮ The Schoharie Creek North Bridge Company, Act of Apr. 3, 1805, N.Y. Laws, 28th sess., ch. 105.
⑯ The Canton Bridge Company, Act of Apr. 6, 1805, N.Y. Laws, 28th sess., ch. 106.
⑰ The Farmer's Bridge Company, Act of Jan. 23, 1806, N.Y. Laws, 29th sess., ch. 2.
⑱ The Cohoes Bridge Company, Act of Apr. 4, 1806, N.Y. Laws, 29th sess., ch. 141.
⑲ The Jefferson Bridge Company, Act of Apr. 7, 1806, N.Y. Laws, 29th sess., ch. 169.
⑳ The Genesee River Bridge Company, Act of Apr. 7, 1806, N.Y. Laws, 29th sess., ch. 172.
㉑ The Sidney Bridge Company, Act of Mar. 13, 1807, N.Y. Laws, 30th sess., ch. 40.
㉒ The Amsterdam and Florida bridge company, Act of Apr. 4, 1807, N.Y. Laws, 30th sess., ch. 150.
㉓ The Rensselaer Bridge Company, Act of Mar. 11, 1808, N.Y. Laws, 31st sess., ch. 45.
㉔ The Harlem Bridge Company, Act of Mar. 25, 1808, N.Y. Laws, 31st sess., ch. 71.
㉕ The Traveller's Bridge Company, Act of Mar. 25, 1808, N.Y. Laws, 31st sess., ch. 72.
㉖ The Sandy-Hill Bridge Company, Act of Apr. 11, 1808, N.Y. Laws, 31st sess., ch. 208.
㉗ The Farmer's Bridge Company, Act of Apr. 11, 1808, N.Y. Laws, 31st sess., ch. 239. なお, 本会社は本表⑰の設立法と商号が同一であるが, 両者は異なる

第1章　ニュー・ヨーク州事業会社法の草創期（1790年〜1810年）

会社である。
㉘　Charles-town and Florida Bridge Company, Act of Mar. 27, 1809, N.Y. Laws, 32d sess. ch. 136.
㉙　The Narrowsburgh Bridge Company, Act of Apr. 5, 1810, N.Y. Laws, 33d sess., ch. 188.
㉚　The Cook-House Bridge Company, Act of Apr. 5, 1810, N.Y. Laws, 33d sess., ch. 189.

【4】　水道会社法

　アメリカ革命後，水道事業は殆ど事業会社によって遂行されていたのであり，J.S. Davis によれば(注137)，水道会社はこの時期における the local public service corporations（地域的公益事業法人）の唯一の例である。この種類の事業会社は，特にマサチューセッツ州で数多く設立されたが，表＝Ⅶは，1810年末までにニュー・ヨーク州が制定した水道会社設立法の一覧である。なお，同表は，マンハッタン・カンパニー設立法（表＝Ⅰ④参照）を除外している。このような会社は，a water company, a water-works company, an aqueduct company (association), a conduit company などと呼ばれており，初期事業会社の一画を占める重要な存在であったといえよう。
　ちなみに，1796年に，オルバニィ市法人に水道事業を許容するための個別法律が制定されているが(注138)，同法は水道会社設立法ではない。この時期に，地方自治体が水道事業を営む例は殆どないようであるが，マンハッタン・カンパニーの設立過程においては，水道事業を市の公共事業とすべきであるという意見もかなり強力に主張されている(注139)。

A　The Aqueduct Association in the Village of Whitesborough　ニュー・ヨーク州最初の水道会社は，1799年に制定されている（表＝Ⅶ①参照）。この制定法は全文で6カ条から成る短いものであり，かつ，最初の2カ条は同水道会社とは全く関連のない事項を定めている。本法§3によれば，本法にその名前が掲げられた者および同団体に利害関係（持分）を有するであろう者は，法人となり，訴えまたは訴えられることができる。しかし，同法人は，同村内において，水道を敷設するために必要な不動産を除き，いかなる

第5節　公益事業的性質の事業会社法

不動産をも保有することはできず，また，その水道から生ずる利益もしくは収益を除き，年額1000ドルを越える不動産もしくは人的財産を保有することはできない。

　本法§4によれば，3名の社員が総会を招集することができ，<u>社員総数の過半数の出席</u>により総会が成立する。また，<u>1人の会計役・書記・料金徴収係（collector）もしくは会社の目的を実行するに必要な他の代理人（agents）がその出席者の過半数の得票により選出され任命される</u>。さらに，上記の総会は，当水道事業の監督・規制・経営に適切・必要とみなされる諸自治規則を定めることができ，また，このような自治規則違反につき制裁を課すことができる。なお，取締役の選任については規定がない。

　上記規定の下線部分は1人1議決権を前提としていると解釈できるであろう。

　本法§5は，会計役・書記・料金徴収係の任務につき定めており，また，本法§6によれば，当会社のあらゆる持分の譲渡は，当会社が定める自治規則に基づき行なわれ，その目的のため準備された帳簿に記載される。

B　その後の水道会社法　　その後1810年末までに15の水道会社設立法が制定されている。それらの設立法を概観すれば，次のような諸点をその内容ないし特徴として指摘できる。

　本章の時代において，水道会社以外の事業会社については，資本の額を定めるのが通常であるが，水道会社の過半数は資本の額の定めを欠如している。16の水道会社設立法のうち，資本の定めを有するのは合計7つである[注140]。また，不動産の保有額を制限する設立法が通常である。

　株主の議決権については，上述（**A**参照）のとおり，1人1議決権を前提としていると解釈できる規定がみられるが，表＝Ⅶ②④〜⑥⑩⑬⑯も①と同じ規定を設けている。J.S. Davisは，1800年以前の水道会社法につき，議決権に関する規定が定められていないのが通常であり，1人1議決権の原則が一般的であったかもしれないと述べている[注141]。また，表＝Ⅶ⑭の設立法§3は1株1議決権の明文の定めを設けており，本章の時代の水道会社法においては唯一の例ではなかろうか。さらに，表＝Ⅶ③⑦⑧の設立法は，議決権につき逓減方式を採用している。なお，表＝Ⅶ⑪⑫の設立法は，1人10

第 1 章　ニュー・ヨーク州事業会社法の草創期（1790 年〜1810 年）

株を最高限度として，その範囲内で 1 株 1 議決権を認めており，表＝Ⅶ⑬§2 もそれと同じであるが，同法は株主が役員を直接に選出する仕組みを採用している。株主が直接役員を選出する旨の規定は，表＝Ⅶ④⑤⑥⑩にもみられるが，このような会社では，取締役の選出など取締役に関する規定がみられない。最後に，水道会社の社員の責任に関する規定は定められていない。

【表＝Ⅶ】

水道会社設立法一覧（1799-1810）

① An Act to ascertain the line of division between the towns of Trenton and Remsen in the county of Oneida, and for incorporating an aqueduct association in Whitesborough in said county, Act of Mar. 25, 1799, N.Y. Laws, 22d sess., ch. 48. [The Aqueduct Association in the Village of Whitesborough]

② An Act for incorporating an Aqueduct Association in the Village of Cazenovia, County of Chenango, Act of Mar. 31, 1801, N.Y. Laws, 24th sess., ch. 44. [The Aqueduct Association in the Village of Cazenovia]

③ An Act to incorporate the proprietors of the Albany water-works, Act of Feb. 17, 1802, N.Y. Laws, 25th sess., ch. 7. [The Trustees and Company of Albany Water-Works]

④ An Act for incorporating the Utica Aqueduct Company in the county of Oneida, Act of Mar. 16, 1802, N.Y. Laws, 25th sess., ch. 35.

⑤ An Act for incorporating an Aqueduct Association in the village of Catskill, in the county of Greene, Act of Mar. 26, 1802, N.Y. Laws, 25th sess., ch. 56.

⑥ An Act for incorporating an Aqueduct Association in the town of Hamilton, in the county of Chenango, Act of Apr. 5, 1802, N.Y. Laws, 25th sess., ch. 115.

⑦ An Act to incorporate the proprietors of the Geneva Water-Works, Act of Mar. 31, 1803, N.Y. Laws, 26th sess., ch. 63. [The President, directors and company of the Geneva water-works]

⑧ An Act to incorporate the stockholders of the Schenectady water works company, Act of Apr. 7, 1804, N.Y. Laws, 27th sess., ch. 72. [The trustees of the Schenectady water works]

⑨ An Act to incorporate an aqueduct association in the town of Kingston, in the county of Ulster, Act of Apr. 9, 1804, N.Y. Laws, 27th sess., ch. 84. [The Aqueduct Society of the Town of Kingston]

第6節　本章の時代のアメリカ合衆国における事業会社法の諸問題

⑩　An Act for incorporating an aqueduct association in the town of Coxsackie, in the county of Greene, Act of Apr. 9, 1804, N.Y. Laws, 27th sess., ch. 88.〔The Union Aqueduct Association〕
⑪　An Act to incorporate the Fort-Ann aqueduct association, Act of Mar. 7, 1806, N.Y. Laws, 29th sess., ch. 34.
⑫　An Act for incorporating the Newburgh Aqueduct Association, Act of Mar. 7, 1806, N.Y. Laws, 29th sess., ch. 36.
⑬　An Act to incorporate an aqueduct association in the village of Little-Falls, in the county of Herkimer, Act of Mar. 14, 1806, N.Y. Laws, 29th sess., ch. 45.
⑭　An Act to incorporate the Waterford Aqueduct Company, and for other purposes, Act of Apr. 3, 1807, N.Y. Laws, 30th sess., ch. 109.
⑮　An Act for incorporating the Malone Aqueduct Company, Act of Mar. 19, 1810, N.Y. Laws, 33d sess., ch. 73.
⑯　An Act to incorporate the Johnstown aqueduct company, Act of Mar. 30, 1810, N.Y. Laws, 33d sess., ch. 94.

第6節　本章の時代のアメリカ合衆国における事業会社法の諸問題

　本章の時代のニュー・ヨーク州において最も数多く設立された事業会社は，ターンパイク会社（113）であり，有料橋会社（31）・製造工業会社（28）・水道会社（16）が続いている。銀行会社（10）・保険会社（10）は数の点では少ないとはいえ既に重要な存在であるといえよう（表＝Ⅰ～Ⅶ参照）[注142]。

　以下では，ニュー・ヨーク以外の諸州にも注目しつつ，本章の時代のアメリカ各州における事業会社法の諸問題をアト・ランダムに取り上げることによって，本章のまとめに代えることにしたい。

　なお，アメリカの初期事業会社法史を検討する際に，1780・90年代およびジャクソン時代（1830・40年代）に共通の現象として，法人ないし事業会社に反対の議論（反法人論）が根強くかつ広範に存在していたことは周知のところである。このような反法人論がアメリカ初期事業会社法の歴史においてどのような意味をもっていたかを解明することは興味深い課題であるが，ここでは問題の所在を指摘するだけにとどめる[注143]。

第1章　ニュー・ヨーク州事業会社法の草創期（1790年～1810年）

【1】　事業会社の社員（株主）の責任

　現在のアメリカ合衆国では，株主有限責任の原則は事業会社（株式会社）の1つの基本的特質であると認められており，例えば，アメリカ模範事業会社法§6.22は次のように定めている(注144)。
　「(a) 会社自体の株式の会社からの買受人は，その株式に関し，その株式がそれによる発行を授権された対価または引受契約に明示された対価を支払うことを除き，会社または会社の債権者に対して責任を負わない。
　(b) 定款に別段の定めがないときは，会社の株主は，その者自身の行為または行動のためにその者が個人的に責任を負うことがあることを除き，会社の行為または債務につき個人的に責任を負わない。」
　しかし，本章の時代のアメリカにおいては，株主有限責任の原則は必ずしも明確に確立されていたわけではない。制定法（個別法律）が社員の責任につき定めている場合には，その規定が優先することは疑問がなかったが，この時代には，社員の責任に関する規定を設けない設立法も多い。社員の責任に関する制定法の規定を欠く場合に，社員が会社の債務につき責任を負担したかどうかは，見解が分かれている。
　Davisは，「有限責任は，殆ど常に特別の言及無しに，法人化された会社の属性と認められた。実際，それは法人化によって追求された主要な目的であった」と述べている(注145)。
　これに対し，Doddは，「制定法の明文の規定を欠く場合には，株主はその引受額の支払いを除きなんらの責任も負うものではないという法準則が，現在では非常にしっかりと確立されているから，有限責任は法人に本来的に備わっていると考えられている。[しかし]この見解をどの程度まで18世紀の法律家や投資家が抱いていたかは全然明らかではない」と述べており，また，Blumbergも「この問題は当時[19世紀初頭]殆ど関心を持たれることもなく，資料も僅かにあるかまたは存在していないのであり，満足できる答えは得られないように思われる」と述べている(注146)。この問題は，おそらくDoddやBlumbergが述べているとおりであったであろうが，この問題に

第 6 節　本章の時代のアメリカ合衆国における事業会社法の諸問題

ついては，これ以上深く立ち入らないことにしたい。以下で問題にするのは，事業会社の社員の責任につき制定法がいかに規定していたかであり，制定法の規定を欠く場合に，裁判所がどのような判決を下したかという問題ではない(注147)。

　また，初期の法人化の際に，法人格取得の主要な目的が有限責任という属性を獲得するためであったかどうかは見解が分かれている。上述の Davis の見解はこれを肯定しており，また，Cadman も同意見である(注148)。これに対し，最近では，19 世紀初頭においては有限責任という属性はあまり重要視されなかったという見解が有力であろう(注149)。

　既に述べたように，本章の時代のニュー・ヨーク州事業会社法においては，社員の無限責任を明示する設立法も例外的に存在しているが，株主の（間接）有限責任を定める設立法はみられない。保険会社法や製造工業会社法においては，2 倍責任規定が多いといえるが，社員の責任規定を設けない設立法も珍しくない。また，銀行会社法や公益事業的性質の事業会社法において，責任規定を見つけることは困難である。以下では，ニュー・ヨーク州以外の諸州にも目を向けつつ，銀行・保険・製造工業会社法における社員の責任規定（制定法）がいかなる状況にあったかを瞥見することにしたい。

A　銀行会社法における責任規定　ニュー・ヨーク州における株主の責任に関する最も初期の議論は，ニュー・ヨーク銀行創設の際に提案された設立計画（proposal）の中にみられる（本章 2 節【1】A 参照）。1784 年 2 月 26 日の The Coffee-House における会議で合意された諸条項（conditions）が New York Packet 紙に掲載されており(注150)，その art. 8 は，「株式引受人または株主は，当銀行の債務につき，その株式の金額を超えて責任を負わない」と定めている。また，ハミルトンが起草したといわれる同銀行の constitution, art. 16 は，「株主は，当銀行に預託された金銭につき，個人および公共（the public）に対して，その株式（stock）の額以上の責任を負わない」と定めている(注151)。以上のように，同銀行の創業過程においては，株主の有限責任が目指されていたといえる。しかし，既述のとおり，同銀行は 1784 年の段階ではその法人化に失敗し，その後，ある株式引受人が次のように述べている(注152)。

81

第1章　ニュー・ヨーク州事業会社法の草創期（1790年〜1810年）

「私はその機関［ニュー・ヨーク銀行］の出資引受人であり，当市の商人とともに当州政府の信頼を得たある銀行が設立されることを心から望んでいる。しかし，それが特許状を取得できない場合には，私は引受額を払い込む義務を負っていると考えることができない。諸規定が合意・公表されたときには，いかなる出資引受人もその持分以上の責任を負うものではないと定められていた。このことは特許状の付与が前提とされている。何故なら，それ［特許状］無しにその条項が効力を生じることはないからである。もしいま引受額が払い込まれたならば，その出資者等は事実上銀行家となり，そして，各人は，その持分がいかに僅かであっても，当銀行の諸債務につきその全財産を挙げて責任を負うのである。」

この見解によれば，ニュー・ヨーク銀行が特許状を取得した場合は，同銀行のconstitutionの責任規定が効力を生じ，その構成員は同銀行会社の債務につき出資額に限って責任を負うにすぎないが，法人格を取得できない場合は，同銀行の構成員は無限責任を負うことになるわけである。

その後，1789年10月1日に提出された同銀行の法人化を求める請願(注153)の中にも，上述の見解と同旨の認識がみられる。同請願は，「……負担されたすべての債務につき各出資者が個人的に責任を負わなければならないと考えられる私的なカンパニーの基盤に立つために，もしそうでなければ株式引受人となることを望んでいる多数の人々がそうすることを思いとどまっているという事態がみられる」と述べている。しかしながら，1791年3月21日に制定された同銀行設立法は，何らの責任規定も設けなかったのである（本章2節【1】B・§9参照）。

その後も，本章の時代におけるニュー・ヨーク州の銀行会社設立法は，社員の責任に関する制定法上の規定を設けなかった。また，コネティカット州・ペンシルヴェイニア州もほぼ同じ法的状況にあり，マサチューセッツ州も同様であるが，同州が1810年に制定した1つの制定法に注目したい。同法は，1800年に設立されたThe Gloucester Bankの存続期間を延長するための個別法律であるが，同法§2は，「［同銀行の］頭取・取締役および社員は，本法に基づき，当法人が締結したすべての契約を履行しかつその発行した銀行券を償還するために，法人たる資格におけるとともにそれぞれの身体およ

第 6 節　本章の時代のアメリカ合衆国における事業会社法の諸問題

び不動産権（estates）によって，各自連帯して，責任を負う」と定めている(注154)。この規定は，同銀行のすべての契約および銀行券の償還について，その社員に連帯的（個人的）責任を負わせるものであり，この時代において銀行会社社員の個人的責任（無限責任）を認める数少ない例であろう。

以上に対して，それ以外の諸州の銀行会社設立法においては，社員の責任規定を設ける事例がみられる。

メアリーランド州は，本章の時代に 12 の銀行会社設立法を制定しているが，そのうち 7 つが責任規定を定めており，残り 5 つの設立法は責任規定を設けていない。上記 7 つの責任規定は 2 つのタイプに分かれる。第 1 は，「当会社のいかなる株主（stockholder, subscriber or member）も，当会社の資本の損失・欠損または不足（any losses, deficiencies or failures）について，かかる損失が生じた時に当会社の帳簿上その株主に帰属する株式の額を限度とする額のほかに責任を負わない」と定めている(注155)。第 2 は，「当会社の契約もしくは約束または当会社の資本の損失・欠損もしくは不足について，当会社の株主は自らの身体または個人的財産でもって責任を負わない。しかし，当会社の資本総額は，当会社に属する全財産・諸権利（rights and credits）とともに，その資本総額を限度として，当会社に対する請求について常に責任を負う」と定めている(注156)。

上記第 1 のタイプの責任規定につき，Blandi は，それが［出資額以上の］責任の追加（additional liability）を免除するものまたは 2 倍責任を生じるものと解釈している(注157)。もしこの規定により 2 倍責任が認められるならば，1790 年の段階で 2 倍責任規定が存在したことになり，ニュー・ヨーク州の 1798 年法の 2 倍責任規定（本章 3 節【1】［§ 13］参照）の先行例をここに求めることができるわけである。しかし，両者の規定を比較した場合，それぞれの文言が大きく違っており，上記 1798 年法の沿革をメアリーランド州法に求めることは困難であろう。また，上記第 2 のタイプの責任規定は，払込金額を超える責任を株主が負わないことを意味すると説かれており，株主有限責任の原則を認めるものであろう。

なお，銀行会社株主の責任規定につき，Blandi は，州が株主（出資者）であることが責任制限の理由であったと述べており(注158)，有限責任規定が設

83

けられた1つの根拠は，州が出資者となる場合には，州が無限責任を負うことにより破産に陥ることを避けることにあるというのであろう。

ロード・アイランド州は，この時代に14の銀行会社設立法を制定しているが，同州最初の銀行会社設立法たるプロヴィデンス銀行設立法§3は，次のように定めている(注159)。

「当法人のいかなる株主も，当法人の資本の損失・欠損または不足につき，その侵害が生じたときの当法人の帳簿上その株主に属する株式の額を超えて，責任を負わない。」

以後に制定された同州の13の銀行会社設立法(注160)は，すべて上記規定と同一の定めを設けており，この規定は上述のメアリーランド州法（第1のタイプ）とほぼ同じ内容であるといえよう。

ヴァージニア州は，本章の時代に3つの銀行会社設立法を制定している。そのうち2つの設立法(注161)は，上述のメアリーランド州法（第1のタイプ）の規定と類似した責任規定を定めているが，さらに，会社の資本の損失・欠損・不足が資本の額を超えるときは，社員はその持分の額に比例して個人的に責任を負う旨が定められた。ただし，会社がその資本額の4倍を超えて債務を負担した場合には，取締役はその超過額につき責任を負い，かかる超過額を支払う充分な財産を取締役が持っていないときは，各社員は，同銀行におけるそれぞれの持分に比例して，その個人的資格において，当該不足額につき責任を負うものとされた。

上記の但書とほぼ同様の場合に，第1次合衆国銀行やニュー・ヨーク銀行（本章2節【2】B§9参照）においては，取締役だけが責任を負う旨が定められのに対し，上記ヴァージニア州の銀行の場合には，社員も責任を負う旨が定められたわけである。

要するに，本章の時代のアメリカにおいては，銀行会社の株主（社員）の責任につき制定法上の規定が設けられる場合は少数であったといえよう(注162)。

B　保険会社法における責任規定　既に指摘したとおり，この時代のニュー・ヨーク州保険会社設立法は，2倍責任規定を定めることが多いが，責任規定を欠く場合もある（本章の注(70)参照）。これに対して，他州の保険

第6節　本章の時代のアメリカ合衆国における事業会社法の諸問題

会社社員の責任に関する制定法の状況は次のとおりである。

　メアリーランド州は，本章の時代に8つの保険会社設立法を制定したが，7つの設立法が責任規定を設けている。これら7つの設立法は，Blandi によれば，ⓐ比例責任を定める場合，ⓑ出資額に限定された責任を定める場合に分かれる(注163)。

　上記ⓐの場合に属する The Marine Insurance Company 設立法§9は，「当会社の損失がその受け取った保険料の額およびその資本の額を超えた場合には，社員は各自の持分に比例してのみその欠損につき個人的資格において責任を負う」と定める(注164)。ⓑの場合は，上述した同州銀行会社設立法の第2のタイプと類似の責任規定である。

　コネティカット州は，この時代に合計6つの保険会社設立法を制定したが，いずれの設立法も責任規定を設けており，その最初の設立法§7は，「当会社の株主は，その者が当法人の資本（the Capital, and Funds）に投資した財産以外に，その身体または財産でもって，損失・損害または責任（responsibility）について，責任を負わない（shall not be liable）」と定めている。これは株主の（間接）有限責任を定めるものと理解できるが，残り5つの設立法も，若干の表現の違いはあるが，上記とほぼ同一の規定を設けている(注165)。

　ロード・アイランド州は，この時代に10の保険会社設立法を制定したが，そのうち9つの設立法が責任規定を設けており，そこには2つのタイプがみられる。第1は，上述の同州銀行会社設立法と同一のものである(注166)。第2は，The Providence Insurance Company 設立法(注167)にみられるタイプであり，同法 art. 8 は，「当会社の構成員（members）は，社長および取締役またはそのいずれかの者が締結した保険契約もしくは約束に関して，当会社の資本における各自の株式を超えて，その身体または財産でもって，損失・損害・責任につき責任を負わない」と定めている。これとほぼ同じ規定が他の3つの設立法にも設けられている(注168)。以上第2のタイプは，上述のコネティカット州保険会社設立法とほぼ同じであり，株主の有限責任を認めているといえよう。

　ヴァージニア州では，この時代に3つの設立法が責任規定を設けており，The Marine Insurance Company of Alexandria 設立法§7は，「当会社の構成

85

第1章　ニュー・ヨーク州事業会社法の草創期（1790年〜1810年）

員は，損失・損害または責任につき，その者が会社の資本において保有する財産以外に，責任を負わない」と定めている^(注169)。この規定は，上述のコネティカット州保険会社設立法と類似の責任規定であるといえよう。

　最後に，Doddは，1830年以前のマサチューセッツ州における保険会社の社員の責任について，「保険会社株主の責任は，銀行の株主のそれと違って，その株式の額面全額を支払う義務に厳密に限定された」と述べている^(注170)。しかし，Doddはその制定法上の根拠を示していないのであり，同州における1810年以前の保険会社法の場合には，いずれの設立法も責任規定を設けていないのではなかろうか。筆者の調査の限りでは，ペンシルヴェイニア州，ケンタッキー州およびサウス・キャロライナ州の保険会社設立法も責任規定を設けていないと考えられる。

　C　製造工業会社法における責任規定　本章の時代のニュー・ヨーク州製造工業会社設立法は，株主の2倍責任を定める事例が多い（本章の［注71］参照）。以下では，他の諸州の状況を瞥見することにしたい。

　製造工業会社の社員の責任については，まず，ヴァージニア州の1809年のThe Halifax Manufacturing Society設立法^(注171)に注目すべきであろう。同法§11は，「［当会社の］債務および約束については，当会社の資本（the capital stock and funds）だけが責任を負い，当会社と取引を行なう者またはいかなる方法にせよ当会社が債務を負担する相手となる者は，当会社の経営者または株主の私的財産もしくはその身体を頼みとすることはできない」と定めている。また，The Culpeper Agricultural and Manufacturing Society設立法^(注172)§11も上記と同一の責任規定を設けており，これら2つの設立法は株主の（間接）有限責任を定めているといえよう。

　また，メアリーランド州は，本章の時代に2つの製造工業会社設立法を制定しており，1809年のThe Washington Cotton Manufacturing Company設立法§10は，前述した同州の銀行会社社員の責任に関する第2のタイプと同一の責任規定を設けている^(注173)。もう1つは責任規定を設けていない^(注174)。

　一般的にいえば，ニュー・ヨーク州以外の初期の製造工業会社設立法は，社員の責任規定を設けない場合が多いといえるが，無限責任を定めることも

第6節　本章の時代のアメリカ合衆国における事業会社法の諸問題

珍しくないのであり，上記2州の例は株主の有限責任を明確に定めた稀なケースではなかろうか。

これに対して，この時代のマサチューセッツ州やニュー・ハンプシャー州は，製造工業会社社員の無限責任政策に固執したといえよう(注175)。また，コネティカット州の The Middletown Manufacturing Company 設立法§12但書(注176)は，「当法人の構成員の身体および財産は，当法人が支払うべき債務につき，常に責任を負う」と定め，社員の無限責任を明示している。他の2つの設立法(注177)は社員の責任規定を設けていない。

さらに，ヴァーモント州の製造工業会社設立法について，その最初の設立法が1808年に制定されたと Dodd は指摘しているが(注178)，同州は，1807年に，3つの製造工業会社設立法を制定している。ただし，筆者の調査の限りでは，本章の時代に制定された15の製造工業会社設立法はいずれも社員の責任規定を設けていない(注179)。

【2】　特許主義の下における初期事業会社の設立方式

ニュー・ヨーク州の最初の銀行・保険会社・製造工業会社は，各設立法が制定される前に，法人格のない団体（パートナーシップ）がそれぞれに先行しており，そのような法人格のない団体を法人化するために設立法が制定されたといえよう。したがって，法人格を取得する前の団体の構成員および爾後その構成員となる者は，当該設立法の制定によって，法人（one body corporate and politic）となり，法人たる諸権能を有する旨が定められた。この場合は，特許主義の下における既存の企業の法人成りとでもいうべき場合であり，本章の時代の銀行・保険・製造工業会社の中には，以上のような手続きにより設立されたと推測できる例も散見されるが，個別的にその点を確認することは困難であることが多い。

表＝Ⅰ①のニュー・ヨーク銀行の場合は，その初期の歴史が比較的明らかにされているといえるが，その資本の引受手続きがどのように実施されたかは不明である。1784年に法人格のないまま銀行業が開始された時には，同銀行の資本は50万ドルを予定していたが，1791年に法人化された時には，

第1章　ニュー・ヨーク州事業会社法の草創期（1790年～1810年）

同銀行会社の資本は90万ドルであった。したがって，同銀行会社の資本の大部分は，既存の法人格なき団体の構成員により事実上引受られていたと推測できるが，法人化後にその正式の引受を完了させる手続が進められたであろうと考えられる。同銀行設立法§2は，同銀行の社長（頭取）および取締役の指示に基づき，所定の株式数が満たされるまで，株式引受が継続される旨を定めるにとどまる。

　以上のような場合は，引受手続きは会社成立前に進められたが，その定めは極めて簡単であるかまたは欠如していることが多い。例えば，表＝Ⅰ①～③・表＝Ⅱ①～②は，社長および取締役の指示により一定数に達するまで株式引受が継続される旨を定めているだけである。

　これに対し，当該設立法の制定により一定数の者およびそれと結合する者が法人格を取得し，法人たる事業会社が成立する場合が通常であったといえよう。この場合は，法人化される前に事業の開始はみられないのであり，法人たる事業会社が成立した後に引受が開始されたのであろう。通常，社長および設立法に掲げられた最初の取締役の指示に基づき引受手続きが進められた。また，設立法において株式引受のためのコミッショナーが定められることもあり，この場合には，資本の一定額が引き受けられた時に，コミッショナーが株主総会を招集し，そこで取締役が選任された。例えば，ターンパイク会社は通常この方式を採用している。なお，資本総額の引受・払込の完了を開業のための要件とする事例（表＝Ⅱ⑥⑩）も例外的ではあるがみられる。

　Bryanによれば（注180），メアリーランド州の初期銀行会社設立法における資本の引受方式は，およそ次のとおりである。①銀行会社設立法の制定前にその銀行がパートナーシップとして存在していない場合（Md. Laws, 1895, ch. 27; 1804, ch. 61 など）には，少数者の手に株式を集中しないための配慮がなされており，株式引受は22のカウンティに配分され，各カウンティに引受のためのコミッショナー（通常3名から構成される）が任命される。当該カウンティの住民でない者は，一定期間経過後でなければ株式引受が認められず，その期間経過後は，未引受の分を誰でも引き受けることができた。これに対し，②設立法が制定される前にパートナーシップとしてその銀行が存在していた場合には，設立される銀行会社の株式は既に引き受けられており，

第 6 節　本章の時代のアメリカ合衆国における事業会社法の諸問題

1810 年以前に設立された 11 の銀行会社のうち 6 社はこのような方式を採用していた。上記①の方式は②の方式を排除するために利用されたと説かれている。①の方式は，当該銀行の持分（支配）が少数の者に集中することを防止することに狙いがあったといわれている。

　以上の場合は，いずれも州議会（立法機関）が個別法律の制定という行為をなすことにより法人たる事業会社が成立するのであり，法人が成立するために州議会以外の機関が関与する必要はない。このような方式が特許主義の下における事業会社の設立に関する通常の方式であったといえよう。

　以上に対し，運河会社の場合には，設立法の制定に加えて，州知事が設立手続きに関与するケースがみられる。その1つは 1792 年に制定された最初の運河会社法であり，同法は設立の方式に関する興味深い事例を提供している。以下にその概略を再説することにしたい（本章5節【1】A 参照）。

　まず，株式引受のためのコミッショナー（a board of commissioners）が組織され，同コミッショナーは，引受人名簿を作成し，それを大法官または高位裁判所の1裁判官の面前で確認し，それを州知事に提出する。総数 1000 株のうち 500 株の引受がなされたと考えられる場合には，州知事はその名簿を州務長官の事務所に提出し，記録するよう指示する。以上のように，引受人名簿が州務長官の事務所に提出され記録された時から，その名簿に記載された者および将来株主となるであろうすべての者は法人となる。

　このケースは，特許主義に基づく事業会社の設立手続に行政機関（州知事）が関与する点で注目すべきであり，同様のケースは，ニュー・ヨーク州では，第5番目に設立された運河会社（表＝Ⅴ①）と最初のターンパイク会社（表＝Ⅳ④）にみられるだけであろう。以上の設立方式によれば，会社の成立前に株式引受手続きが進行し，資本の一定額の引受が会社成立の要件とされ，また，会社の成立要件が充足されたかどうかを行政機関がチェックするわけである。このような形の行政機関の関与に限っていえば，上記手続は，準則主義に基づく設立手続に類似しており，立法機関だけが関与する特許主義下の通常の方式とは異なっている。

　ちなみに，上述の最初の運河会社設立方式は，1811 年製造工業会社法が採用した法人の成立時期に関する規制（一定の判事の面前において定款を確認

第1章 ニュー・ヨーク州事業会社法の草創期（1790年～1810年）

し，それを州務長官に提出したときに法人の成立を認める方式＝準則主義）に一部類似しており，なかんずく，引受人名簿が州務長官の事務所に提出され記録された時に，法人としての運河会社が成立する旨の規定は，1811年法の設立手続きに類似しているといえるのではなかろうか（第2章2節【2】A参照）。

　特許主義の下においては，一般的には，立法機関の行為（個別法律の制定）だけで法人たる会社は成立するが，法人を設立するための個別法律（設立法）の制定に加えて，行政機関が関与することにより法人が成立するという方式を広範に採用したのは，ペンシルヴェイニア州である。

　ペンシルヴェイニア州の最初の運河会社は，The President, Managers and Company of the Schuylkill and Susquehanna Navigationである。同設立法[注181]によれば，同会社の資本を構成する1000株（1株＝400ドル）のうち500株が引き受けられたとき，同州知事は，その開封勅許状（letters patent）によりその引受人等を法人（one body corporate and politic）として創設するものとされた。つまり，上記運河会社設立の際には，その設立法のタイトルに示されているように，同運河会社設立のための個別法律により運河会社を設立する権限が州知事に授権されたのであり，会社設立のためには，個別法律の制定と州知事の勅許状との両方が必要とされたのである。この方式は，同州の爾後の運河会社設立法・最初の2つの製造工業会社設立法・ターンパイク会社設立法などにおいて広範に採用され[注182]，また，1820年代以後は，鉄道会社設立法においても同じ方式が採用されている。

　以上のペンシルヴェイニア方式は，かつてのイギリスにおける3つの法人設立方式のうちの1つに類似しているといえよう。例えば，イングランド銀行は，1694年のいわゆるトン（噸）税法（1 W. & M. c. 20）に基づいて，国王が特許状を発給することによって，法人格が付与されたのである[注183]。

　また，ニュー・ジャージー州も1800年まではペンシルヴェイニア州と類似の設立方式を一部採用している[注184]。なお，ニュー・ジャージー州知事が単独で法人創設権限を行使しようとしたことがあるが，結局，州知事のこのような権限は否定された[注185]。

　さらに，ヴァージニア州において，資本の半分以上が引き受けられた場合

第 6 節　本章の時代のアメリカ合衆国における事業会社法の諸問題

に，その引受人および承継人は，第 1 回の株主総会の時から法人（会社）となる旨を定める設立法がみられる[注186]。同様の方式は，ノース・キャロライナ州の運河会社設立法においても用いられている[注187]。

【3】　社員（株主）の議決権

　ニュー・ヨーク州では，最初の事業会社設立法（1790 年）以後しばらくの間は，株主の議決権につき，いわゆる逓減制または逓増制（本章 2 節【1】B§5 参照）が採用されたが，1798 年 3 月 20 日に設立されたユナイテッド保険会社設立法以後の保険会社設立法および 1809 年以後の製造工業会社設立法は 1 株 1 議決権の定めを設けている（本章 3 節【1】参照）。しかし，銀行会社設立法は，1 つの例外を除き，未だ 1 株 1 議決権の原則を採用していない。

　また，ターンパイク会社法については，1807 年法が未だこの原則を確立していないことに注目しておきたい（本章 5 節【2】B§2 参照）。なお，後述の 1827／28 年法も 1807 年法と同じである。さらに，コモン・ローにおいては，1 人 1 議決権が原則であったと説かれているが[注188]，この原則を前提としていると解釈できる規定が同州の水道会社法にみられる（本章 5 節【4】参照）。

　他の諸州についてはまだ充分に調査ができていないが，古くは 1783 年のメアリランド州の運河会社設立法や 1784 年のマサチューセッツ銀行設立法が 1 株 1 議決権の定めを設けている[注189]。また，1791 年のニュー・ジャージー州の The Society for establishing useful Manufactures 設立法も同原則を採用している[注190]。

　マサチューセッツ州は，第 2 番目の銀行会社設立法（1792 年）以後は，長期に亙って 1 株 1 議決権の原則を採用していない[注191]。また，同州の保険会社法は，1 人につき一定数の議決権（例えば 50 票または 10 票）を最高限度としたうえ，その範囲内において 1 株 1 議決権の定めを設けている[注192]。しかし，結局，本章の時代においては，同州保険会社法はこの原則を確立していない。なお，同州の 1799 年水道会社法は 1 株 1 議決権の原則を定め

第1章　ニュー・ヨーク州事業会社法の草創期（1790年～1810年）

ており(注193)，同法は準則制事業会社法ではあるが，社員の無限責任規定（§9）を設けている。

コネティカット州では，1795年に制定された The Middletown Bank 設立法(注194)以後，銀行会社設立法は1株1議決権の原則を採用している点に注目すべきであろう。また，同州で1803年から1810年までに制定された合計5つの保険会社設立法は，原則的に1株1議決権の定めを設けている(注195)。

【4】　その他若干の問題

以下では，アト・ランダムに3つの問題を指摘するにとどめたい。

まず，本章のアメリカの事業会社法においては，利益配当を決定・宣言する権限は，通常，取締役会に与えられている。イギリスではその権限が株主総会に属することは良く知られていたから，上記のシステムはアメリカに特有のものであるといえよう。ただし，アメリカにおいても，その権限が株主総会に属する旨を定める例も少数ながらみられる(注196)。

次に，既に述べたように，ニュー・ヨーク州の銀行・保険・製造工業会社設立法には，一般的に存続期間の定めがみられるが，同州の運河・ターンパイク・水道会社設立法においては，存続期間の定めは例外的である。また，ニュー・ハンプシャー州の製造工業会社設立法は，法人の存続期間が永久である旨を明示する例が多い(注197)。

最後に，特許主義の下における設立法と自治規則との関係について一瞥することにしたい。

現在のアメリカ諸州会社法は設立に関する準則主義を採用しており，そこでは一般法律（準則制会社法）――定款――業務規則（by-laws）というハイアラーキーが存在するといえる。これに対し，かつてのイギリスの特許主義下では，「会社の組織について見るに，16世紀および17世紀においては，特許状は主として会社の外部関係について規定し，その内部関係の規律は自治法［by-laws］にゆだねていたが，18世紀になると特許状自体において会社の内部組織につき詳細な規定がなされ，自治法は重要性をもたなくなった」と説かれている(注198)。

第6節　本章の時代のアメリカ合衆国における事業会社法の諸問題

　19世紀初頭のアメリカ事業会社法において，設立法（特許状）と自治規則（by-laws）とはいかなる関係にあったのであろうか。

　アメリカ最初の商業銀行たる北アメリカ銀行設立法の特色は，その殆どの規定が法人一般に関するものであり，事業会社特有の規定は自治規則に委ねられていたことであるといわれている。Hammondによれば，「［第1次］合衆国銀行に先行する2～3の銀行の特許状は，法人を創設するため簡潔な・一般的・制約のない用語で表現されていた。」これに対して，「第1次合衆国銀行の特許状は，大変長く，詳細で，遂行されるべき銀行の権能に対し制限的であった」のである(注199)。

　第1次合衆国銀行設立法§7は，16項目に亘るconstitutionの基本条項（fundamental articles of the constitution）を定めている(注200)。当時，一般にconstitutionはsubscribers（引受人ないし会社設立者）により作成されるパートナーシップ契約を意味したが，このようなconstitutionが設立法（連邦法に基づく）に取り込まれることにより，会社のconstitutionとして対外的にもそれを公表するという機能があったといえよう。また，設立法（およびconstitution）のほかに，その自治規則（Ordinance and By-Laws for the Regulation of the Bank of the United States）も定められており(注201)，この時代に自治規則の内容を正確に知ることができる数少ない事例であろう。同銀行の場合は，設立法（特許状）――constitution――自治規則（by-laws）という形のハイアラーキーらしきものが観念されていたといえるのであろうか。

　以上の第1次合衆国銀行設立法の影響を最も鮮明に受けたのはメアリーランド州の銀行会社設立法であろう(注202)。また，ペンシルヴェイニア州やマサチューセッツ州にも同様の事例がみられる(注203)。

　さらに，ロード・アイランド州の初期の銀行・保険会社設立法に注目したい(注204)。同州の初期のほぼすべての銀行・保険会社設立法は，subscribers（引受人）により作成され採択されたconstitutionの諸条項が当該会社のconstitutionとなる旨を定め，それぞれのconstitutionの諸条項を掲げている。この場合には，契約としての性質を有するconstitutionが制定法により確認され制定法上の規定とみなされたといえるのではなかろうか。ただし，constitutionの記載事項はすべての会社につき一様というわけではない。

第 1 章　ニュー・ヨーク州事業会社法の草創期（1790 年〜1810 年）

　これに対し，ニュー・ヨーク州の設立法においては，constitution という用語が使用される事例はみられないように思われる。同州の設立法では，上述の第 1 次合衆国銀行の fundamental articles に類似した条項を定める方式もみられるが，constitution という用語は使用されていない（本章 5 節【1】A § 6・【2】A § 6 参照）。

　また，1784 年にハミルトンによって作成されたといわれているニュー・ヨーク銀行の constitution と 1791 年の同銀行設立法とを比較してみると，前者の諸規定はその多くが何らかの形で（ばらばらに）後者に取り入れられているといえるが，constitution としてのまとまりはみられない。また，同 constitution は取締役の報酬に関する規定（art. 11）・株主総会の取締役解任権（art. 9）・株主の責任規定（art. 16）などのように設立法にはみられない諸規定を設けている。

【第 1 章の注】

　（注 1）　Act of Mar. 22, 1811, N.Y. Laws, 34th sess., ch. 67.
　（注 2）　J. WILLARD HURST, THE LEGITIMACY OF THE BUSINESS CORPORATION IN THE LAW OF THE UNITED STATES, 1780 − 1970, at 17 − 18 （1970）.
　（注 3）　Id. at 14 − 15.
　（注 4）　Id. at 8.
　（注 5）　WILLIAM E. NELSON, AMERICANIZATION OF THE COMMON LAW: THE IMPACT OF LEGAL CHANGE ON MASSACHUSETTS SOCIETY, 1760 − 1830, at 6 − 7 （1975）. なお，common fields について，Revised Statutes of the Commonwealth of Massachusetts, 1836, ch. 43, §§ 1, 20 は，5 名以上の者が土地を共有する場合には，その共有地（a common or general field）を所有する者が法人を形成することを認めている。この規定の沿革について，Pauline Maier, *The Debate over Incorporations: Massachusetts in the Early Republic, in* MASSACHUSETTS AND THE NEW NATION 78 n.7 （CONRAD E. WRIGHT ed., 1992）は，それが 1753 年と 1784 年の 2 つの法律にまで遡ることができる旨を述べている。
　（注 6）　2 JOSEPH S. DAVIS, ESSAYS IN THE EARLIER HISTORY OF AMERICAN CORPORATIONS 37, 332 − 34 （1917, reprint 1965）.
　（注 7）　J. VAN FENSTERMAKER, THE DEVELOPMENT OF AMERICAN COMMERCIAL BANKING, 1782 − 1837, at 113 − 83 （1965）.
　（注 8）　BRAY HAMMOND, BANKS AND POLITICS IN AMERICA: FROM THE REVOLUTION TO THE CIVIL WAR 69 （1957）.

(注9) 2 DAVIS, *supra* note 6, at 108. なお，この時期に銀行業が成功を収めた要因について，ROBERT E. WRIGHT, ORIGINS OF COMMERCIAL BANKING IN AMERICA, 1750-1800, at 111-13 (2001) を参照されたい。

(注10) アメリカ最初の商業銀行は北アメリカ銀行であるが，初期の商業銀行の権能を一般的に規定する制定法は存在しなかった。①手形の割引，②銀行券の発行（発券），③預金の受入，④両替などがその権能であったといえよう。手形割引と銀行券の発行とが商業銀行の主たる機能であると永い間考えられてきたが，これは誤りであるという見解が最近提示されている (WRIGHT, *supra* note 9, at 9-10)。この見解によれば，19世紀末に至るまで手形割引が商業銀行の主たる業務であり，銀行券の発行や預金の受入などは割引に付随しそれを容易化するためのものにすぎない。なお，手形割引には為替手形が用いられ，また，銀行券は一覧払・持参人払の約束手形であり，銀行は持参人に対し金・銀で支払うものとされた (*id.* at 6-8, 17 n.69)。

1781年5月17日に，Robert Morris が連合会議に提出した北アメリカ銀行の設立プランによれば，同銀行が発行する銀行券は，各邦の関税・租税につき，また合衆国（連合）が各邦に対してなした徴発につき，法律上，正貨として受領可能であるとされた。しかし，北アメリカ銀行設立法（An Ordinance to incorporate the subscribers to the Bank of North America, 21 J.C.C. 1187）(1781年12月31日制定) には，発券権能に関する明文の規定は設けられていない。以上については，J. WILLARD HURST, A LEGAL HISTORY OF MONEY IN THE UNITED STATES, 1774-1970, at 6 (1973) を参照されたい。また，1791年2月25日に制定された第1次合衆国銀行設立法§10は，同銀行の手形（銀行券）(the bills or notes) が合衆国に対するすべての支払いにおいて受領可能である旨を定めている（An Act to incorporate the subscribers to the Bank of the United States, Act of Feb. 25, 1791, 1 Stat. 191）。

以上に対して，ニュー・ヨーク銀行が銀行券を発行できる旨を直接定める規定はみられない（Joseph H. Sommer, *The Birth of the American Business Corporation: Of Banks, Corporate Governance, and Social Responsibility*, 49 BUFFALO L. REV. 1011, 1024 [n.64] (2001) 参照)。

(注11) 既に1782年に，ニュー・ヨーク州は北アメリカ銀行設立法――An Act to prevent the establishment of any bank within this State, other than the Bank of North America, and for incorporating the same within this State, Act of Apr. 11, 1782, N.Y. Laws, 5th sess., ch. 35――を制定したが，同銀行は同州では営業を開始するに至らなかったから，ニュー・ヨーク銀行が同州最初の銀行会社であるといえよう。なお，本章の時代のニュー・ヨーク州における銀行会社の歴史については，RONALD E. SEAVOY, THE ORIGINS OF THE AMERICAN BUSI-

第1章　ニュー・ヨーク州事業会社法の草創期（1790年～1810年）

NESS CORPORATION, 1784－1855: BROADENING THE CONCEPT OF PUBLIC SERVICE DURING INDUSTRIALIZATION 53－60 (1982); Robert E. Wright, Banking and Politics in New York, 1784－1829 (1996) (unpublished Ph.D. dissertation, State University of New York at Buffalo) を参照されたい。

（注12）　田島恵児・ハミルトン体制研究序説239頁（1984年）。

（注13）　以上につき，ALLEN NEVINS, HISTORY OF THE BANK of NEW YORK AND TRUST COPANANY, 1784－1934, at 1－2 (1934); HENRY W. DOMETT, A HISTORY OF THE BANK OF NEW YORK, 1784－1884, at 7 (3d ed. 1884, reprint 1969) 参照。

（注14）　JOHN C. MILLER, ALEXANDER HAMILTON: PORTRAIT IN PARADOX 127 (1959); John D.R. Platt, Jeremiah Wadsworth: Federalist Entrepreneur 146－47 (1955) (unpublished Ph.D. dissertation, Columbia University).

（注15）　MILLER, *supra* note 14, at 128.

（注16）　DOMETT, *supra* note 13, at 4－5; The New York Packet, Feb. 12, 1784.

（注17）　DOMETT, *supra* note 13, at 7－8; The New York Packet, Mar. 1, 1784.

（注18）　同銀行の constitution につき，DOMETT, *supra* note 13, at 11－15; 3 THE PAPERS OF ALEXANDER HAMILTON 519－20 (HAROLD C. SYRETT ed., 1962) 参照。なお，1 JABEZ D. HAMMOND, THE HISTORY OF POLITICAL PARTIES IN THE STATE OF NEW YORK 323 (1852) によれば，当時，constitution という用語は the article of copartnership（パートナーシップ契約）を意味するものとして用いられていた。

（注19）　DOMETT, *supra* note 13, at 31－32.

（注20）　ALFRED F. YOUNG, THE DEMOCRATIC REPUBLICANS OF NEW YORK: The ORIGINS, 1763－1797, at 224 (1967).

（注21）　The New York Packet, Jan. 20, 1790; SIDNEY I. POMERANTZ, NEW YORK: AN AMERICAN CITY, 1783－1803, at 186 (2d ed., 1965).

（注22）　YOUNG, *supra* note 20 at 215－16.

（注23）　Clintonians とは，当時の州知事 George Clinton の下に結集した Anti-Federalists の中心的グループである。

（注24）　YOUNG, *supra* note 20, at 216.

（注25）　*Id*.

（注26）　*Id*. at 211－14.

（注27）　Beatrice G. Reubens, State Financing of Private Enterprise in Early New York 42 (1960) (unpublished Ph.D. dissertation, Columbia University) なお，第1次合衆国銀行設立法のタイトルについては，前掲（注10）を参照されたい。また，同銀行設立法については，小山賢一・アメリカ株式会社法形成史50頁以下（1981年）が詳細である。

(注28) JOHN CLEAVELAND, THE BANKING SYSTEM OF THE STATE OF NEW YORK XIV (2d ed. 1864, reprint 1980). なお，P. HENRY WOODWARD, HUNDRED YEARS OF THE HARTFORD BANK, NOW THE HARTFORD NATIONAL BANK 17 (1892) は，ニュー・ヨーク銀行の特許状が The Hartford Bank（コネティカット州の銀行会社）のモデルであると述べている。

(注29) DOMETT, *supra* note 13, at 127-34 は，ニュー・ヨーク銀行設立法の全条文を掲載し，そこに条文番号を付しているが，もともと条文番号は付されていない。

(注30) 1789年法案は，The New York Packet, Oct. 1, 1789 に掲載されている。

(注31) 小山・前掲（注27）61頁参照。

(注32) 小山・前掲（注27）59頁；1 JAMES D. COX ET AL., CORPORATIONS [SUCCESSOR TO BALLANTINE ON CORPORATIONS] § 2.3 n.2 (1995).

(注33) 小山・前掲（注27）22頁。

(注34) VICTOR MORAWETZ, A TREATISE ON THE LAW OF PRIVATE CORPORATIONS 365 (1882).

(注35) 北アメリカ銀行設立プラン（V）および自治規則（3d）；マサチューセッツ銀行設立法§2参照。

(注36) Andrew L. Creighton, The Emergence of Incorporation as a Legal Form for Organizations 78 (1990) (unpublished Ph.D. dissertation, Stanford University). なお，議決権の逓減制の目的は，銀行株が少数者の手に集中し難くし，また大株主が出現してもその支配権を相対的に制限することにあると説かれている (HOWARD BODENHORN, STATE BANKING IN EARLY AMERICA: A NEW ECONOMIC HISTORY 18 (2003).

(注37) 伊藤紀彦「ペンシルヴェイニア州初期事業会社法史（一）」中京法学23巻1号29，36頁（1989年）参照。なお，the board of directors という用語は，北アメリカ銀行設立プラン（Ⅷ）にはみられるが，その設立法の中にはみられない。また，ニュー・ヨーク銀行の constitution (art. 8) も同じ用語を用いている。

(注38) なお，1784年2月26日のニュー・ヨーク銀行の Proposal（設立計画）が The New York Packet, Mar. 1, 1784 に掲載されているが，これは同銀行を法人化するための最初の個別法律案と同じ内容であると推測できる。同 Proposal は，「当銀行の創業後12カ月が経過したとき，また，爾後は6カ月毎に，当銀行から生じる利益［の配当］が宣言され，配当がなされる」と定めている (art. 8)。初期の利益基準型の配当制限基準については，森淳二朗・配当制限基準と法的資本制度10頁以下（1974）を参照されたい。

第 1 章 ニュー・ヨーク州事業会社法の草創期（1790 年～ 1810 年）

　（注 39）　銀行会社に対する州の出資については，Reubens, *supra* note 27, ch. 2 が詳しい。なお，この問題については，本節【4】A 参照。

　（注 40）　小山・前掲（注 27）63-64，111 頁参照。なお，銀行の債務負担額の制限については，預金がその制限額から除かれている。このような規定はイギリスではみられず，ハミルトンのアイディアによるものである。また，正貨預金は責任に見合う安全な資産を増加させるから，銀行の拡張しすぎの危険がない故に，債務負担額の制限額から預金を除く旨の規定が設けられたのであると説かれている。以上につき，GREEN, GEORGE D., FINANCE AND ECONOMIC DEVELOPMENT IN THE OLD SOUTH: LOUISIANA BANKING, 1804-1861, at 104 (1972); HAMMOND, *supra* note 8 at 137 参照。

　（注 41）　EDWIN J. PERKINS, AMERICAN PUBLIC FINANCE AND FINANCIAL SERVICES, 1700-1815, at 374-75 (1994). なお，Perkins は，以下に述べるとおり銀行の債務負担の制限額に預金額を含めているが，法文上は預金額が除かれている。

　（注 42）　7 THE PAPERS OF ALEXANDER HAMILTON 249 (HAROLD C. SYRETT ed., 1963).

　（注 43）　小山・前掲（注 27）63 頁。

　（注 44）　GREGORY S. HUNTER, THE MANHATTAN COMPANY: MANAGING A MULTI-UNIT CORPORATION IN NEW YORK, 1799-1842, at 23 (1989).

　（注 45）　一般法律（および個別法律）という用語については，田中英夫・法形成過程（英米法研究 I）125 - 26 頁（1987 年）を参照されたい。

　（注 46）　HUNTER, *supra* note 44, at 34.

　（注 47）　NEVINS, *supra* note 13, at 60. なお，1935 年以後の同銀行の簡潔な歴史については，EDWARD STREETER, WINDOW ON AMERICA: THE GROWTH OF A NATION AS SEEN BY NEW YORK'S FIRST BANK (1959) を参照されたい。

　（注 48）　以上につき，YOUNG, *supra* note 20, at 220-28 参照。

　（注 49）　小山・前掲（注 27）62，64 頁参照。

　（注 50）　CLEAVELAND, *supra* note 28, at ⅩⅩⅠ; ROBERT E. CHADDOCK, THE SAFETY FUND BANKING SYSTEM IN NEW YORK, 1829-1866, at 233-34 (1910). なお，1 HAMMOND, *supra* note 18, at 324 参照。

　（注 51）　CLEAVELAND, *supra* note 28, at ⅩⅩⅠ-ⅩⅩⅡ.

　（注 52）　Ronald Seavoy, *The Public Service Origins of the American Business Corporation*, 52 BUS. HIST. REV. 30, 51 (1978).

　（注 53）　HAMMOND, *supra* note 8, at 150 n.☆ (1957); THE ENCYCLOPEDIA OF NEW YORK CITY 208-09 (KENNETH T. JACKSON ed., 1995).

　（注 54）　HUNTER, *supra* note 44, at 38, 39.

　（注 55）　*Id.* at 25.

(注56) ニュー・ヨーク市の recorder は，同市の市長に次ぐ主席法務官 (legal officer) であり，同市に関するあらゆる訴訟を担当した。その他の詳細については，POMERANTZ, *sup*ra note 21, at 42 を参照されたい。

(注57) Fred Freedland, *History of Holding Company Legislation in New York State: Some Doubts as to the "New Jersey First" Tradition*, 24 FORDHAM L. REV. 367, 371 n.6.

(注58) Seavoy, *sup*ra note 52, at 51.

(注59) Reubens, *supra* note 27, at 45.

(注60) EDWIN M. DODD, AMERICAN BUSINESS CORPORATIONS UNTIL 1860, at 212 (1954) 参照。

(注61) Reubens, *supra* note 27, at 48.

(注62) 2 DAVIS, *supra* note 6, at 27. Davis の数字は保険相互会社を含んでいるが，以下本文の筆者の数字は相互会社を除いている。ただし，Seavoy, *supra* note 52, at 48 によれば，ニュー・ヨーク州の立法府は mutual companies と stock companies とを区別していない。

(注63) HERMANN E. KROOSS & MARTIN R. BLYN, FINANCIAL INTERMEDIARIES 36 (1971) は，1814年以前における全米の保険会社総数を示すリストは存在しないと述べている。

(注64) Seavoy, *supra* note 52, at 48. ただし，Seavoy は，北アメリカ保険会社設立法がいかなる点でモデルとなったかを具体的に明らかにしていない。筆者が An Act to incorporate the subscribers to the Insurance Company of North-America, Act of Apr. 18, 1794, Pa. Laws, 1793-94, ch. 220 を調べた限りでは，この設立法は，1株1議決権の原則を採用せず，また，株主の2倍責任規定も設けていない。ただし，配当制限基準につき後掲（注68）およびその本文参照。

(注65) KROOSS & BLYN, *supra* note 63, at 35; 2 DAVIS, *supra* note 6, at 231.

(注66) Act of Feb. 16, 1805, N.Y. Laws, 28th sess., ch.10（§4）.

(注67) 初期のアメリカにおける株主の議決権の概況については，本章6節【3】を参照されたい。

(注68) Donald Kehl, *The Origin and Early Development of American Dividend Law* 53 HARV. L. REV. 36, 51 (1939); 森・前掲（注38）28, 30-31頁参照。

(注69) 従来，double liability を2重責任または重複責任と訳すのが一般的である。筆者もかつてその訳語を使用したが（鴻常夫＝北沢正啓編・英米商事法辞典［新版］310頁［1998年］），2倍責任（または倍額責任）のほうがこの責任の内容をよく表現できると考えられるので，本書では2倍責任という表現を用いることにしたい。なお，2倍責任は，会社解散の際の責任であ

第 1 章　ニュー・ヨーク州事業会社法の草創期（1790 年～ 1810 年）

り，会社存続中の責任は必ずしも明確ではないようである。

　また，1811 年法§ 7 が 2 倍責任を意味するという解釈を確定するのは，1822 年および 1826 年に出された 2 つの判決である（DODD, *supra* note 60, at 87-89; 小山・前掲（注 27）283-85 頁参照）。したがって，1798 年の立法時点では，本文に掲げた規定がいわゆる 2 倍責任を意味するという解釈が確定していたわけではない。　以下で問題としたいのは，1811 年法§ 7 の責任規定の沿革をどこに求めうるかという 1 つの立法史上の事実である。

　（注 70）　1807 年までに制定された 7 つの保険会社設立法のうち，5 つはユナイテッド保険会社設立法と同一の 2 倍責任規定を設けている（表＝Ⅱ①～④⑦）。また，The Commercial Insurance Company 設立法（表＝Ⅱ⑤）もこれと類似の規定を定めている。さらに，1810 年の The Ocean Insurance Company 設立法（表＝Ⅱ⑨）§ 14 は別の表現を用いており，本文に引用した 2 倍責任規定のうち，「各自の株式を限度として」（to the extent of their respective shares）という部分が「当会社の資本を限度として，かつ，各自の株式に比例して」（to the extent of the funds of the said company, and in proportion to their respective shares）という表現に変更されている。なお，本章の時代に制定された 3 つの設立法（表＝Ⅱ⑥⑧⑩）は責任規定を設けていない。

　（注 71）　The Columbia Manufacturing Society 設立法の制定以後 1810 年末までに制定された 23 の製造工業会社設立法のうち，2 倍責任規定を設けているのは 12 の設立法である（表＝Ⅲ⑥⑦⑧⑩⑫⑰⑲～㉑㉓㉕㉖）。

　（注 72）　Shaw Livermore, *Unlimited Liability in Early American Corporations*, 43 J. POL. ECON. 674, 684（1935）．

　（注 73）　*Id.* at 685 は，1811 年法§ 7 が比例責任（proportional liability）を定めたものであると述べているが，この点が誤まりであることは Stanley E. Howard, *Stockholders' Liability under the New York Act of March 22, 1811*, 46 J. POL. ECON. 499, 500 n.1（1938）が明らかにしている。この誤りによって，恐らく Livermore は初期の保険会社設立法と製造工業会社設立法との関連性を見失ったのであろう。

　（注 74）　2 DAVIS, *supra* note 6, at 242.

　（注 75）　Act of Feb. 16, 1805, N.Y. Laws, 28th sess., ch. 10; Act of Mar. 17, 1815, N.Y. Laws, 38th sess., ch. 80. ちなみに，1840 年に，An Act to incorporate the United Insurance Company, Act of　May 14, 1840, N.Y. Laws, 63rd sess., ch. 312 が制定されたが，この保険会社が最初の保険会社との間に何らかの関連を有するかどうかは不明である。

　（注 76）　実際には，ニュー・ヨーク州は，同会社に対して出資をしなかった（Ruebens, *supra* note 27, at 85 Table 5 参照）。

（注77） Act of Apr. 4, 1800, N.Y. Laws, 23rd sess., ch. 84.

（注78） Act of Mar. 11, 1808, N.Y. Laws, 31st sess., ch. 33 （§ 1）; Act of Apr. 10, 1818, N.Y. Laws, 41st sess., ch. 95 （§ 1）.

（注79） Bernard L. Webb, *Notes on the Early History of American Insurance*, 29 CPCU ANNALS 88, 95 n.90 （1976）; 2 DAVIS, *supra* note 6, at 232.

（注80） N.Y. Laws, 1798, ch. 46.

（注81） N.Y. Laws, 1802, ch. 67.

（注82） Act of Apr. 12, 1816, 39th sess., ch. 121 （§ 1）; Act of May 12, 1846, N.Y. Laws, 69th sess., ch. 221; Webb, *supra* note 79, at 93. ちなみに，THE ENCYCLOPEDIA OF NEW YORK CITY, *supra* note 53, at 1213 によれば，1806年にユナイテッド保険会社の名称が The Mutual Assurance Company へ変更され，また，1809年にその組織が a stock company へ変更され，また，1846年にその名称が The Knickerbocker Fire Insurance Company へ変更され，1890年に同会社は解散している。ただ，以上の記述（Robert J. Gibbons 執筆）は，本文で指摘した筆者の説明とかなり相違がある。

（注83） 2 DAVIS, *supra* note 6, at 26.

（注84） YOUNG, *supra* note 20, at 248-50, n.80.

（注85） An Act for the encouragement of a manufactory of earthenware by a loan of money to the proprietor thereof, Act of Apr. 6, 1790, N.Y. Laws, 30th sess., ch. 56; NATHAN MILLER, THE ENTERPRISE OF A FREE PEOPLE: ASPECTS OF ECONOMIC DEVELOPMENT IN NEW YORK STATE DURING THE CANAL PERIOD 13-14 （1962）.

（注86） Reubens, *supra* note 27, at 187. なお，貸付金の対象は殆どが個人企業である。同州の貸付金政策は，1812年以降，新しい段階に入り，1812年から1814年までに，30件の貸付金（総額13万2000ドル）が授与されている（*id.* at 187, 205）。

（注87） 後述の The New York Manufacturing Society に対して州が出資をしているが，初期の銀行会社に対する州の出資が一般的であったのに較べると，製造工業会社に対する出資は稀であった。なお，州の出資に関する詳細については，Reubens, *supra* note 27, chs. 2-3 参照。

（注88） MILLER, *supra* note 85, at 13-14; Reubens, *supra* note 27, at 195, 211; JOHN W. CADMAN, JR., THE CORPORATION IN NEW JERSEY: BUSINESS AND POLITICS, 1791-1875, at 22 n.73 （1949）

（注89） 本文の説明は，NELSON, *supra* note 5, at 6-7 の見解と若干の齟齬があるが，Nelson は直接的にはマサチューセッツ州の判例の動向につき言及しており，あるいは同州の事業会社法の進展がニュー・ヨーク州よりも早かっ

第 1 章　ニュー・ヨーク州事業会社法の草創期（1790 年～ 1810 年）

たのであろうか。

　（注 90）　Harry J. Carman, *The Beginnings of the Industrial Revolution, in* 5 HISTORY OF THE STATE OF NEW YORK 342 − 43　(ALEXANDER C. FLICK ed., 1934)；STUART BRUCHEY, THE ROOTS OF AMERICAN ECONOMIC GROWTH, 1607−1861, at 90−91 (1965)；CURTIS P. NETTELS, THE EMERGENCE OF A NATIONAL ECONOMY, 1775−1815, at 125 (1962).

　（注 91）　An Act to promote the manufactory of iron, Act of Apr. 28, 1786, N.Y. Laws, 9th sess., ch. 51.

　（注 92）　2 DAVIS, *supra* note 6, at 260.

　（注 93）　*Id.*

　（注 94）　Reubens, *supra* note 27, at 87 によれば，愛国的意図とは，「ヨーロッパの製品供給者からの独立を達成し，合衆国からの正貨の流出を防止すること」である。

　（注 95）　*Id.* at 89−90.

　（注 96）　WILLIAM R. BAGNALL, THE TEXTILE INDUSTRIES OF THE UNITED STATES 123 (1893, reprint 1971)；2 DAVIS, *supra* note 6, at 275. なお，同会社の constitution につき，5 AMERICAN MUSEUM 325−26 (1789, reprint 1965) 参照。

　（注 97）　Lawrence A. Peskin, *From Protection to Encouragement: Manufacturing and Mercantilism in New York City's Public Sphere, 1783−1795*, 18 J. EARLY REPUBLIC 589, 612 (1998).

　（注 98）　2 DAVIS, *supra* note 6, at 279 は，このような例は 18 世紀では唯一であると述べているが，DODD, *supra* note 60, at 374 n.7 によれば，The Salem Iron Factory 設立法（1800 年）も無限責任を定めている。なお，19 世紀初期には，社員の無限責任を定める制定法が珍しくないことに注意すべきであろう。

　（注 99）　1806 年法 § 9 と類似の規定を定める制定法は，表＝Ⅲ ⑤ § 10，⑦ § 7，⑨ § 9，⑩・⑪ § 10，⑫・⑬ § 8，⑭ § 6，⑮ § 11，⑯ § 8，⑰ § 7，⑱ § 8，⑳ § 7，㉓ § 6 などである。

　上柳克郎「アメリカ株式会社法に於ける ultra vires 理論」京都大学商法研究会編・英米会社法研究 240 頁（注 3）（1950 年）は，「その規定に従って設立された会社は，会社の正当な目的を達成するため以外の目的にその財産を使用してはならぬ旨の規定が設けられていることがあるが，これはコモン・ローの一般原則を宣言したにとどまり，この規定に違反する行為すなわち ultra vires である行為を違法ならしめるものではない」と述べ，HENRY W. BALLANTINE, MANUAL OF CORPORATION LAW AND PRACTICE 246 (1930) を引用している。このような Ballantine の説明は，上記 1806 年法 § 9 にも当てはまるのであろ

うか。

(注100) 以下に1810年以前に設立された会社の資本の額を示すが，○で囲った数字は表Ⅲの番号であり，（ ）内の数字は1株の金額（額面）である。なお，資本の上限（最高限度額）を示す方式が大部分であるが，確定額を示す方式も例外的にみられる。①㉔の設立法は，資本および物的財産の上限を定めており，その他の設立法と相違があり，これら2つを除く。㉔は上記の上限を20万ドルとするが，額面の定めを欠如している。

④→上限10万ドル（20ドル），⑤→上限10万ドル（500ドル），⑥⑦→上限20万ドル（500ドル），⑧→12万5000ドル（200ドル），⑨→上限6万ドル（100ドル以下），⑩→上限10万ドル（200ドル），⑪⑫→上限10万ドル（100ドル），⑬→上限12万5000ドル（250ドル），⑭→上限5万ドル（50ドル以下），⑮→上限10万ドル（250ドル），⑯→上限15万ドル（500ドル），⑰→上限20万ドル（100ドル），⑱→上限10万ドル（200ドル以下），⑲→上限20万ドル（100ドル），⑳→上限10万ドル（100ドル），㉑→上限15万ドル（150ドル），㉒→10万ドル（100ドル），㉓→上限50万ドル（50ドル），㉕→上限20万ドル（400ドル），㉖→上限220ドル（250ドル），㉗→上限12万5000ドル（50ドル），㉘→1万ドル（25ドル）。

(注101) An Act to incorporate the American fur company, Act of Apr. 6, 1808, N.Y. Laws, 31st sess., ch. 140. なお，同会社については，JOHN D. HAEGER, JOHN JACOB ASTOR 105（1991）を参照されたい。

(注102) なお，本文のような3つの時期区分の仕方については，若干の意見の違いがみられる。本書の区分は，鈴木圭介編・アメリカ経済史261頁（中西弘次執筆）（1972年）に依拠しているが，秋元英一・アメリカ経済の歴史65頁（1995年）は，1790年から1830年頃までをターンパイクの時代とし，1815年から1843年までを運河の時代としている。

(注103) 加勢田 博・北米運河史研究11頁（1993年）。その他の諸州における初期運河会社の状況については，RONALD E. SHAW, CANALS FOR A NATION: THE CANAL ERA IN THE UNITED STATES, 1790-1860, at 1-29（1990）参照。なお，2 DAVIS, *supra* note 6, at 117によれば，1783年から1790年末までに運河会社設立法（合計16）を制定したのは南部の4州に限られており，運河会社の設立については，南部諸州が先行していた点は興味深い事実である。

(注104) 1 NOBLE E. WHITFORD, HISTORY OF THE CANAL SYSTEM OF THE STATE OF NEW YORK 760-62（1906）.

(注105) 加勢田・前掲（注103）59頁。

(注106) YOUNG, *supra* note 20, at 176. なお，Elkanah Watsonは，当運河計画の主導的な推進者であり，Philip Schuylerは，当運河会社設立法案を州議会

第 1 章　ニュー・ヨーク州事業会社法の草創期（1790 年〜 1810 年）

で可決させるため力を尽くし，その後，両会社の社長や主任技術者を務めている（*id.*）。

　（注107）　Reubens, *supra* note 27, at 99 は，額面が定められていない本設立法の下では，各株式が請求される総額に制限がないものとなり，多数の株式を引き受けることにつき不安が生じた旨を述べている。両会社の資本は 1000 株から構成されることになってはいたが，その額面が定められていなかったから，資本を株式に分ける仕組みを採用できなかったわけである。後に述べるとおり，表＝Ⅳ③の設立法以後は資本と額面が明示されるようになる。また，1802 年に，西部運河会社設立法が修正され，同改正法によれば，1 株の金額は 120 ドルである（Act of Apr. 2, 1802, N.Y. Laws, 25th sess., ch. 97）。なお，額面の定めを欠如している点は，マサチューセッツ州の最初の運河会社設立法も同じである。しかし，ニュー・ヨーク州に先行したヴァージニア州やペンシルヴェイニア州の場合には，額面が確定されていたことに注目すべきであろう。この問題につき，Davis, *supra* note 6, at 299 n.1 によれば，額面が確定的に定められなかったのはマサチューセッツ州の一般的なルールであったが，ニュー・イングランドより南においては通常ではなかったようである。

　（注108）　初期事業会社法における設立方式については，本章 6 節【2】参照。
　（注109）　なお，最初の取締役の中には，6 名の州議会議員のほかに州の官吏も含まれている。
　（注110）　利益基準については，森・前掲（注38）11-12 頁；Kehl, *supra* note 68, at 48 n.66 を参照されたい。
　（注111）　Davis, *supra* note 6, at 167.
　（注112）　An Act for more effectual prosecution of the improvements commenced by the inland lock navigation companies in the State, Act of Mar. 31, 1795, N.Y. Laws, 18th sess., ch. 38.
　（注113）　なお，西部運河会社の運命については，加勢田・前掲（注102）59 頁以下参照。
　（注114）　Dodd, *supra* note 60, at 242-43. なお，Dodd は，ターンパイク会社につき述べているが，同じことが運河会社についてもいえる。
　（注115）　前掲（注107）で言及した Act of Apr. 2, 1802, N.Y. Laws, 25th sess., ch. 97, § 2 は，西部運河会社の株式を人的財産とみなす旨を定めている。また，An Act for establishing a Turnpike Road between the cities of Albany and Schenectady, Act of Mar. 30, 1802, N.Y. Laws, 25th sess., ch. 69, § 1 ［但書］も同会社の株式を人的財産とみなす旨を定めている。なお，アメリカでは，このように株式は財産（property）とみなされるが，イギリス法では，株式は本

質上契約によって生じた権利（contractual chose in action）であると考えられており，このような違いは既に本章の時代から生じていたと推測される。以上については，L.C.B. Gower, *Some Contrasts Between British and American Corporation Law*, 69 HARV. L. REV. 1369, 1377-78（1956）および本論文を紹介した北澤正啓「英米株式会社法の相違点」商事法務研究153号15頁（1959年）を参照されたい。

（注116） 1 WHITFORD, *supra* note 104, at 760.

（注117） GEORGE H. EVANS, JR., BUSINESS INCORPORATIONS IN THE UNITED STATES, 1800-1943, at 17（1948）.

（注118） JOSEPH A. DURRENBERGER, TURNPIKES: A STUDY OF THE TOLL ROAD IN THE MIDDLE ATLANTIC STATES AND MARYLAND 23, 40-43（1931）.

（注119） DAVID M. ELLIS ET AL., A HISTORY OF NEW YORK STATE 180（rev. ed. 1967）.

（注120） Daniel B. Klein and John Majewski, *Economy, Community, and Law: The Turnpike Movement in New York, 1797-1845*, 26 L. & SOC. REV. 469, 470（1992）．なお，ニュー・ヨーク州初期のターンパイク道路の発達については，今野源八郎・アメリカ道路交通発達史134頁以下（1959年）を参照されたい。

（注121） DODD, *supra* note 60, at 115 n.5, 79 n.27.

（注122） なお，この時期におけるペンシルヴェイニア州やニュー・ジャージー州のターンパイク会社の設立方式に注目する必要があるが，この点については，本章6節【2】を参照されたい。

（注123） DURRENBERGER, *supra* note 118, at 59.

（注124） 設立された70の会社の中には，以前に制定された設立法が廃止されて新法が制定された会社もあり，この点に関連して，Klein and Majewski, *supra* note 120, at 482は，1797年から1845年までに制定された全ターンパイク会社設立法のうちの約5％が更新されたものであると述べている。

（注125） *Id.* at 482-85.

（注126） Act of Mar. 13, 1807, N.Y. Laws, 30th sess., ch. 38.

（注127） この点を1807年法に影響を与えたと考えられるマサチューセッツ州の1805年 The General Turnpike Act（Act of Mar. 16, 1805, Mass. Laws, 1802-05, ch. 79, pp. 647-52）と対比した場合，後者は議決権につき何ら定めを設けていない点が注目される（DODD, *supra* note 60, at 245）。なお，株主の議決権については，運河会社法の場合には，1813年の諸設立法以後，1株1議決権の原則が確立された（筆者のsession lawsの調査結果による）のに対し，ターンパイク会社法の場合には，1827／28年法（The Revised Statutes）においても，依然として1807年法の議決権規制が維持されており，両者の規制の

第1章　ニュー・ヨーク州事業会社法の草創期（1790年〜1810年）

間に大きな違いがみられる点は後述のとおりである。

（注128）　前掲（注114〜115）およびその本文参照。なお，本規定（§10）は，ニュー・ヨーク州が株式を人的財産であるとみなす旨を一般法律の形で定めた最初のものであるが，マサチューセッツ州の1805年The General Turnpike Act §8が既に同趣旨の規定を定めている（前掲［注127］参照）。

（注129）　KEHL, *supra* note 68, at 56 n.100.

（注130）　2 MESSAGES FROM THE GOVERNORS COMPRISING EXECUTIVE COMMUNICATIONS TO THE LEGISLATURE AND OTHER PAPERS RELATING TO LEGISLATION FROM THE ORGANIZATION OF THE FIRST COLONIAL ASSEMBLY IN 1683 TO AND INCLUDING THE YEAR 1906, at 574 （CHARLES LINCOLN, ed., 1909）．

（注131）　EVANS, *supra* note 117, at 17の数字とは違いがある。

（注132）　表＝Ⅴ・1807年: ch. 101 [An Act to incorporate the Essex Turnpike Road Company, Act of Apr. 3, 1807, N.Y. Laws, 30th sess., ch. 101] 参照。

（注133）　An Act to incorporate a Company for making a Turnpike Road from New-Platz, westward, and for other Purposes, Act of Apr. 7, 1807, N.Y. Laws, 30th sess., ch. 175; Fred Freedland, *Merger and Consolidation of New York Business Corporations: History of Enabling Legislation, 1776–1956*, 25 FORDHAM L. REV. 672, 682n.37（1956-57）．なお，合併のさらに古い事例として，DODD, *supra* note 60, at 206 n.32は，Merrimack銀行とNewbury Port銀行との合併（1805年）を挙げている。

（注134）　2 DAVIS, *supra* note 6, at 186は，金融会社に次いで最も成功したのが有料橋会社であった旨を述べており，また，GEORGE R. TAYLOR, THE TRANSPORTATION REVOLUTION, 1815–1860, at 29（1951, reprint 1968）は，ターンパイク会社と違い，かなりの有料橋会社が儲かる事業（profitable venture）であった旨を述べている。

なお，ニュー・ヨーク州のターンパイク会社のunprofitabilityについて，Klein & Majewski, *supra* note 120, at 499–500, 505–506; Albert Fishlow, *Internal Transportation in the Nineteenth and Early Twentieth Centuries, in* 2 THE CAMBRIDGE ECONOMIC HISTORY OF THE UNITED STATES 550–52（STANLEY L. ENGERMAN & ROBERT E. GALLMAN, eds., 2000）を参照されたい。

（注135）　表＝Ⅵ⑧§20; ⑨§79; ⑫§12; ⑮§11。

（注136）　表＝Ⅵ②⑥⑦⑨⑩⑲㉔〜㉗㉚。

（注137）　2 DAVIS, *supra* note 6 , at 247.

（注138）　An Act to enable the corporation of the city of Albany, to supply the said city with water by means of conduits, Act of Mar. 11, 1796, N.Y. Laws, 19th sess., ch. 26.

（注139） HENDRIK HARTOG, PUBLIC PROPERTY AND PRIVATE POWER 149 (1983); ERNEST S. GRIFFITH & CHARLES R. ADRIAN, A HISTORY OF AMERICAN CITY GOVERNMENT: THE FORMATION OF TRADITIONS, 1775-1870, at 72-73 (1938, reprint 1983).

（注140） N.Y. Laws, 1802, ch. 7; 1803, ch. 63; 1804, ch. 72; 1806, chs. 34, 36; 1807, ch. 109; 1810, ch. 73.

（注141） 2 DAVIS, *supra* note 6, at 323-24.

（注142） 本文に示した事業会社数は，筆者が実際に入手できた設立法の調査結果に基づく数字であり，EVANS, *supra* note 117, at 17 の数字とは違いがある。

（注143） CADMAN, *supra* note 88, at 73 n.178.

（注144） 北沢正啓＝平出慶道訳・アメリカ模範会社法36頁（1988年）。

（注145） 2 DAVIS, *supra* note 6, at 317. また，制定法によって，法人の構成員（株主）が法人の債務につき責任を負う旨が定められていない限り，株主は責任を負わないのがコモン・ローの法準則である，と指摘されることが多い。この点につき，SEYMOUR D. THOMPSON, A TREATISE ON THE LIABILITY OF STOCKHOLDERS IN CORPORATIONS 11 (1879, reprint 1983)。

（注146） DODD, *supra* note 60, at 368-69; Philip I. Blumberg, *Limited Liability and Corporate Groups*, 11 J. CORP. L. 592 (1986).

（注147） 1830年前に，制定法の規定を欠く場合に社員がいかなる責任を負ったかについては，DODD, *supra* note 60, at 84-93 を参照されたい。

（注148） CADMAN, *supra* note 88, at 39-41.

（注149） Blumberg, *supra* note 146, at 588 n.84. なお，HURST, *supra* note 2, at 28 は，1810年から1860年までの時期に，有限責任が会社設立の誘因となったかどうかは疑問である旨を述べている。

（注150） New York Packet, Mar. 1, 1784. また，本章2節【1】Aで述べた土地銀行（The Bank of the State of New York）の設立計画（proposal）art. 13 も，本文の規定と同趣旨のものを提示している（New York Packet, Feb. 12, 1814）。

（注151） 3 THE PAPERS OF ALEXANDER HAMILTON 517 (HAROLD C. SYRETT ed., 1962); DOMETT, *supra* note 13, at 11-15.

（注152） *Id.* at 18-19.

（注153） New York Packet, Oct. 1, 1789; DOMETT, *supra* note 13, at 32.

（注154） DODD, *supra* note 60, at 206 [n.33]. なお，同州における1811年以後の銀行会社株主の責任については，id. at 206-208 参照。

（注155） Md. Laws, 1790, ch. 5, §12; Md. Laws, 1793, ch. 30, §13. なお，上

第 1 章　ニュー・ヨーク州事業会社法の草創期（1790 年～1810 年）

記 Md. Laws, 1790, ch. 5（§ 6）は特異な規定であり，社長および 12 名の取締役およびその承継人は "The President and Directors of the Bank of Maryland" という名によって法人となり法人を構成する旨が定められている。これはいわば trustees たる取締役が法人を構成するのであり，このような法人は trustee corporations と呼ばれる（Paul G. Kauper & Stephen C. Ellis, *Religious Corporation and the Law*, 71 MICH. L. REV. 1500, 1511-14 ［1978］）。また，ヴァージニア州においても同様の法人形態がみられる（Va. Laws, 1788, ch. 43 ［§ 5］; Va. Laws, 1789, ch. 55 ［§ 9］; Va. Laws, 1795, ch. 35 ［§ 2］ ch. 37 ［§ 6］）。

（注 156）Md. Laws, 1804, ch. 61（§ 7）. これと同一の規定が次の 4 つの設立法にもみられる。① Md. Laws, 1806, ch. 19（§ 5）; ② Md. Laws, 1807, ch. 26（§ 6）; ③ Md. Laws, 1810, ch. 51（§ 7）; ④ Md. Laws, 1810, ch. 67（§ 5）なお，本文に引用した規定のうち，「株主は自らの身体でもって（in his person）責任を負わない」という表現は，当時のアメリカにおいて一般的に認められていた債務者拘禁（imprisonment for debt）制度を前提とするといってよいのであろうか。

（注 157）JOSEPH G. BLANDI, MARYLAND BUSINESS CORPORATIONS, 1783-1852, at 42（1934）.

（注 158）*Id*. at 44. なお，ALFRED C. BRYAN, HISTORY of STATE BANKING in MARYLAND 30（1899）によれば，1811 年以後，メアリーランド州は銀行会社に対する出資を止めている。

（注 159）R.I. Laws, Oct. 1791, pp. 11-17.

（注 160）残り 13 の設立法については，FENSTERMAKER, *supra* note 7, at 174 を参照されたい。

（注 161）Va. Laws, 1792, chs. 76, 77.

（注 162）銀行会社の社員の責任規定が定められることは少なかったが，事実上，アメリカの投資家たちが個人的責任に曝されることは稀であった。破綻した銀行の債権者たちが株主の個人的資産に対する訴訟手続によりその損失の一部なりとも回復に成功したことは，実際にはなかったといわれている。以上につき, A. Glenn Crothers, *Banks and Economic Development in Post-Revolutionary Northern Virginia, 1790-1812*, 71 BUS. HIST. REV. 1, 34 n.69（1999）; PERKINS, *supra* note 41, at 116-17, 373-76 を参照されたい。

（注 163）BLANDI, *supra* note 157, at 49 nn.32, 33.　ⓐ Md. Laws, 1795, ch. 60; 1804, chs. 41, 60, 77. ⓑ Md. Laws, 1787, Apr. sess., ch. 20; 1791, ch. 69; 1807, ch.68.

（注 164）Md. Laws, 1804, ch. 60, § 9.

(注165) ①The New Haven Insurance Company 設立法（Conn. Acts and Laws, Oct. sess. 1797, pp. 477-80）; ②The Norwich Marine Insurance Company 設立法§9（Act of May 1803, 1 PRIVATE LAWS OF CONNECTICUT, 1789-1836, at 685（1837）; ③The Hartford Insurance Company 設立法§7（Conn. Acts and Laws, Oct. sess. 1803, pp. 650-53）; ④The Middletown Insurance Company 設立法§9（Conn. Acts and Laws, Oct. sess. 1803, pp. 653-57）; ⑤The Union Insurance Company, at New-London 設立法§7 （Conn. Acts and Laws, Oct. sess. 1805, pp. 709-12）; ⑥The Hartford Fire Insurance Company 設立法§9（Conn. Acts and Laws, May sess. 1810, pp. 25-28）.

(注166) ①The Newport Insurance Company 設立法（R.I. Laws, Feb. 1799, pp. 13-17）; ②The Warren Insurance Company 設立法（R.I. Laws, Feb. 1800, pp. 12-16）; ③The Bristol Insurance Company 設立法（R.I. Laws, Feb. 1800, pp. 20-24）; ④The Mount-Hope Insurance Company 設立法（R.I. Laws, June 1805, pp. 16-20）; ⑤The Union Insurance Company 設立法 （R.I. Laws, Oct. 1807, pp. 14-19）.

(注167) R.I. Acts, Feb. 1799, pp. 3-7.

(注168) ①The Washington Insurance Company in Providence 設立法§9（R.I. Laws, Feb. 1800, pp. 17-19）; ②The Rhode-Island Insurance Company 設立法§4（R.I. Laws, Oct. 1803, pp. 13-18）; ③The Marine Insurance Company in Providence 設立法§9（R.I. Laws, Oct. 1807, pp. 11-14）.

(注169) Va. Laws, 1798, ch. 20. 他の2つの設立法は，The Marine Insurance Company of Norfolk 設立法§6（Va. Laws, 1802-1803, ch. 40）および The Virginia Insurance Company 設立法§6（Va. Laws, 1805, ch. 22）であり，最初の設立法と同一の責任規定を定めている。

(注170) DODD, *supra* note 60, at 225.

(注171) Act of Jan. 7, 1809, Va. Acts, 1808-1809, ch. 46.

(注172) Act of Jan. 7, 1809, Va. Acts, 1808-1809, ch. 56

(注173) Act of Jan.7, 1810, Md. Laws, 1809, ch. 163.

(注174) Act of Dec. 22, 1808, Md. Laws, 1808, ch.49.

(注175) DODD, *supra* note 60, at 373-77, 396-97. なお，マサチューセッツ州の1809年 The Manufacturing Corporation Act につき，**序章**（注5）を参照されたい。

(注176) Conn. Acts and Laws, Oct. sess. 1810, ch. 1.

(注177) ①The Director, Inspectors and Company of the Connecticut Silk Manufacturers 設立法（Act of Jan. 1789, 6 THE PUBLIC RECORDS OF THE STATE OF CONNECTICUT 519 [1945]）; ②The Humphreysville Manufacturing Company 設

第1章　ニュー・ヨーク州事業会社法の草創期（1790年〜1810年）

立法（Conn. Acts and Laws, May sess. 1810, ch. 1）

（注178）　Dodd, *supra* note 60, at 409.

（注179）　The Middlebury Manufacturing Company 設立法（Vt. Laws, 1807, ch. 104）; The Hartford Manufacturing Company 設立法（Vt. Laws, 1807, ch. 105）; The Bradford Manufacturing Company 設立法（Vt. Laws, 1807, ch. 123）; Vt. Laws 1808, ch. 56; Vt. Laws 1809, chs. 41, 50, 51, 121; Vt. Laws 1810, chs. 40, 41, 48, 60, 81, 95.

（注180）　Bryan, *supra* note 158, at 30-31.

（注181）　An Act to enable the Governor of this commonwealth to incorporate a company, for opening a canal and lock-navigation between the Rivers Schuylkill and Susquehanna, by the Waters of Tulpehoocon, Quittapahiila and Swatara, in the counties of Berks and Dauphin（Act of Sep. 29, 1791, Pa. Laws, 1791, ch. 68）.

（注182）　Act of Mar. 2, 1793, Pa. Laws, 1792-93, ch. 144; Act of Mar. 14, 1805, Pa. Laws, 1804-05, ch. 43.

（注183）　3 William R. Scott, The Constitution and Finance of English, Scottish and Irish Joint-Stock Companies to 1720, at 205（1912, reprint 1968）; William J. Lawson, The History of Banking: With a Comprehensive Account of the Origin, Rise, and Progress, of the Banks of England, Ireland, and Scotland 450（1850）; 星川長七・英国会社法序説181頁（1960年）参照。なお、イギリスの法人設立方式については、H.A. Shannon, *The Coming of General Limited Liability*, 2 Econ. Hist. 267（1931）参照。

（注184）　Cadman, *supra* note 88, at 12, nn.33, 34.

（注185）　*Id.* at 3-5.

（注186）　Va. Laws, 1784, ch. 58（§3）, ch. 82（§3）; Va. Laws, 1787, ch. 13（§3）;

（注187）　N.C. Laws, 1790, ch. 26（§2）; N.C. Laws, 1795, ch. 23（§2）（ただし、資本額の3分の2以上が引き受けられたとき）; N.C. Laws, 1796, ch. 13（§2）（ただし、株式総数800株［1株100ドル］のうち266株が引き受けられたとき）, ch. 20（§2）, ch. 21（§2）, ch. 23（§2）, ch. 34（§2）; N.C. Laws, 1798, ch. 40（§2）. なお、Md. Laws, 1784, ch. 33（§3）も同旨の規定である。

（注188）　Morawetz, *supra* note 34, at 36.

（注189）　Blandi, *supra* note 157, at 65; N.S.B. Gras, The Massachusetts First National Bank of Boston, 1784-1934, at 223（1937）.

（注190）　2 Davis, *supra* note 6, at 324.

110

(注191) 同州銀行会社法は，The General Statute of Massachusetts, 1861, tit. XIV, ch. 57, §33により，1株については1議決権を与えるが，2株目以上については，10票を上限として，2株毎に1議決権を与えており，この方式は逓減制といえるであろう。なお，同州の銀行会社法がいつの時点で1株1議決権の原則を確立したかは不明である。

(注192) 本文の説明は，1799年以後のマサチューセッツ州保険会社設立法の調査による。なお，本章の時代以降における同州の保険会社法については，The Revised Statutes of Massachusetts, 1836, ch. 37, §5は，30票を上限として，1株につき1議決権を定めており，また，The General Statute of Massachusetts, 1861, tit. XIV, ch. 58, §27は上限を削除して1株1議決権の定めを設けている。

(注193) Act of Feb. 21, 1799, Mass. Laws, 1796-1802, ch. 26, pp. 263-66 (§4).

(注194) Conn. Acts and Laws, Oct. 1795, pp. 506-09 [§2 (3)].

(注195) ①The Norwich Marine Insurance Company, Conn. Pub. Stat. Law, 1803, Book 1, ch. 4; ②The Hartford Insurance Company, Conn. Acts & Laws, Oct. 1803, pp. 650-53; ③The Middle Town Insurance Company, Conn. Acts & Laws, Oct. 1803, pp. 653-57.

(注196) DONALD KEHL, CORPORATE DIVIDEND 154 n.2 (1941) によれば，次の諸法は利益配当を宣言する権限が総会に属すると定めている。①Aqueduct Company of the Town of Durham, Act of Oct. 1798, 1 Private Laws of Connecticut, 1789-1836, at 42 (1837), ②The Proprietors of the Newbury-Port Woollen Manufactory, Act of Jan. 29, 1794, Mass. Acts and Laws, 1789-96, ch. 1, pp. 337-341 (§6), ③Greenwich Turnpike Company, R.I. Laws, Feb. sess. 1803, p. 20 (§13). なお，イギリスにおける利益配当の権限については，大隅健一郎・株式会社法変遷論（新版）43-44頁（1987年）参照。

(注197) 本節の時代に制定された13の製造工業会社設立法のうち，8つが永久存続の定めを設けており，残りのうちの1つは10年の存続期間を定め，4つは存続期間の定めを欠如している。以上は，7 LAWS OF NEW HAMPSHIRE 440-41, 446-47, 586, 639-41, 733-35, 750-52, 802-05, 858-60, 864-65, 875-77, 881-84 (1918) をチェックした結果である。

(注198) 大隅・前掲（注196）43頁。

(注199) HAMMOND, *supra* note 8, at 129.

(注200) An Act to incorporate the subscribers to the Bank of the United States, Act of Feb. 25, 1791, 1 Stat. 191. なお，同設立法§7については，小山・前掲（注27）59頁以下を参照されたい。

第1章　ニュー・ヨーク州事業会社法の草創期（1790年～1810年）

（注201）　JOHN T. HOLDSWORTH, THE FIRST BANK OF THE UNITED STATES 133-35 (1910).

（注202）　Md. Laws, 1795, ch. 27［§12］のほか，前掲（注156）の諸法参照。

（注203）　The Bank of Pennsylvania 設立法 §7（Pa. Laws, 1792-93, ch. 147）およびマサチューセッツ州の The Union Bank 設立法 §4（Act of June 22, 1792, Mass. Laws 1789-96, ch. 6, pp. 199-203），The Nantucket Bank 設立法 §3（Act of Feb. 27, 1795, Mass. Laws 1789-96, ch. 33, pp. 467-71），The Merrimack Bank 設立法 §3（Act of June 25, 1795, Mass. Laws 1789-96, ch. 22, pp. 510-13）参照。

（注204）　前掲（注159～160, 166～168）参照。

第 2 章　1811 年製造工業会社法の制定から 1845 年まで

第 1 節　序

　本章の事業会社法もその基本的な仕組みにおいては前章のそれと変わりがないといえよう。1811 年製造工業会社法（本章 2 節参照）と 1838 年自由銀行法（本章 7 節参照）とを別にすれば，この時代の事業会社法は，全般的に特許主義の下において展開されたのである。したがって，本章でも特許主義下の事業会社法の検討が大きな比重を占めており，1827／28 年法（The Revised Statutes）（本章 4 節参照）の施行を境として，前後 2 つの時期（3・5 節）に区分したうえ，特許主義下の事業会社法の変遷を辿ることが便宜であろう。また，鉄道会社の出現はアメリカ事業会社法の歴史において格別の注目を集める現象であり，鉄道会社法の形成期は基本的に本章 5 節の時代に含まれるが，別の節（6 節）を設けることにする。

　本章 5 節以後の時代は，アメリカ史において，ジャクソニアン・デモクラシーの時代と呼ばれる時期とほぼ重なっており，1846 年ニュー・ヨーク州憲法会議はジャクソニアン・デモクラシーの終結を意味すると説かれている。1821 年と 1846 年に，2 つの同州憲法会議が開催され，この間に 4 半世紀が経過しており，この期間を経過するに伴って，ホイッグズとデモクラッツの差異は縮まっていた。後者は，事業会社（corporation）を含めた新しい経済秩序をしぶしぶ受け入れ，前者は政治的民主主義（political democracy）の現実に譲歩したのである[注1]。なお，事業会社に対するホイッグズとデモクラッツの考えの違いをニュー・ヨーク州に即して整理してみることは，今後に残された興味深い課題であろう。

　また，1815 年から 1860 年までの時代を経済的観点からみたとき，法人（事業会社）の出現（the emergence of corporations）は，産業化の開始や工場制度の出現などとともにその時代の特色を表現するための重要な要素となる

第2章　1811年製造工業会社法の制定から1845年まで

と説かれている(注2)。

第2節　1811年製造工業会社法の制定
――製造工業会社の設立に関する準則主義の出現――

【1】　1811年法制定の背景

　ニュー・ヨーク州の1811年製造工業会社法(以下1811年法と呼ぶ)は,製造工業会社に関する限りにおいては,アメリカ合衆国で最初に設立準則主義を採用したのであり(注3),また,同法は製造工業の発展を促進するために制定されたといえよう(注4)。そこで,まず同法制定の背景を探ってみることにしたい。

　1809年は,ニュー・ヨーク州の製造工業会社の歴史において,1つの時期を画するといえる。同州は,1790年から1808年までに3つの製造工業会社設立法を制定したのみであった。これに対し,1809年だけで9つの製造工業会社が個別法律によって設立されており(注5),その後急速に製造工業会社が設立されるようになる。爾後の製造工業会社の年間設立数は,1810年―15,1811年―24,1812年―15,1813年―33という具合に漸増し,1814年には1つのピーク(46)に達している(注6)。

　このように1809年から1814年にかけて製造工業会社の設立数が急増する原因は,一般的にいえば,アメリカ経済史において周知のとおり,1807年12月の出港停止法(Embargo Act)の成立から1812年戦争の終結(1814年12月)に至るまでの貿易制限の影響によるものといえよう(注7)。この時期の製造工業の発達について,ある経済史家は,「この貿易制限および戦争[1812年戦争]は,ナポレオン戦争に伴う貿易・海運業の黄金時代に終止符をうち,国内工業(特に木綿工業)の発展を促進した。すなわち,それは,一方では貿易の衰退により従来の貿易・海運業の資本を工業に転化させる契機をつくるとともに,他方において工業製品の国内自給の必要性をよび起こし,輸入の減少=杜絶という事実上の保護貿易の下で『幼稚工業』の生長を助長したからである」と述べている(注8)。

第 2 節　1811 年製造工業会社法の制定

　ニュー・ヨーク州の経済が Embargo による外国貿易の停止のため重大な影響を受けたことはいうまでもない。その影響は，短期的には経済危機・不況として現われ，長期的には製造工業の発展の基礎が置かれたという点にみられる[注9]。Embargo によって外国からの工業製品に不足が生じ，そのため従来の輸入品に代わる国内の工業製品（特に繊維および鉄鋼）の製造へと関心が向けられた。ニュー・ヨーク州知事 Tompkins は，1808 年 1 月の州議会に対するメッセージにおいて，次のように述べている[注10]。

　「農業，製造工業および商業の改善は，いつでも，いかなる事情の下でも，公正で賢明な政府の注目を引くものであり，またその努力を要求するものである。しかし，外国貿易が殆どすべて切断されており，そしてやがて戦闘が開始される可能性がなくはない時であるから，自給の手段を増大し，かつ人間生活の維持と安楽に役立つ技術を奨励するために，われわれに可能なあらゆる方策を施し，また国内通信を便宜化し，わが国の企業精神を活発化することがわれわれの現在の状況においては特に重要である。」

　同知事は，2 年後の 1810 年のメッセージにおいても，「……農業および製造工業の改善・拡大のために普段以上の能率があげられたことを皆さんに御報告できるのは私の満足とするところである。貸付金や奨励金によって議会が州内の製造工業に対して与えた寛大な保護からは，最も有益な結果が生じている……」と述べている[注11]。さらに，同知事は，1811 年にも，製造工業の保護・奨励が州および国を真に独立させるための唯一の手段である旨を述べている[注12]。

　1812 年戦争前後の困難な時代に，若干の州政府は製造工業会社を設立することが愛国心（patriotism）の要請である，という考えを抱いていたといわれるが[注13]，上述のニュー・ヨーク州政府の場合はその一例であったといえよう。同州では，1809 年から 1815 年の間に，製造工業会社の設立数（165 ＝ 1811 年法に基づく事業会社も含む）がその他の公益事業的性質の会社設立数（164）を上廻ったのである。このような現象は，南北戦争前のアメリカにおいては唯一のものであったといわれており[注14]，製造工業は，私的性格よりむしろ準公共的性格を付与され，第 1 章 4 節【1】で述べたように州から種々の奨励策を施されていたといえよう。

第2章 1811年製造工業会社法の制定から1845年まで

　以上のような事情を背景にして，1811年法は，製造工業の発展を促進するために制定されたと説かれており，おそらく本法は世界で最初に製造工業会社の設立に関する準則主義を採用したものであろう。しかし，本法に言及する文献は枚挙にいとまがないほどではあるが^(注15)、それらの文献によって本法制定の経過が具体的に明らかにされているわけではない。本法がいかなる経緯を辿って州議会に提案され，いかなる議論を経て成立したかという点は依然明らかではない。以下では，州議会の議事録から知り得る審議の日程だけを記すにとどまる^(注16)。

　この法律に関する最初の提案がなされたのは，1811年2月23日，同州議会の下院においてであった。同日，"An act relative to incorporations for manufacturing purposes" という法案が Daniel Cady によって提案され，第1読会および第2読会を経て，同法案は下院のある委員会へ付託された。その後，3月1日に，同委員会および下院の審議を経て，同法案は下院を通過する。同日，同法案を送付された上院は，第1読会を終え，同法案を上院のある委員会へ付託している。3月8日，上院が同法案の第2読会を終了した後，委員会において1つの修正がなされ，その修正に対して上院が同意を与える。翌9日に，この修正案は，第3読会を経て上院を通過する。同日，同修正法案は下院に送付され，下院もそれを承認し，3月22日，同法案は，The Council of Revision の承認を経て成立するに至った^(注17)。

　上述の議事録からはこれ以上詳細な経過を知ることはできないが，過去の多数の文献は，殆どこの議事録に言及していない^(注18)。しかしながら，1811年法制定の具体的な経過を知りたい者にとっては，この議事録は語るところが余りにも僅かであり，この議事録からいかなる議論が州議会で行なわれたかを読みとることは不可能である。この議事録の索引は，個別法律に基づいて設立された事業会社については多くの事項を挙げているのに対し，1811年法については何らの項目も挙げていない。本法制定当時の人々は，この法律にあまり注目しなかったのではなかろうか。

　本法制定の具体的な経過をこれ以上詳細に解明することは困難であるが，本節【1】で述べた本法制定の一般的背景の他に，本法制定の背後にあって，恐らく本法の成立に何らかの影響を与えたであろうと思われる若干の事情を

第 2 節　1811 年製造工業会社法の制定

指摘することは可能である。

　このような事情の 1 つとして，1780 年代以後，宗教・大学・図書館・医療などを目的とする法人の設立に関する一般法律（準則制法人法）（general incorporation laws）が数多く制定された事実を指摘できるであろう。これらの法律は，いわゆる公益法人の設立に関する準則主義を採用したものである。1597 年に，イギリスで病院・貧救院（house of correction）の設立について準則主義が採用されたことがあるが，その後においては，1784 年に，ニュー・ヨーク州で宗教法人の設立に関する準則主義が採用されたのが世界で最初であるといわれている[注 19]。同州は，引き続いて，大学およびアカデミー（1787 年），図書館（1796 年），医師協会（1806 年）の設立に関する準則主義を採用しており[注 20]，他の州においても，同じ時期に，宗教・教育・慈善を目的とする法人の設立に関する準則主義を採用した例はしばしばみられる[注 21]。かかる事情は，事業会社の活動に関する好意的な世論を生じさせ，事業会社の設立に関する準則主義立法（準則制事業会社法）の成立を容易にするための地ならしとしての働きをしたと推測される[注 22]。

　1811 年法の成立に何らかの影響を与えたであろうと考えられるもう 1 つの事情は，製造工業会社を設立するために，1790 年以降制定された諸個別法律の存在である。これらの設立法を検討してみて気付くことは，これら諸法の諸規定の中に，1811 年法の殆どの規定が既に見受けられることである。この点については，本節【2】において，1811 年法の内容を検討する際に言及したい。

　要するに，この法律の画期的意義は，所定の定款を州務長官に届け出ることによって事業会社を設立できるとしたところにあるといえよう。ただし，既述のように，このいわゆる準則主義がどこに由来するかにつき具体的・実証的に確定することは現在のところ極めて困難であり，第 1 章 6 節【2】を参照されたい。

　ところで，ニュー・ヨーク州製造工業会社法においては，その特許主義と準則主義の経験がほぼ並行して開始されたといえよう。第 1 章で述べたとおり，同州の製造工業会社は 1809 年に急増し始めたのであり，このような背景の下で 1811 年法が成立したのである。1806 年以前にも 3 つの製造工業会

117

第2章　1811年製造工業会社法の制定から1845年まで

社が設立されてはいたが，実際には1809年以後の経験が重要な意味をもったであろう。1809年以後2年あまりの特許主義の経験を経て，1811年法に基づく設立準則主義が出現したわけであり，このような製造工業会社法の歴史はニュー・ヨーク州に特有のものであろう。

【2】　1811年法の内容とその推移

A　1811年法の内容　1811年法は全文8カ条から成り，同法§1は次のように定めている。

「上院および下院において代表されるニュー・ヨーク州人民は，以下の如く定める。今後5年以内のいつでも，羊毛・綿・リンネル製品の製造，ガラスの製造または鉱石から棒鉄・錨・mill-irons・鋼・釘桿・輪鉄（hoop-iron）・鋳物・銅板・鉛板・鉛白・赤鉛の製造を目的として，ある会社を設立しようとする5人以上の者は，高位裁判所の1裁判官・民訴裁判所の1裁判官またはエクイティ裁判所主事の面前において，定款（a certificate）を作成・署名・確認して，当州の州務長官の事務所にそれを提出することができる。ただし，その定款には，当該会社の名称・会社が設立される目的・当該会社の資本の額・資本（stock）を構成する株式（shares）の数・最初の年に当該会社の事業を経営する取締役の員数および氏名ならびに当該会社の製造業活動が遂行される町（town）およびカウンティの名称が記載されなければならない。」

上述のような所定の定款が州務長官に提出されたとき，法人たる会社が成立し，当時一般に法人の権能として認められていたと同様の権能が認められた。ただし，会社の存続期間は20年に限られる（§2）。

英米法における会社設立は，いわゆる創立主義の立場をとるといわれており[注23]，上述の設立手続はアメリカで最も初期に創立主義を採用した1つの事例といえるのであろうか。

会社の経営は取締役（trustees）に委ねられ，その員数は9名を超えてはならず，その資格として株主たることが要求された。取締役の選任の際に，株主は議決権の代理行使を認められ，また，1株1議決権の原則が採用され

た（§3）。会社の資本はその最高限度額が10万ドルであり，取締役が引き受けられた株式全額の払込請求をすることは適法であり，その適切であると考える時と割合において請求することができる（§5）。

取締役は，会社の資本・財産の管理・処分，会社に雇われる役員・職人・使用人の義務，取締役の選任および会社の事業に係わるすべての問題について，適切な業務規則（by- laws, rules and regulations）を定める権限を有し，また，合理的な賃金でもって役員・書記・使用人を雇う権限を有する（§6）。株式は人的財産（personal estate）とみなされ，会社の業務規則の定める方法に従って譲渡できる。また，会社の解散の際には，会社の負っているすべての債務について，株主はその有する株式（株金額）の限度においてのみ個人的に責任を負う。さらに，会社の資金は，定款の目的以外のために使用することができない（§7）。

以上に，1811年法の内容を要点的に紹介したが，いわゆる準則主義につき定める同法§1およびその関連規定たる§8以外の殆どの規定は，先に指摘したように，1790年以来制定された製造工業会社設立法の諸規定中に既に見受けられる。このような設立法の数は，1811年法制定の日までに36に達している[注24]。特に1809年以後に制定された33の設立法は，パターン化が目立っており，それらの随所に同一または類似の規定が設けられている。そして，これらの設立法においてパターン化された諸規定の集成ともいうべきものが1811年法の内容として取り入れられたといえよう[注25]。

この点について，しばしば言及される株主の責任に関する規定（§7）を取り上げ，以下に具体的に検討してみることにしたい。この規定はいわゆる2倍責任を定めたものであり，会社解散の際に，株主は，その有する株式の株金額全額につき払込済みであっても，会社債権者に対し持株の株金額に相当する額を支払う個人的責任を負うわけである[注26]。ところで，1811年法制定以前に成立した37の諸設立法はそのすべてが株主の責任に関する規定を設けていたのではなく，筆者が調査した限りでは，2倍責任規定を定めたのは18の設立法に限られている。そのうち，制定の日付が最も古いのは，1809年2月24日に制定されたThe Columbia Manufacturing Society設立法（表＝Ⅲ⑥）であり，同法§7は次のような文言を含んでいる（以下の規定の

第 2 章　1811 年製造工業会社法の制定から 1845 年まで

翻訳については，第 1 章 3 節【1】§ 13 参照）。

… for all debts which shall be due and owing by the said company, the persons composing the said corporation, at the time of its dissolution, shall be responsible in their individual and private capacity, to the extent of their respective shares, and no further …

　その後 1811 年法制定前に制定された 16 の設立法は上記の文言と全く同一の文言を用いており，それが 1811 年法§ 8 に受け継がれたことは間違いないであろう(注27)。ただし，上記のような文言を含む規定がもともとどこに由来するかという点は明らかではない（第 1 章 6 節【1】A 参照）。なお，1811 年法のその他の規定，例えば，会社の権能に関する§ 2，取締役の選任に関する§ 3，取締役の権限に関する§ 5 などは，それらの諸規定と同一または類似の規定が，それ以前の殆どの設立法中にみられる。

　以上に検討したとおり，1811 年法は，事業会社の設立に関する準則主義を採用した点では画期的であったといえる。しかし，その他の諸規定は，それ以前の法規制を特に刷新する内容を有したわけではなく，当時の諸設立法の集成ともいうべきものであったといえよう。

　最後に，1811 年法が資本の上限（最高限度）を 10 万ドルに制限していた点に関連して，次のような興味深い事実がみられる。すなわち，同法に先行した 37 の製造工業会社（1811 年 3 月 22 日以前に成立した諸設立法）のうち，16 社は 10 万ドルを上廻っていた。したがって，資本の規模に限っていえば，1811 年法は当時の製造工業会社の要求を満たし得ない側面を有していたことは否定できないであろう。とはいえ，10 万ドル以下の製造工業会社設立の需要も大きかったのであり，同法の重要性を否定することは難しいといえよう。当時の資本金の規模については，Chandler, Jr. が「1830 年代でさえ，10 万ドル以上の資本構成で 100 人以上の人を雇う企業は極めて稀であり，5 万ドルの資本構成で 50 人を雇う企業は大規模企業だと考えられていた」と述べており(注28)，1811 年法は資本金の上限を 10 万ドルに制限していたが，その存在の意味を充分に認められたのである（製造工業会社の資本の規模については，第 1 章 4 節【2】D・本章 3 節【1】参照）。

　B　1811 年法の推移　　以下では，1811 年法の爾後の変遷について一瞥

第 2 節　1811 年製造工業会社法の制定

する。

　本法は，制定当初 5 年の時限立法とされ，1816 年に一旦失効したが，その直後にその効力が復活し，1817 年 5 月 1 日までその効力が延長されている。1816 年のメッセージにおいて，Tompkins 州知事が製造工業に対する州の保護を唱えたのに答えて，州議会が本法の効力を復活させたのであるといわれている。その後，1818 年のメッセージにおいて De Witt Clinton 州知事が製造工業の保護を訴えたのに答えて，州議会がその当時失効していた 1811 年法の効力を復活させた結果，爾後 5 年間その効力が認められた。そして，1821 年には，本法は無期限にその効力が延長され，結局，1848 年の準則制製造工業会社法の制定までその効力を保ったのである (注 29)。

　また，1811 年法に基づき設立できたのは，既述のような一定の製造工業を目的とする会社に限定されたが，後にその範囲が拡大され，陶器の製造 (1815 年)・ピンまたはビール，エールもしくは黒ビールの製造または鉱石からの鉛の抽出 (1816 年)・特定のカウンティにおける毛皮製造 (1817・1819 年)・製塩 (1821 年。ただし，資本金は 5 万ドル以下) を目的とする会社も設立を認められた (注 30)。

　ところで，1811 年法が制定当初には時限立法とされたことは，本法がもともと一時的目的，おそらく当面の外国貿易の制限という事態に対処する目的のために制定されたことを暗示している。しかし，その後の本法の更新が円滑に行なわれたとはいえないにしても，結局本法が永続的なものとされたのは，その有用性が存したからである。Reubens によれば，本法の魅力は個別法律を成立させるために必要な時間・費用および政治力の行使を省くことができる点にあったのである (注 31)。

　1811 年法は，1811 年から 1848 年までの期間全体を通じて，特許主義に劣ることのないポピュラーな製造工業会社の設立方式を確立していたのであり，製造工業の発展を促進するために初期のニュー・ヨーク州が採用した諸方策のうち，最も重要なものの 1 つであったと考えることができる (注 32)。

　最後に，1811 年法は，オハイオ州の 1812 年事業会社法およびニュー・ジャージー州の 1816 年事業会社法に影響を与えたのであるが (注 33)，これら 2 つの制定法は 1811 年法の焼直しとでもいえるものであったといわれている。

第2章　1811年製造工業会社法の制定から1845年まで

第3節　特許主義の下における事業会社法の展開（その1）
　　　——1811年～1827年——

　本節の時代のニュー・ヨーク州事業会社法は，1811年製造工業会社法により一定の製造工業会社の設立に関する準則主義が出現した点を除けば，前章のその基本的な枠組みと変わりがないといえよう。したがって，この時代においても事業会社の設立に関する特許主義が基本的に行なわれていたのであり，事業会社の種類毎に，特許主義の下における事業会社法の変遷を辿ることが必要である。しかし，この時代の特許主義下の事業会社法については，筆者の研究はまだ不十分であり，その詳細な検討は今後の課題としたい。以下では，製造工業会社法・銀行会社法および保険会社法に絞って，株主の責任や議決権規制など若干の問題につき議論するにとどめたい。なお，公法人（public corporations）と私法人（private corporations）との区別は，本節の時代に，次第に明確化されたと想定されるのであり，事業会社を私法人の代表的存在とみなす時代が漸次到来したといえよう。

　本節の時代（1811年～1827年）に個別法律により設立された事業会社を種類別にみた場合，その数は，製造工業会社—48，鉱業会社—14，銀行会社—34，保険会社—51，運河会社—19，ターンパイク会社—180，有料橋会社—57，水道会社—17，ガス灯会社—5，蒸気船会社—16，フェリー会社—3，その他様々な事業会社—17である。その他様々な事業会社の中には，商業会社—4，ローン会社—4，ドック会社—3，鉄道会社—1などが含まれている。

　以上合計637の事業会社は特許主義の下で設立されたが，その他に1811年法（準則主義）に基づき175の製造工業会社が設立されている。以上の数字の根拠は，Evansの研究によるが[注34]，筆者の調査結果も含まれている。Evansの数に問題がないわけではない。事業会社を分類するとき，どこへ分類するかが微妙な場合に，どのような処理をしたかにつき何も説明がないのみならず，そもそもいかなる設立法を数えたかが不明であるため，Evansの掲げる数字の正確さを検証することが極めて困難である場合もみられる。な

第 3 節　特許主義の下における事業会社法の展開（その 1）

お，以下の事業会社設立法の具体的な分析は，筆者が収集できた資料に基づいており，上述の Evans の研究による数字とは違う場合があることをお断りしておきたい。

【1】　製造工業会社法

　ニュー・ヨーク州は，製造工業の生産高において，1810 年に全米で第 3 位，1814 年に第 2 位であったが，同州の本格的な製造工業の発展・産業化が開始されるのは，エリー運河の開通（1825 年）以後であり[注35]，本節はこのような本格的発展が準備される時期を対象とするといえよう。
　1811 年製造工業会社法は設立準則主義を確立したが，本章の時代においては，同法に基づき設立できる会社と同一の事業目的の会社を特許主義に基づき設立することも可能であったことに注意しなければならない。このような制度は二元的会社設立制度（the dual system of incorporation）と呼ばれる。しかも，同法の定める準則主義の下では，限られた種類の製造工業だけが同法の対象であり，また，資本の最高限度額（10 万ドル）が設けられていたため，特許主義によらなければ設立できない多くの種類の製造工業会社も存在していたのである。
　最初に，本節の時代における製造工業会社の資本の規模につき吟味することにしたい。この時代に設立された製造工業会社の総数は，1811 年法制定以前に成立した 9 つの設立法（表＝Ⅷ㉙〜㊲）を除き，42 である[注36]。なお，以下本項で，例えば単に表⑩と表示する場合に，その表とは表＝Ⅷを意味することとする。
　これらの設立法の中には，資本の額を定めるにつき，会社が保有できる<u>財産および資本の総額</u>を規制する方式（表㊳）も例外的にみられるが，資本の上限（最高限度額）を示す方式または確定額（資本の総額）を明示する方式が一般的である。
　上記 42 の設立法のうち，表㊺の設立法に注目する必要がある。同法により設立される会社は鉄・真鍮製針金の製造および木綿・羊毛の梳刷毛（スキハケ）製造を目的としており，その資本は 120 万ドルであったが，70 万ドル

第 2 章　1811 年製造工業会社法の制定から 1845 年まで

の範囲において銀行業も許容されていた（§11）。そして，同会社は，1817年に，その商号を The Phoenix Bank へと変更しており，銀行史研究の対象として取り上げられることが通常である(注37)。また，表㊾の会社も上述と類似の会社である。この会社の資本は 10 万ドルが上限であり，その事業目的は硫酸・明礬・油などの製造その他あらゆる薬品・塗料・染料の製造であるが，翌年（1824年），その設立法が修正され，それにより銀行業が許容されたのである(注38)。

　以上 2 つの設立法を別にすれば，50 万ドルを資本の上限とする設立法（表㊽㊾㉖）が最高額を定めており，40 万ドルを資本の上限とする設立法（表㊾㊿）が続いている。比較的多くの設立法では，20 万ドルが上限（表㊽㊿㊿㊿）もしくは確定額（表㊿㊿）であり，または 10 万ドルが上限（表㊶㊷㊸㊾㊿㊿㊿㊿）もしくは確定額（表㊿㊿㊿）であり，または 5 万ドル（表㊼㊿㊿㊿㊿）が確定額である。1 万ドル（表㊹㊿）が最低額であり，その他，35 万ドル・25 万ドル・15 万ドル・4 万ドル・3 万ドル・2 万 5000 ドルなど様々の額の資本が定められている。

　なお，鉱業会社の資本の規模をみると，資本を 100 万ドルとする鉱業会社（表㊿）が最高額であり，75 万ドルとする鉱業会社（表㊾）および 70 万ドルを資本の上限とする会社（表㊿）が続いている。以上の限りにおいては，鉱業会社の資本の額が製造工業会社のそれを上回る傾向が強いといえよう。

　上述のように，1811 年準則制製造工業会社法が施行された後も二元的会社設立制度が実施されていたのであるが，1811 年法施行後に特許主義に基づき設立された 42 の製造工業会社の中に，1811 年法に基づいても設立可能な会社が含まれていたかどうかをチェックしてみることにする。上述 42 の設立法のうち，その資本の額が 10 万ドル以下の会社は，全部で 23 社である。これらの設立法は，資本の額に関する限りにおいては 1811 年法の適用範囲内にあるが，その事業目的を同法がカヴァーしていないのであろうか。この点については，次のような 3 つのタイプが存在していたといえよう。ⓐ 1811 年法の適用範囲外の事業を目的とする場合，ⓑ 同法の適用範囲外の事業目的を一部含んでいる場合，ⓒ 同法の適用範囲内の事業を目的としているにもかかわらず個別法律により設立された場合である。上述のような資本の

第 3 節　特許主義の下における事業会社法の展開（その 1）

額が 10 万ドル以下の 23 社のうち，上記ⓐのタイプに属するものは 11 社，ⓑのタイプは 5 社，ⓒのタイプは 7 社（表㊵㊶㊼㊿㊹㊺㊽）である。要するに，23 社中 16 社は結局 1811 年法によってはその設立目的を達成できなかったわけである。これに対して，7 社は 1811 年法に基づき設立できるにもかかわらず，個別法律を求めたのである。そこで，この 7 つの設立法は 1811 年法の諸規定によっては充足できない新規定を設けたのであろうかが疑問となる。筆者の調査の限りでは，上記 7 つの設立法には 1811 年法によってカヴァーできない新規定はみられないであろう。

次に，この時代における製造工業会社社員の責任の態様は，かなりのばらつきがあり，殊に 1825 年州議会は特異な動向を示している。そこで，以下では，この時代における社員の責任規定を吟味してみることにしたい。

まず，本節の時代に設立された製造工業会社（表＝Ⅷ参照）のうち，2 倍責任規定を定める設立法は総数 18 である(注39)。このような 2 倍責任は，第 1 章の時代以来，制定法が定める責任のうち中心的地位を占めてきたのであり，この点は既述のとおりである（第 1 章 3 節【1】・4 節【3】参照）。

また，1811 年に制定された最初の 9 つの設立法は 1811 年製造工業会社法の制定日付以前に制定されている。そのうち表㉟の設立法§8 は，株主が，会社解散時に，そのすべての債務につき，「それぞれの株式に基づき支払うべき限度に比例してのみ」個人的に責任を負うと定めている。また，既に述べたとおり 1811 年法制定直前に制定された 4 つの設立法は，"be responsible in their individual and private capacities to the extent of their respective shares, and no further" という表現を用いており，これがそれ以前から一般的であったが，1811 年法は，これを "be individually responsible to the extent of their respective shares of stock in the said company, and no further" という表現に変えている。ただし，1811 年法制定後も特許主義下の製造工業会社設立法は 1811 年法前の表現を引き続き使用している。さらに，表㊺の設立法§9 は，「解散のとき」という限定をしていない。

以上のような細かい注意点はあるが，本節の製造工業会社法の領域では，株主の 2 倍責任を定める設立法が比較的多いといえよう。また，責任規定を定めていない製造工業会社設立法も全部で 14 に及んでおり(注40)，責任規定

第2章　1811年製造工業会社法の制定から1845年まで

を設けない設立法も珍しくないわけである。

　しかし，1825年から1827年にかけてのニュー・ヨーク州議会は，責任の態様につきそれ以前とは異なる態度を示している。1825年に，同州議会は，8つの製造工業会社設立法を制定しているが，そのうち最初の6つの設立法（表㉛〜㉖）は，次のような共通の責任規定を定めている。

　「……当会社の取締役・社員およびそれぞれの相続人・遺言執行人・遺産管理人は，その者が社員である間に当会社が負担した債務および当会社またはその権限により締結された契約につき，当該取締役・社員等が法人化されていないときまたはその者が joint dealers もしくは co-partners（パートナーシップの構成員）であるときと同様の責任を負う（㉛§12）。」

　この規定は社員（および取締役）に無限責任を負わせているといえよう。なお，残り2つの設立法（表㉞㉘）は責任規定を欠如している。

　また，1826年に，同州議会は，6つの設立法を制定したが，そのうち表㉜は上述と同じ無限責任を定め，表㉝は2倍責任を定めている。他の3つの設立法（表㊲㊵㊶）は，次のような同一規定を設けている。例えば，表㊲の設立法§12は，「……当会社の社員は，当会社が負担したすべての債務の支払いにつき，各社員が保有する株式の名目的金額を限度として，個人の資格において，各自連帯して，責任を負う。また，当会社に対して請求を有する者は，株主を単独または2人以上共同で訴えることができる……」と定めている。

　本書では，1798年の保険会社設立法以後の2倍責任規定につきしばしば言及してきたが，上記規定は従来の通常の2倍責任規定とは異なる表現を用いている。会社の債権者に対する株主の責任は，従来は個別的・個人的責任と定められていたが，上記責任規定は株金額を限度とする連帯的責任であり，「会社解散の際」の責任という文言はない。

　残り1つの設立法（表㊵）§8は，上記（表㊲§12）と同一の責任規定を定め，かつ，2倍責任規定（解散の際の）（§9）も定めており，これは会社の存続中と解散の際の責任を区別して定めたものと解釈できるのであろうか。

　さらに，1827年に制定された4つの製造工業会社設立法（表㊻〜㊾）も上記表㊲§12とほぼ同じ責任規定を定めている。

第3節　特許主義の下における事業会社法の展開（その1）

　同年に，表＝Ⅲ㉖の設立法を修正するための個別法律が成立し(注41)，同修正法§3は上記とほぼ同じ責任規定を設けている。また，同年，表㉙の設立法を延長・更新するための個別法律が成立したが(注42)，同法も上記とほぼ同様である。なお，同法§5は，同修正に反対の株主に対し株式買取請求権に類似する権利を認めており(注43)，この時代の規定としては極めて珍しいものであろう。

　さらに，1827年に，1811年法に基づき設立されたと推定される"The Kinderhook Manufacturing Company"の資本増加（上限10万ドル）を授権するための個別法律が成立しており，同法は上述の1825年の無限責任規定（表㉛～㊱）と同じ規定を定めている(注44)。

　なお，表㊳の設立法§7は，"the persons composing the said corporation, at the time of its dissolution, shall be responsible in their individual and private capacities, <u>to the extent of their proportion of the funds and property of the said corporation</u>"と定めている。下線部分は社員にいわゆる比例責任を認めるのであろうか。

　要するに，1825年ないし1827年のニュー・ヨーク州議会は，製造工業会社の社員の責任につき無限責任を規定する傾向があったといえよう。

【表＝Ⅷ】

製造工業会社（鉱業会社）設立法一覧（1811年～1827年）

　前章の製造工業会社設立法のタイトルを眺めてみると，① An Act to incorporate the Stockholders of the New-York Manufacturing Society, ② An Act to incorporate the President, Directors and Company of the Paper Manufactory, ③ An Act to incorporate the Oneida Manufacturing Company という3つの形式に分かれるであろう。1811年以後の製造工業会社設立法も基本的には前章の時代と同様であり，したがって，以下の一覧表では，設立法のタイトルを省略し，当該製造工業会社の名称だけを示し，そのほかに設立法の成立の日付とそれぞれのsession lawsのchapter番号を示すことにする。なお，冒頭の数字は表＝Ⅲの一覧表の続きであり，㉙～㊲の設立法は，1811年法成立の日付以前に制定されたものである。数字に＊を付したものは，筆者が鉱業会社設立法と判断したものであ

る。

㉙ The Cayuga Manufacturing Company, Act of Feb. 16, 1811, N.Y. Laws, 34th sess., ch. 4.
㉚ The President and Directors of the Oriskany Manufacturing Company, Act of Feb. 16, 1811, N.Y. Laws, 34th sess., ch. 6.
㉛ The Clinton Woollen Manufacturing Society, Act of Feb. 22, 1811, N.Y. Laws, 34th sess., ch. 14.
㉜ The Westchester County Manufacturing Society, Act of Feb. 22, 1811, N.Y. Laws, 34th sess., ch. 17..
㉝ The Somers Manufacturing Society, Act of Feb. 22, 1811, N.Y. Laws, 34th sess., ch. 18.
㉞ The President and Directors of the Bristol Glass, Cotton and Clay Company, Act of Mar. 1, 1811, N.Y. Laws, 34th sess., ch. 32.
㉟ The Jamesville Iron and Woollen Factory, Act of Mar. 8, 1811, N.Y. Laws, 34th sess., ch. 44.
㊱ The President and Directors of the Niagara Glass and Earthen Ware Manufacturing Company, Act of Mar. 22, 1811, N.Y. Laws, 34th sess., ch. 61.
㊲ The New-York Sugar Refining Company, Act of Mar. 22, 1811, N.Y. Laws, 34th sess., ch. 62.
㊳ The Chenango Manufacturing Company, Act of Apr. 3, 1811, N.Y. Laws, 34th sess., ch. 128.
㊴ * The Columbian Lead Mine Company of the State of New-York, Act of Apr. 5, 1811, N.Y. Laws, 34th sess., ch. 162.
㊵ The Cornwall Cotton Manufactory, Act of Apr. 8, 1811, N.Y. Laws, 34th sess., ch. 178.
㊶ The Oldenbarneveld Manufacturing Society, Act of Apr. 9, N.Y. Laws 1811, 34th sess., ch. 195.
㊷ The President, Directors and Company of the Montgomery Manufacturing Society, Act of Apr. 9, 1811, N.Y. Laws, 34th sess., ch. 223
㊸ The President and Directors of the Ulster Lead Mining and Manufacturing Company, Act of June 1, 1812, N.Y. Laws, 35th sess., ch. 65.
㊹ The Dutchess County Slate Company of the State of New-York, Act of June 8, 1812, N.Y. Laws, 35th sess., ch. 82.
㊺ The President and Directors of the New-York Manufacturing Company, Act of June 15, 1812, N.Y. Laws, 35th sess., ch. 167.
㊻ * The New-York Marble Company, Act of June 19, 1812, N.Y. Laws, 35th sess.,

ch. 199.

㊼ The President and Directors of the Onondaga Manufacturing Company, Act of June 19, 1812, N.Y. Laws, 35th sess., ch. 219.

㊽ The Clason Woollen Manufacturing Society, Act of June 19, 1812, N.Y. Laws, 35th sess., ch. 232.

㊾ The President and Directors of the Otsego Card and Wire Factory, Act of Feb. 12, 1813, N.Y. Laws, 36th sess., ch. 25.

㊿ *The Dutchess County Marble Company, Act of Mar. 19, 1813, N.Y. Laws, 36th sess., ch. 67.

(51) The Broome County Manufacturing Company, Act of Apr. 9, 1813, N.Y. Laws, 36th sess., ch. 168.

(52) The Flushing Manufacturing Company, Act of Apr. 10, 1813, N.Y. Laws, 36th sess., ch. 184.

(53) * The Alleghany Coal Company, Act of Apr. 12, 1813, N.Y. Laws, 36th sess., ch. 193.

(54) The President and Directors of the Mining, Smelting and Refining Company, Act of Feb. 25, 1814, N.Y. Laws, 37th sess., ch. 18.

(55) The Sterling Company, Act of Apr. 1, 1814, N.Y. Laws, 37th sess., ch. 76.

(56) * The North American Coal Company, Act of Apr. 6, 1814, N.Y. Laws, 37th sess., ch. 101.

(57) * The New-York Coal Company, Act of Apr. 6, 1814, N.Y. Laws, 37th sess., ch. 102.

この会社は，1835年6月の第1火曜日まで存続期間が認められていたが，1832年にその商号を“The New-York and Tuscarora coal company”へと変更し，1856年までその存続期間が延長されている（N.Y. Laws, 1832, ch. 264）。The New-York Coal Company という商号の会社が1824年にも設立されており（表＝Ⅷ(68)），同一商号の会社がほぼ8年併存したのであろうか。

(58) The Woodstock and Saugerties General Manufacturing and Mining Company, Act of Apr. 6, 1814, N.Y. Laws, 37th sess., ch. 104.

(59) The President and Directors of the New-York Copper Manufactory, Act of Apr. 6, 1814, N.Y. Laws, 37th sess., ch. 113.

(60) The Patent Cloth Manufacturing Company, Act of Apr. 13, 1814, N.Y. Laws, 37th sess., ch. 129.

(61) The New-York Patent Oil Company, Act of Apr. 15, 1814, N.Y. Laws, 37th sess., ch. 187.

(62) The Linen Company, Act of Apr. 18, 1815, N.Y. Laws, 38th sess., ch. 261.

第 2 章　1811 年製造工業会社法の制定から 1845 年まで

㊃　The Utica Sugar Refining Company, Act of Apr. 17, 1816, N.Y. Laws, 39th sess., ch. 217.
㊃　The West-Point Foundery Association, Act of Apr. 15, 1818, N.Y. Laws, 41st sess., ch. 154.
㊅　The Ramapo Manufacturing Company, Act of Feb. 4, 1822, N.Y. Laws, 45th sess., ch. 5.
㊅　The New-York Chemical Manufacturing Company, Act of Feb. 24, 1823, N.Y. Laws, 46th sess., ch. 46.
㊅　The New-York Dying and Printing Establishment, Act of Feb. 27, 1824, N.Y. Laws, 47th sess., ch. 56.
㊅ *　The New-York Coal Company, Act of Apr. 9, 1824, N.Y. Laws, 47th sess., ch. 189.
　　本法と㊇の設立法との関係について，㊇の欄参照。
㊉ *　The Westchester Copper Mine Company, Act of Apr. 12, 1824, N.Y. Laws, 47th sess., ch. 252.
㊆ *　The Peru Iron Company, Act of Nov. 11, 1824, N.Y. Laws, 47th sess.,, ch. 263.
㊆　The Franklin Manufacturing Company of the City of New-York, Act of Apr. 6, 1825, N.Y. Laws, 48th sess., ch. 88.
㊆　The Steam Saw-Mill Association, Act of Apr. 8, 1825, N.Y. Laws, 48th sess., ch. 94.
㊆　 The New-York Laboratory Company, Act of Apr. 9, 1825, N.Y. Laws, 48th sess., ch. 108.
㊆　The Association of the New-York White Lead Works, Act of Apr. 15, 1825, N.Y. Laws, 48th sess., ch. 159.
㊆　The New-York White Lead Manufacturing Company in the Village of Brooklyn, Act of Apr. 15, 1825, N.Y. Laws, 48th sess., ch. 180.
㊆　The Bronx Bleaching and Manufacturing Company, Act of Apr. 20, 1825, N.Y. Laws, 48th sess., ch. 258.
㊆　The Keeseville Manufacturing Company, Act of Apr. 20, 1825, N.Y. Laws, 48th sess., ch. 267.
㊆　The New-York Crown and Cylinder Glass Manufacturing Company, Act of Apr. 21,1825, N.Y. Laws, 48th sess., ch. 299.
㊆　The New-York Crown Glass Manufacturing Company, Act of Mar. 8, 1826, N.Y. Laws, 49th sess., ch. 69.
㊅　The Cohoes Company, Act of Mar. 28, 1826, N.Y. Laws, 49th sess., ch. 90.
㊅ *　The United States Mexican Company, Act of Apr. 11, 1826, N.Y. Laws, 49th

第3節 特許主義の下における事業会社法の展開（その1）

　　　sess., ch.154.
⑧² The Saratoga Manufacturing Company, Act of Apr. 13, 1826, N.Y. Laws, 49th sess., ch. 175.
⑧³ The Dutchess County Iron-Works and Smelting Company, Act of Apr. 13, 1826, N. Y. Laws, 49th sess., ch. 277.
⑧⁴ The Shamrock Manufacturing Company, Act of Apr. 17, 1826, N.Y. Laws, 49th sess., ch. 284.
⑧⁵ The Pleasant Valley Manufacturing and Printing Company of the County of Dutchess, Act of Apr. 18, 1826, N.Y. Laws, 49th sess., ch. 315.
⑧⁶ The Palmyra Manufacturing Company, Act of Mar. 29, 1827, N.Y. Laws, 50th sess., ch. 120.
⑧⁷ The Casadauga Steam-Mill Company, Act of Mar. 30, 1827, N.Y. Laws, 50th sess., ch. 130.
⑧⁸ The Steam-Mill Company of Pultneyville, Act of Apr. 9, 1827, N.Y. Laws, 50th sess., ch. 201.
⑧⁹ The Rosendale Manufacturing Company, Act of Apr. 16, 1827, N.Y. Laws, 50th sess., ch. 295.

【2】　銀行会社法

　18世紀末以降，銀行問題は，ニュー・ヨーク州の政治において重要問題となり，1830年代末に至るまで党派争いの的であったといわれている。そこで，まず本節の時代におけるニュー・ヨーク州の銀行制度の変遷につき一瞥することにしたい。

　コモン・ローにおいては，個人も銀行業を営む権利が認められたが，1804年・1813年の銀行立法によって，法人格なき団体（association）は銀行業を禁止され，さらに，1818年に，法人格なき団体のほか個人も銀行業を一切禁止されるに至ったと説かれている(注45)。これらの法律（The Restraining Lawsと呼ばれる）は，新たな競争を回避したいという既存銀行の欲求に応ずるものであったといわれており(注46)，その結果，銀行業を営み得るのは，州議会の個別法律により設立された銀行会社（州法銀行）に限られることになった。これによって銀行会社と州議会を支配する政党との間における緊密な繋がりが一層顕著になったと一般にみなされたのである。

131

第2章　1811年製造工業会社法の制定から1845年まで

　1821年に，ニュー・ヨーク州憲法が改正され，法人を設立するための個別法律（設立法）を通過させるためには，州議会各院の総議員の3分の2の賛成を要する旨の規定が設けられた(注47)。この州憲法上の規定は，法人一般がその適用対象ではあるが，同規定の直接の狙いは，銀行会社設立法の制定をめぐる議員等の政治的腐敗を防止することにあったと説かれている(注48)。ただ，この規定を提案した委員会が次のように述べていた点は注意されるべきであろう。「……当委員会は法人の増加を悪とみなしてきた。」「……コモン・ローが諸独占（monopolies）を嫌悪したことは，最も理解の浅い法律学の読者でさえも知っている法理であった。われわれは，法人を増加させるべきではなく，既得権の維持と矛盾しない限り，できるだけ法人を減少させるべきである(注49)。」

　以上のように，銀行会社の設立を制限しようとする諸法が制定されたが，1811年から1821年までに，22の銀行会社設立法が制定されている（表＝Ⅸ参照）。また，上述の1821年州憲法の規定は，実際には，既存の銀行会社の特権的地位を強化するものであり，銀行会社設立法の制定をめぐるスキャンダルを一層大規模なものとする結果を生ぜしめたといわれている(注50)。ただ，この州憲法の規定によって，銀行会社の設立が特に厳しく制限されたわけではなく，この規定が施行された後の1823年から25年までの3年間に，5つの銀行会社設立法が制定されている（表＝Ⅸ参照）。しかし，1826年から3年間は，銀行会社は1つも設立されなかった。結局，本節の時代に制定された銀行会社設立法の数は29である(注51)。

　以下では，銀行会社社員の責任のほか若干の問題につきコメントするだけにとどめる。

　本節の時代における銀行会社社員の責任は，基本的には，前章と同じ状況にあるといえるが（第1章2節【1】B［§9］・6節【2】A参照），次のような例に注目することにしたい。表＝Ⅸ・1817：chs. 135, 136, 185の3つの設立法§10は，いずれも同一内容の規定であり，次のように定めている。

　「当会社がいつであれ解散する場合には，その株主は，かかる解散時に各自が保有する株式の額を限度として，当会社の債権者に対し個人的に責任を負う。」

第3節　特許主義の下における事業会社法の展開（その1）

　この規定は，1811年製造工業会社法§7が定める2倍責任とほぼ同じ内容の責任を定めたものであるといえよう。ニュー・ヨーク州の銀行会社設立法が株主の責任につき明文の規定を設けたのは，上記3つの設立法が最初ではなかろうか。

　また，もう1つの設立法（表＝IX・1817：ch. 191）§10は，上記の規定と同一の規定に加えて，下記下線部分を追加している。

　「当会社がいつであれ解散する場合には，その株主は，かかる解散時に各自が保有する株式の額を限度として，<u>または，当会社が支払うべき債務を満足させるために必要な額だけ</u>，当会社の債権者に対し個人的に責任を負う。」

　上記下線部分の規定は，社員の責任に限度がないことを意味するのであろうか。なお，これと同じ表現が後述する1827／28年の The Revised Statutes, pt. 1, tit. III, §5にみられる（本章4節 Title III, §5参照）。

　次に，1825年に制定された2つの設立法（表＝IX・1825：chs. 117, 118）に注目したい。The Commercial Bank of Albany 設立法（注52）と The Dutchess County Bank 設立法（注53）である。

　これらの制定法は同州の銀行制度史において画期的な意義を有すると説かれており，上記2つの制定法は銀行の権能に関する明文の規定を初めて設けたのである。

　以下では，The Commercial Bank of Albany 設立法を取り上げることにする。同法§1によれば，同銀行会社の正式名称は，The President, Directors and Company of the Commercial Bank of Albany である。同銀行は，その名により20年間法人として存続することができ，その名において，訴え・訴えられることができる。また，同銀行は，手形その他の債務証書（evidences of debt）の割引・預金の受入・金銀や外国貨幣や為替手形の売買・銀行券やその他の債務証書の発行などにより銀行業を遂行するために必要とするかまたはそれに付随するすべての権能（powers）を有する。しかし，本法が明示的に付与した権能を除き，同銀行は他のいかなる権能をも有するものではない。

　1824年以前にはこのような銀行会社の権能に関する規定が存在しなかったため，本書第1章2節【1】Bで述べたように，銀行の不動産所有の制限

133

や商品・公債の取引（商業）の制限，銀行が負担し得る債務総額の制限その他銀行会社設立法に共通する諸規定が定められていたのである(注54)。

最後に，ニュー・ヨーク州の銀行会社法が1株1議決権の原則を確立するのは，1813年以後である。同年には，4つの設立法が制定され，そのうち最初の設立法（表＝Ⅸ・1813：ch. 64）を除き3つの設立法はこの原則を定めている。その後，1814年以後の銀行会社設立法は，すべて1株1議決権の原則を採用しており，ようやくこの原則が安定している。1812年以前には，1株1議決権の原則を定める設立法（表＝Ⅰ⑨§3参照）は，例外的存在であったといえる。これに対して，マサツーセッツ州の銀行会社設立法は，本節の時代には，この原則を確立していない(注55)。

【表＝Ⅸ】

銀行会社設立法一覧（1811年〜1827年）

以下では，銀行会社設立法の制定年とsession lawsのchapter番号だけを示す。

1811年： chs. 34, 64, 66, 68, 69.
1812年： chs. 64, 77, 167, 175.
1813年： chs. 64, 70, 80, 147.
1816年： chs. 167, 231.
1817年： chs. 135, 136, 185, 191.
1818年： chs. 238, 253, 256.
1821年： ch. 146.
1823年： ch. 93.
1824年： chs. 149, 150.
1825年： chs. 117, 118.

【3】 保険会社法

1811年製造工業会社法（§7）が定めるいわゆる2倍責任規定は，最初の保険会社設立法（1798年）以来，保険会社法の分野で展開されたものであったことは既述のとおりである。この2倍責任規定は，1811年法制定後の保

第 4 節　1827/28 年法（The Revised Statutes）の制度

険会社法においてもかなり広範に採用されており，下記の表＝Xにおいて，chapter 番号に下線を付した設立法は 2 倍責任規定を定めている。

　1825 年の製造工業会社設立法の場合には，無限責任形態の採用が顕著である。これに対して，保険会社設立法の場合には，同年に制定された 18 の設立法のうち 6 つが 2 倍責任を定めている。残りの 12 の設立法は，会社の債務について，社員はいわゆる 2 倍責任に服する，「しかしながら，本法のあらゆる規定に基づく完全責任（full liability）に服する」と定めている。これは結局社員に無限責任を負わせるものであろうか。

【表＝X】

保険会社設立法一覧（1811 年〜1827 年）

以下では，設立法の制定年と session laws の chapter 番号だけを示す。

1811 年： chs. 40, 154.
1812 年： ch. 192.
1814 年： chs. 50, 51, 144, 216.
1815 年： chs. 173, 179.
1816 年： ch. 52.
1817 年： ch. 187.
1818 年： chs. 45, 78, 97.
1819 年： chs. 86, 89, 115, 116.
1821 年： ch. 141.
1822 年： chs. 50, 51, 155, 215.
1823 年： chs. 95, 234.
1824 年： chs. 59, 75, 133, 134, 135, 136, 153, 154, 166, 172, 173.
1825 年： chs. 26, 27, 28, 30, 31, 32, 41, 63, 96, 97, 98, 99, 103, 105, 113, 155, 211, 213.
1826 年： ch. 173.

第 4 節　1827／28 年法（The Revised Statutes）の制定

第2章　1811年製造工業会社法の制定から1845年まで

　The Revised Statutes of the State of New York, pt. 1, ch. 18 は，1827年12月3日に制定され，1828年1月1日から効力を生じた。この時点では，同ch. 18 は，3つのタイトルから構成されていたが，1828年12月に，tit. Ⅳが追加されている(注56)。また，The Revised Statutes, pts. 2-4 は1828年に制定され，翌年，The Revised Statutes of the State of New-York（1829, 3 vols.）として，同法全体が公刊されている。以下では，同法を1827／28年法と呼ぶことにするが，同法はコモン・ロー法域における最初の法典化の試みであったといわれている(注57)。

　1827／28年法 pt. 1, ch. 18 [Of Incorporations] は，1829年以後，4つのタイトルから構成され，特許主義に基づき設立された事業会社に対して共通に適用されたが，同法は設立自体が一般法律による設立準則主義を採用したものではなく，いわゆる a general regulating law（第1章5節【2】B冒頭参照）たる性質の制定法である。したがって，同法 pt. 1, ch. 18 は，個別法律に基づき設立された・同法の適用範囲内の事業会社（incorporated companies）に一般的に適用されたが，個別の設立法が別段の定めを設けている場合はそれによるわけである。

　以下，1827／28年法 pt. 1, ch. 18 の4つのタイトルの内容を適宜紹介する。

　Title Ⅰ　Of Turnpike Corporations　本タイトルは，ターンパイク会社に適用される一般法律であるが，この種の会社については，1807年に一般法律が制定されたことは既に述べたとおりである（第1章5節【2】B参照）。本 tit. Ⅰ は，この1807年法を整理しなおしたものであり，4つの articles に区分され，全文54カ条から成る。同 art. 1 は16カ条からなり，この部分が本来の事業会社法である。同部分は上記1807年法の配列を変えただけであり，内容的には上記1807年法とほぼ同じである。なお，本 tit. Ⅰ, art. 2 — *Of the Construction of the Road, and of the Appraisement of Damages*；同 art. 3 — *Of Tolls, and their Collection*；同 art. 4 — *General Provisions embracing Corporations now existing* の内容については省略する。

　本法施行後に制定される多数のターンパイク会社設立法は，本法を前提にして，簡略な設立法であることが通常である。

　Title Ⅱ．Of Monied Corporations　本タイトルは金融（銀行・保険）

第4節　1827/28年法（The Revised Statutes）の制度

会社に適用されたが，1828年1月1日以後に設立された金融会社に適用され (tit. II, § 52)，同日付より前に設立された金融会社に対しては同 tit. IVが適用された（後述 tit. IV, § 11）。また，本タイトルは3つの articles に区分され，全文55カ条から成る。

Article First. *Regulations to prevent the Insolvency of Monied Corporations, and to secure the Rights of their Creditors and Stockholders* (§§ 1–31).

本諸規定は，1825年の事業会社による詐欺的破産防止法 ^(注58) を金融会社に適用するため改訂が加えられたものであるが，そのうち目ぼしいものを以下に紹介する。

§1.　金融会社の取締役が次に列挙する行為をなすことは違法である。
1. 当該法人の事業より生じた剰余利益以外から配当をなすこと。
2. 当該法人の資本を株主に対し分配し，引き出し，もしくは何らかの方法で支払うこと，または，当州議会の同意なしに資本を減少すること。
3. 現に払込請求がなされており払い込まなければならない分割払込金の支払として，または，かかる支払をなす手段を提供する意図をもって，約束手形もしくは債務証書を割り引きもしくは受領すること。
4. 株主がその払込をなした金銭の一部を引き出すことを可能にする意図をもって，約束手形または他の債務証書を受領しまたは割り引くこと。
5. 剰余利益を除き，当該法人の資本（funds）の一部を直接または間接にその自己株式の購入に当てること。
6. 自己の会社に対して負っている債務の支払のためもしくはそれを満足させるため［会社が］株式を受領すること。ただし，次に定める場合を除く。
7. 自己の会社の株式・手形・捺印金銭債務証書または他の債務証書と引き換えに，他の会社が発行した株式・手形・捺印金銭債務証書または他の債務証書をその会社から受領すること。
8. 当該会社が銀行権能を有する場合には，当該会社の貸付および割

引の総額がその資本——その時払い込まれ現実に保有されている——の3倍を超えることとなる貸付および割引をすること。

§4. 実現され保有されている未分配の利益を越える損失（losses）を当該法人が被ったときには，その損失は当該会社の資本減少として借方に記入される。また，かかる資本を構成する株式（the shares of such stock）につき，爾後，生じた資本の欠損が填補されるまでは，いかなる配当もなされてはならない，ただし，損失を被ったものとして借方に記入された金銭の回復または当該会社にその後生じた利益により欠損が填補された場合はこの限りではない。

上述の§1.1-2が配当可能財源を剰余利益に限定し，資本から配当することを禁止したのに加えて，§4は，資本の欠損があれば，その填補を要すると定めており，このような配当条項は欠損填補必要型と呼ばれる。1825年詐欺的破産防止法§2は，欠損填補不要型の配当条項を定めていたが，これを，銀行会社に限定して，欠損填補必要型へと転換させたのが上記§4であると説かれている(注59)。なお，上記1825年法§2は，一般法律の形で資本減損禁止基準を定めた最初の例であると考えられるが，同規定については，後述のTit. Ⅳ, §2を参照されたい。

§15. すべての詐欺的破産の場合に，その行為または懈怠により当該破産を全面的または部分的に生じさせた破産会社の取締役は，そのとき職務を有したか否かを問わず，当該会社の株主および債権者に対して，それぞれの損失の割合的負担部分につき各自責任を負う。

§16. 会社財産の分配後に，その支払不能［破産］が詐欺的であると判示された会社の債権者に支払うべき金銭の全部または一部がその弁済責任を負う取締役から回収されない場合には，その不足額は，当該会社の株主の拠出により填補される。かかる不足額の総額は資本を構成する株式総数に基づき評価され，ついで，各株式につき支払われるべき必要額が確定され，かつ，各株主は，各自保有する株式の数に基づき評価された額に対して責任を負う。ただし，各自保有する株式のために支払った額または支払責任を負うかもしれない額に加えて，各自保有する株式の名目額を超えないものとする。

第 4 節　1827/28 年法（The Revised Statutes）の制度

　この規定によれば，株主は，会社債務につき，会社に対する出資義務のほか株金額を限度とする比例責任を負うと考えられるが^(注60)，これは，詐欺的破産が生じた場合に，株主がいかなる責任を負うかという問題である。詐欺的破産以外の場合における金融会社株主の責任は，後述のような 1827／28 年法 pt. 1, ch. 18, tit. Ⅲ, §5 によるのであろうか。なお，上述の§§15, 16 のその後の推移につき，本章 5 節【2】参照。

§19. 会社設立後，最初の 1 月 1 日に，また爾後毎年同日に，会計検査官が定めた形式による会社の業務に関する完全な説明書――社長および支配人または会計役または秘書役の宣誓により真実であることが宣言された――を作成し会計検査官に提出することは各金融会社の義務である。

Article Second. *Regulations concerning the Election of Directors of Monied Corporations*（§§32-50）.

§32. 金融会社の取締役選挙の際には，次の選挙における検査役（inspectors）として 3 名の者が選出され，そのうち 2 名が［検査役として］行為することができる。

§34. ある会社の取締役選挙の検査役として，その会社の取締役または役員たる者が選出されてはならない。

§36. いずれの取締役選挙の際においても，その投票人の資格を検査するため，当該会社の株式移転帳簿（the transfer books）が作成されなければならない。そして，当該選挙の前すくなくとも 30 日間，上記帳簿に株式がその名において記載されている者を除いて，いかなる者も直接または代理人により議決権を行使することは認められない。

Article Third. *Of the Construction of this Title*（§§51-55）.

　本 Article では，金融会社の定義・本 Title の適用範囲・directors の定義などが規定されているが，その紹介は省略する。

Title Ⅲ. Of the General Powers, Privileges, and Liabilities of Corporations　　本タイトルは全部で 10 カ条から成り，その表題から推測できるとおり，会社（法人）の一般的な諸権能・株主の責任・その他につき定めている。

139

第2章　1811年製造工業会社法の制定から1845年まで

株主の責任につき,本タイトル§5は次のように定めている。

「ある会社（corporation）の資本の全部は払込済みではなく,かつ,払い込まれた資本が会社の債権者の請求を満足させるのに不十分であるときは,各株主は,その保有する各株式につき,当該会社の特許状により定められた株式の額を完済するために必要な金額を支払う義務または当該会社の債務を満足させるために必要な金額の割合部分（proportion）を支払う義務がある。」

この責任は会社の資本総額が払い込まれる前の責任であり,一旦会社の資本総額が払い込まれた後には,最早株主の責任はないわけである。資本総額が払い込まれるまでは,払込の済んでいない株主がその未払込額につき責任を負う点は疑問がないが,「当該会社の債務を満足させるために必要な金額の割合部分を支払う義務」が何を意味するかは明確ではない。資本総額が払い込まれる前においては,未払込額によるだけでは会社の債権者が満足を得られない場合に,払込済みの株主も払込未了の株主とともに会社の債務を満足させるために必要な金額につき責任を負うのであろうか。

従来,この規定は1827年以前の特許主義の下における株主の責任に関する立法政策の混乱を取り除いたと説かれており,この規定によって,ある会社の資本の全額が払い込まれた後は,株主は責任を負わないが,その資本の全額が払い込まれるまでは,各株主はその保有する株式の未払込部分につき責任を負うものと解釈されている[注61]。しかし,この解釈にはなお上述のような疑問の余地があるのではなかろうか。

Title Ⅳ．Special Provisions Relating to Certain Corporations　本タイトルは全部で11カ条から成り,図書館法人・宗教団体や1828年1月1日以後に設立される（tit.Ⅱに服する）金融会社には適用されなかった。ただし,同日付より前に設立された金融会社には適用された。結局,本タイトルは,上記のような金融会社を除いた事業会社に一般的に適用されたのである。

次の2つの規定に注目することにしたい。

まず,本タイトル§2は次のように定めている。

「当州において設立された事業会社（incorporated company）の取締役または経営者（managers）が,かかる会社の事業から生じる剰余利益（surplus profits）以外から利益の配当をなすことは違法である。また,かかる会社の

第 4 節　1827/28 年法（The Revised Statutes）の制度

取締役が，かかる会社の資本を株主に対して，分配し，引き出しもしくは何らかの方法で支払うこと，または州議会の同意なしに，資本を減少することは違法である。……本条の諸規定に違反したときには，その経営のもとで違反を生ぜしめた取締役は，当該法人の解散の場合に，当該法人の資本が分配され・引き出され・支払われ・または減少させられた全額［利息を含む］につき，個人の資格で各自連帯して，当該法人およびその債権者に対して責任を負う。ただし，当該違反に反対の旨をその議事録に記入させた取締役または当該違反が生じたとき欠席していた取締役は除かれる。……」

この規定は，会社が利益配当をする場合には，その配当可能財源を剰余利益に限定し，資本から配当することを禁止しているが，上述のtit.Ⅱ，§4に相当する規定を欠如しており，欠損填補不要型の配当条項と呼ばれている[注62]。既述のとおり，本タイトルは，1828年に，The Revised Statutes に追加されたのであるが，上記の本タイトル§2は，1825年詐欺的破産防止法§2（上述 tit.Ⅱ参照）と全く同一である[注63]。

次に，本タイトル§3は以下のように定めている。

「当該会社に対する実際の預託額（deposits）を除き，預託のためまたは捺印金銭債務証書・手形もしくは他のいかなる契約のいずれによるにせよ，あらゆる事業会社（any incorporated company）がいかなるときでも負担しうる債務の総額は，現に払い込まれた資本の額の3倍を超えることはできない。かかる額を超えた場合には，その運営の下でそれを生じさせた取締役は，かかる超過額につき，当該会社に対し個人の資格において，各自連帯して責任を負う。また，当該会社の解散の場合には，取締役は，かかる超過額全額につき，あらゆる会社債権者に対し［上記と同じ］責任を負う。ただし，その時取締役会議事録に詳細に反対の旨を記載した者およびその時取締役会に出席していなかった者は除かれる。」

本規定も上述の1825年詐欺的破産防止法§3とほぼ同じである。同趣旨の規定は，1791年以来ほぼすべての銀行会社設立法により定められてきたが，本規定は本タイトルの最初に述べたような事業会社に一般的に適用されるわけである。

141

第2章　1811年製造工業会社法の制定から1845年まで

第5節　特許主義の下における事業会社法の展開（その2）
―― 1828年〜1845年――

　本節の時代のニュー・ヨーク州における特許主義下の事業会社法についても，本章第3節と同様に筆者の研究はまだ不十分であり，その詳細な検討は今後の課題としたい。以下では，この時代における事業会社の設立状況を概観し，社員の責任が制定法によりいかに規制されていたかを瞥見するにとどめる。

　本節の時代に個別法律により設立された事業会社を種類別にみた場合には，その設立数は，製造工業会社―80，鉱業会社―10，銀行会社―75，保険会社―59，運河会社―25，ターンパイク会社―138，有料橋会社―56，水道会社―18，ガス灯会社―6，蒸気船会社―17，フェリー会社―10，その他様々な事業会社―20である。なお，その他様々な事業会社の中には，商業会社―4（このうち3つは石炭販売会社），ドック会社―3，捕鯨会社―9などが含まれている。以上合計523の事業会社（鉄道会社を除く）が本節の時代に設立されており，その数字はEvansの研究に依拠している[注64]。

　以下では，本章3節で言及した社員の責任規制がその後どのように変遷したかにつき辿ってみることにしたい。

【1】製造工業会社法

　製造工業会社法の基本的な枠組みは，本節と第3節との間で殆ど変わりがないといえるが，その最も顕著な変化は，1827／28年法（The Revised Statutes）の制定（本章4節参照）である。既述のように，同法は一般法律ではあるが，設立準則主義を採用するものではなく，a general regulating lawであることに留意すべきであろう。1828年以後に制定された製造工業会社設立法は，同法 pt. 1, ch. 18の存在を前提としており，同 ch. 18に服する旨を定める場合が圧倒的に多いといえる。しかし，同 ch. 18に服する場合に，いかなる規定が具体的に適用されるかは複雑であり，まず1827／28年法

第5節　特許主義の下における事業会社法の展開（その2）

pt. 1, ch. 18 のどの規定が適用されるかを吟味してみることにしたい。

上記 ch. 18 は，1828 年に施行された段階では，3 つのタイトルから構成され，製造工業会社との関係では，専ら同 ch. 18, tit. Ⅲ が意味を有していた。1828 年に制定された 6 つの製造工業会社設立法のうち，5 つは当該会社が 1827 ／ 28 年法 pt. 1, ch. 18, tit. Ⅲ に服すると定めている。その結果，既述のような株主の責任に関する規定（同 tit. Ⅲ, § 5）が製造工業会社に対して適用されることは明確である（本章 4 節 Tit. Ⅲ 参照）。

その後，1828 年 12 月に，同 tit. Ⅳ が追加され，同タイトルは製造工業会社についても適用されるのであり，1830 年の 3 つの設立法は，同 tit. Ⅲ および Ⅳ が当該会社にそれぞれ適用されると定めている。結局，同 tit. Ⅲ および Ⅳ は，その適用除外のある場合を除き，一般的に事業会社に適用されたのであるが，株主の責任については，同 tit. Ⅲ, § 5 が適用されたわけである。1831 年以後は，大部分の製造工業会社設立法は単に 1827 ／ 28 年法 pt. 1, ch. 18 に服すると定めており，タイトルを明示していないが，株主の責任は 1830 年に制定された諸設立法と同じであろう。

以上に対して，個別法律において，1827 ／ 28 年法 pt. 1, ch. 18, tit. Ⅲ, § 5 と異なる責任規定を定める製造工業会社設立法もみられる。また，次の諸法は 1811 年製造工業会社法と同じ 2 倍責任を定めている。

N.Y. Laws, 1833, ch. 129（§ 8）

N.Y. Laws, 1834, ch. 227（§ 13）

N.Y. Laws, 1836, ch. 193（§ 8），ch. 494（§ 8），ch. 530（§ 7）

N.Y. Laws, 1837, ch. 302（§ 8）

N.Y. Laws, 1841, ch. 174（§ 7）.

また，1844 年に制定された An Act to reduce the capital and renew the charter of the Oriskany Manufacturing Company § 2 は，「当会社の株主は，当会社の債務の支払いにつき，各自が当会社において保有する株式のほか，かかる株式と等しい額を限度として，個人の資格において責任を負う」と定めている(注65)。同法は設立法ではないが，後述の 1848 年製造工業会社法の制定過程において上記規定は the Oriskany clause と呼ばれ，1 つの争点を形成することとなる（第 3 章 4 節【1】参照）。1811 年法の 2 倍責任規定は，

第 2 章　1811 年製造工業会社法の制定から 1845 年まで

裁判所の解釈により 2 倍責任であることが明確化されたことは既述のとおりである。これに対して，1844 年の上記規定は，出資額の 2 倍を限度とする責任（2 倍責任）であることを制定法により一層明確化したといえよう。ただ，解散の際という文言はない。

　1811 年に制定された表＝Ⅷ㉚の設立法§6 は，1811 年法とほぼ同じ 2 倍責任規定を定めていた。その後，1826 年に，同設立法の改正が行なわれ(注66)，同改正法§2 によれば，株主は，会社が爾後負担する債務につき，各自保有する株式の金額を限度として各自連帯して個人の資格において責任を負うとされた。また，1829 年にも同設立法の改正がなされ(注67)，同改正法は同会社が 1827／28 年法 pt. 1, ch. 18, tit. Ⅲ に服する旨を定めている。したがって，同 tit. Ⅲ，§5 の責任規定が同会社に適用されることになったのであるが，さらに，上記 1829 年修正法は上述の 1844 年法により改正され，同会社（The Oriskany Manufacturing Company）の株主は 2 倍責任を負うことになったわけである。

　次ぎに，1828 年の設立法（N.Y. Laws, 1828, ch. 148）§11 は，「当会社により負担されたすべての債務の支払につき，当会社の株主は，各株主が保有する株式の名目額を限度として，その個人の資格において，各自連帯して，責任を負う……」と定めている。この責任は，連帯責任であるが，2 倍責任と類似のものといえよう（本章 3 節【1】参照）。

　1837 年の鉱業会社設立法（N.Y. Laws, 1837, ch. 396）§9 は，「当会社またはその権限ある代理人が負担したすべての債務または請求の支払いにつき，当会社の社員（stockholders）は，各自連帯して個人的に責任を負う」と定めている。

　上記規定は社員の連帯的・個人的責任を定めるものであり，他の 2 つの設立法（N.Y. Laws, 1837: chs. 401,§9; 441,§7）も同じ規定を設けている。

　また，1845 年の製造工業会社設立法（N.Y. Laws, 1845, ch. 364）§11 は，「当会社の社員は，当会社の債務の支払いにつき，個人の資格において責任を負う……」と定めており，社員が無限責任を負うことになろう。

　第 1 章の時代においては，製造工業会社社員の責任は 2 倍責任が中心を占めてはいたが，責任規定がない設立法も多かった。本章の時代においては，

第5節　特許主義の下における事業会社法の展開（その2）

1827／28年法の制定前については，1811年法を除き，かなり多様な責任の態様が個別法律により定められたといえるのであり，殊に，社員の無限責任を定める設立法が第1章の時代よりも目立って多いといえよう。1827／28年法制定後においても，社員の責任の態様は複雑であるが，準則主義下の製造工業会社は1811年法の2倍責任規定に服し，また，特許主義下の製造工業会社は，別段の定めがない限り，1827／28年法 pt. 1, ch. 18, tit. Ⅲ, §5の責任規定に服するのが通常であったといえよう。

【2】　銀行会社法

1829年から1836年末までに，ニュー・ヨーク州は合計64の銀行会社設立法を制定している(注68)。

1829年の安全基金法（The Safety Fund Act）の制定によって(注69)，同州の銀行制度が刷新され，その際に，銀行会社の株主の責任に関する規定も変更されている。さらに，1830年に，The Revised Statutes が改正され，銀行会社・保険会社の株主（および取締役）の責任規制に以下のような変化がみられる。

上記安全基金法§30は，1827／28年法（The Revised Statutes）pt. 1, ch. 18, tit. Ⅱ, §§14-18が株主の個人的責任（the personal liability）につき規定する限りにおいてそれらの諸規定を適用しない旨を定めた。これにより，銀行会社の株主は，銀行会社の詐欺的破産の場合には，会社の債務につき責任を負わなくてもよいことになった。また，上記§15は取締役の責任について定めており，この点は変更されなかったが，1830年修正法（The Revised Statutes の修正法）により上記諸規定（正確にいえば1827／28年法 pt. 1, ch. 18, tit. Ⅱ, §§11-18）は廃止されている(注70)。この結果，金融会社の詐欺的破産の場合における株主（および取締役）の責任規定（上記§16）は廃止され，金融会社の株主の責任については上記 tit. Ⅱ の中には特別の規定がないことになったのである。1830年修正法施行後設立される銀行会社は，株主の責任については，一般の事業会社と同じく，1827／28年法 pt. 1, ch. 18, tit. Ⅲ, §5に服することになったのであろう。ただし，1830年修正法は，既存銀

第2章　1811年製造工業会社法の制定から1845年まで

行に対して効力はなく，1829年に既に存在していた27の銀行会社取締役の責任に変更はなかった[注71]。

　1829年安全基金法および上記1830年修正法は銀行会社株主の責任の態様に影響を与え，また，その後の銀行会社設立法の形式にも変化を生じさせたことに注目しておきたい。1829年には，11の銀行会社が設立されたが，それらの設立法は，当該銀行会社が1829年安全基金法の諸規定に服する旨を定めていたにとどまる。ところが，上記1830年修正法施行後に制定された9つの設立法のうち8つは，当該銀行会社が1829年安全基金法のほか1827／28年法ch. 18の諸規定に服する旨の規定も併せて定めている。爾後に制定された銀行会社設立法はすべて同様である。

　Paineは，1829年から1836年末までのsession lawsを検討した場合，安全基金制度下の銀行特許状が極めて良く似ていると指摘している[注72]。特に1830年以後については，それぞれの年に制定された銀行会社設立法は互いに酷似しており，そのパターン化は極めて顕著であるといえよう。これらの設立法をチェックしてみると，次のようなことが分かる。

　1833年に制定された8つの銀行会社設立法はいずれも全文38カ条から成り，それぞれの§35は，当該銀行会社が1827／28年法ch. 18の諸規定に服する旨の条項を設けている。また，1834年に制定された8つの銀行会社設立法はいずれも全文37カ条から成り，その§33は当該銀行会社が1827／28年法ch. 18の諸規定に服する旨の条項を設けている。さらに，1836年に制定された12の銀行会社設立法はいずれも全文37カ条から成り，その§33は当該銀行会社が1827／28年法ch. 18の諸規定に服する旨の条項を設けている。

　以上のように極端に画一化された諸設立法も資本・会社の存続期間・取締役の員数などにつきそれぞれ異なる内容の規定を定めていたことはもちろんである。

【3】　保険会社法

　本節の時代に，ニュー・ヨーク州は，全部で59の保険会社設立法を制定

したが，1827／28年法 pt. 1, ch. 18, tit. Ⅱは，銀行会社とともに保険会社にも適用されたことは既に述べたとおりである。しかし，1830年の同法改正により，上記 tit. Ⅱ，§§11-18 が削除されたため，爾後，別段の定めがない限り，保険会社の株主は同法 pt. 1, ch. 18, tit. Ⅲ，§5 の責任に服したと考えられる（本章4節 Title Ⅲ参照）。

1829年に1つだけ制定された保険会社設立法（N.Y. Laws, 1829, ch. 358, §14）は2倍責任規定を設けている。また，1830年に制定された The New York Life Insurance and Trust Company 設立法（§23）は(注73)，1827／28年法 pt. 1, ch. 18, tit. Ⅱ，§§14-25 が同社に適用されない旨を定めており，この場合の社員の責任は，1827／28年法 pt. 1, ch. 18, tit. Ⅲ，§5 に服したのであろう。

1831年以後，大部分の保険会社設立法は，当該会社が1827／28年法 pt. 1, ch. 18 に服する旨の条項を設けている。これに対し，当該会社が1827／28年法 pt. 1, ch. 18, tit. Ⅲに服する旨の条項を設け，特に同 tit. Ⅲが保険会社に適用される旨を明示する設立法もある(注74)。以上2つの場合は，株主の責任に関する限り，同じ結果となるであろう。

また，当該会社が1827／28年法 pt. 1, ch. 18, tits. Ⅲ・Ⅳに服する旨の条項を定める設立法もある。同 tit. Ⅳは，1828年1月1日以後設立された金融会社には適用されないことになっていたため，当該会社に同 tit. Ⅳを適用する旨を明確にするための規定が設けられたのであろうか。

第6節 特許主義に基づく事業会社法の展開（その3）
――鉄道会社法の形成――

【1】 鉄道会社法の出現（1826年から1830年まで）

ニュー・ヨーク州は，1826年から1830年末までに，合計12の鉄道会社設立法を制定したが，そのうち鉄道の建設に全然着手しなかった会社が8社もあることに留意しなければならない(注75)。この時期においては，鉄道会社は新規なものであり，その経験は浅かったから，このような鉄道会社の株主

第2章　1811年製造工業会社法の制定から1845年まで

の募集は困難であり，建設未着手の鉄道が多く生じたのであろうといわれている[注76]。

このように初期に設立された鉄道会社は，実際に建設の着手に至らなかったものが多いとはいえ，初期の鉄道会社法の法的枠組みは，これら諸会社の設立法を探ることにより明らかになるであろう。以下，これらの設立法を順次検討するが，初期の鉄道会社設立法は極めてパターン化が顕著であるため，最初の設立法を比較的詳細に紹介し，爾後の設立法については特色のある若干のものを取り上げるにとどめる。以下，本節において単に表という場合は，表＝ⅩⅠを意味することとする。

A　モホーク・アンド・ハドソン鉄道会社　1826年4月17日に設立されたモホーク・アンド・ハドソン鉄道会社（表①）は，アメリカにおける最も初期の蒸気鉄道会社の1つであり，同会社は，ニュー・ヨーク州鉄道会社法の歴史の出発点に位置するとともに，ニュー・ヨーク・セントラル鉄道会社の発端たる地位をも占めている[注77]。まず，本鉄道会社設立法の制定経過を一瞥することにしたい。

1825年12月28日，スケネクタディ市で発行されていたある新聞に，次のような公示がなされている。その公示の内容は，まもなく開始される会期において，The Mohawk and Hudson Rail Road Company を法人化するための法律の制定を求める請願がなされるであろうというのである[注78]。

1826年2月15日，モホーク川とハドソン川との間に1つの鉄道を建設するため，S. Van Rensselaer と George W. Featherstonhaugh は，同州議会に対して請願を提出し[注79]，2月18日の Albany Argus 紙に同請願が掲載されている。

2月28日，Sill 議員が同会社設立法案を下院に報告し，3月10日，本法案の下院審議が開始されたが，論議のポイントは当鉄道がエリー運河の利害といかに調和し得るかであった。3月29日，本法案は下院を通過し，4月17日に，上院を通過して，本法が成立する[注80]。

同法は全文20条から成り，その内容はおよそ以下のとおりである。

§1.　S. Van Rensselaer および George W. Featherstonhaugh は，モホーク川とハドソン川との間に単線または複線の鉄道を建設するため，彼

第6節　特許主義に基づく事業会社法の展開（その3）

等と結合する他の者とともに，法人となり，法人を構成する。……［当鉄道の事業は］蒸気・動物またはその他の力により物および人を運送することである。また，その者［法人を構成する者］およびその承継人は，法人の名において，単線または複線の鉄道を建設し使用する唯一の排他的権利・特権を有し，そして，50年間，永続承継を有し，すべての裁判所において，法律上の人であり，訴えまたは訴えられ，さらに，会社印を有し，それを随意に変更することができる。

　本規定によれば，一定の者が本法の制定により法人を構成することになり，その後§4に従って資本の引受手続きが行なわれ，会社の機関を具備するための手続などが進行するわけである。

　§2. 本法の成立から6年以内に，当鉄道が完成しない場合には，当会社は終了し，本法は無効となる。

　§3. 当会社の資本は30万ドルであり，本法制定後6年以内のいつでも，それを50万ドルまで増加することは自由である。また，資本は1株100ドルの株式に分けられ，各株式は人的財産とみなされ，自治規則が指示する方法により譲渡することができる。

　§4. 3名のコミッショナーが株主の募集（to receive subscriptions）に当たる。資本総額が引き受けられた場合には，直ちにコミッショナーは株主総会の開催の通知を新聞に公示し，5名の取締役が選任される。株主は，1株1議決権の原則に従って，自らまたは代理人により議決権を行使することができる。取締役は1名の社長と1名の副社長を選任し，社長・副社長・取締役の欠員の場合には，取締役会がそれを補充する。

　なお，この時代の取締役選任規定は，選任のための決議要件を定めていない。

　上述の1株1議決権の原則は，爾後の鉄道会社設立法においても確定した原則である。

　§6. 5名の取締役が取締役会を構成し，取締役はその過半数により会社のすべての事業を処理することができる。

　§7. 当会社が鉄道およびその関連施設を建設・維持するために不可欠な

第2章 1811年製造工業会社法の制定から1845年まで

　　　土地・不動産に立入り，それを占有・使用することは適法である。ただし，そのような土地などはその所有者から会社が買い取らなければならない。そして，その買取価格につき合意できない場合の手続きが詳細に定められている。

　以下，当鉄道がエリー運河と交差する場合の規定（§9），当鉄道の幅・容積や運行時刻を定め，運賃を徴収し，駅舎などを建設維持する権能（§10），水路・道路または公道と交差できる旨（§11），運賃を定めそれを改訂できる旨（§12），当鉄道の建物・構築物や事業が損害または妨害を受けた場合には，加害者は2倍賠償の責任を負う旨（§13）などが定められている。

　§14．取締役は，払込請求をなすことができ，それに応じない者は，それ以前に払い込んだ額につき権利を喪失する。払込請求は，その時と場所を新聞に公示することを要する。

　§15．当会社の株主および取締役は，当会社またはその代理人が負担したすべての債務の支払につき各自連帯して個人的に責任を負う。

　この規定は，会社の社員に対して連帯的・個人的責任（無限責任）を負わせるものであり，株主（社員）の募集を困難にすることによって，鉄道建設の着手を遅らせる原因となったといわれている。

　§16．当鉄道が完成したときは，社長および取締役は，鉄道建設費用に関する綿密で完全・詳細な計算書を作成し，その報告書は，社長等が宣誓のうえ，当州の州務長官の事務所に提出されなければならない。

　§17．本法に含まれている特権付与（grant）は，次の条件に基づきなされ，取得されるものとみなされる。すなわち，当鉄道の完成の時から5年以内のいつでも，鉄道の建設に費やした額と利子の合計額から運賃収入額を差し引いた額を当会社に支払う旨の規定が州議会の法律により定められたときには，本法の特権は無効となり，当鉄道は当州人民の財産に帰属し，その財産となる。

　この規定は，当鉄道が成功した場合には，ニュー・ヨーク州が鉄道の経営に乗り出し，その利益を奪ってしまいかねないことを意味したのである。しかも，その際に，州が当鉄道会社に補償する額の中には，営業コストが含ま

第 6 節　特許主義に基づく事業会社法の展開（その 3 ）

れていない。本規定と § 15 の 2 つの規定が存在していたため，この会社の成立後ほぼ 2 年間は，その鉄道建設が進行しなかったといわれている(注81)。

§ 20.　本法は一般法律（a public act）とみなされる。

以上の 1826 年設立法は，会社の構成員に無限責任を負わせ，会社が成功した場合には，その利益を州に奪われるおそれがあったため，会社はその設立後直ちにその法改正に取組み，1828 年に改正法が成立している(注82)。同改正法は，1826 年法 § 15 を廃止し，無限責任規定を削除した。その結果，同鉄道会社の株主は，1827／28 年 The Revised Statutes, pt. I, ch. 18, tit. III, § 5（本章 4 節 Tit. III, § 5 参照）に服することになったであろう。また，§ 17 の補償額として，鉄道の用のための恒久的不動産定着物・修繕費用や鉄道の諸目的のために使用した費用も含むものとされた。

B　その後の鉄道会社　1820 年代の鉄道会社法は，1826 年の最初の鉄道会社設立法（1828 年改正法を含む）とほぼ同じ仕組みのものであったといえよう。最も注目すべき規定は，表③の設立法 § 31（「当法人およびその株主は，The Revised Statutes, pt. 1, ch. 18, tit. III の諸規定に服する」）であろう。爾後の鉄道会社設立法は，表④の設立法を除いて，必ず上記規定と同趣旨の規定を設けている。ちなみに，厳密にそれぞれの規定を比較してみると，表③と同一規定を設けているのは表⑤・⑥・⑦・⑨である。⑧・⑩は The Revised Statutes, pt. 1, ch. 18 の諸規定に服する旨を定め，⑪・⑫は The Revised Statutes, pt. 1, ch. 18, tit. III・IV の諸規定に服する旨を定めている。

以上の設立法は鉄道会社株主の責任についていえば，The Revised Statutes, pt. 1, ch. 18, tit. III, § 5 が適用されるが（本章 4 節 tit. III, § 5 参照），配当制限基準については違いがみられる（本項⑤の説明参照）。

以下では，1820 年代の鉄道会社設立法のうち，特色のある若干の設立法を瞥見するにとどめる。なお，以下の鉄道会社名の冒頭の数字は，表＝ＸＩの番号である。

②　The Ithaca and Owego Rail Road Company　本会社設立法は全文 14 カ条から成り，その内容は最初の鉄道会社設立法とほぼ同じであるといえよう。その資本は総額 15 万ドルであり，1 株 50 ドルの株式に分けられる（§ 5）。取締役の員数は 9 名である（§ 6）。なお，本法は株主の責任規定を欠如

151

第2章　1811年製造工業会社法の制定から1845年まで

している。

　③ The Canandaigua Rail-Way and Transportation Company　本会社設立法は全文31カ条から成り，その仕組みは前述2つの設立法と基本的には変わっていないが，1つの注目すべき規定がみられる。同法§31は，「当法人およびその株主は，The Revised Statutes, pt. 1, ch. 18, tit. Ⅲの諸規定に服する」と定めており，このような規定を最初に設けた鉄道会社設立法は本法である。

　当会社の資本は5万ドルであり，1株50ドルの株式に分けられる（§3）。取締役の員数は，5名以上9名以内である（§12）。取締役は，1名の社長を取締役の中から選任し，また，1名の会計役兼秘書役を選任して，その者を社長・取締役は随意に解任することができる。さらに，本法の諸規定の範囲内におけるあらゆる目的につき取締役の過半数が取締役会の定足数を構成する（§13）。

　④ The Great Au Sable Rail-Road Company　本会社設立法は，全文14カ条から成る。その資本は15万ドルであり，1株50ドルの株式に分けられる（§3）。資本総額のうち5万ドルが引き受けられた場合には，直ちに当法人が鉄道の建設を開始し，本法の付与する諸権能・特権を享受することは，適法である（§5）。この規定は，本法の制定により法人が成立し，その後資本の引受には一定のコミッショナーが当たること（§6）を前提にしている。なお，本法は株主の責任規定を欠如しており，また，当法人がThe Revised Statutes, pt. 1, ch 18の諸規定に服する旨の規定は設けられていない。

　⑤ The Hudson and Berkshire Rail Road Company　本会社設立法は全文24カ条から成る。同会社は，ハドソン市からマサチューセッツ州ウェスト・ストックブリッジ（town）まで，単線または複線の鉄道を建設・維持するための唯一・排他的な特権を付与される（§3）。その資本は35万ドルであり，1株50ドルの株式に分けられる。また，本法を実現するために必要な場合には，50万ドルまで資本を増加することが認められる（§4）。取締役の員数は13名であり（§7），取締役会は，1名の社長・1名の秘書役および1名の会計役を選任する（§9）。取締役は，運賃収入および他の利益として受け取ったすべての金銭につき真実かつ公正な記録を作成し，明白な利

152

第6節　特許主義に基づく事業会社法の展開（その3）

益（the clear profits and income thereof）の配当を行ない，宣言をしなければならない。また，1月および7月の第1月曜日に，半年に1度の利益配当が公表されなければならない（§21）。このように配当制限基準を定める鉄道会社設立法（個別法律）は，本項の時期のものとしておそらく唯一のものであろう。その他の鉄道会社については，The Revised Statutes, pt. 1, ch. 18, tit. Ⅲに服する旨を定める場合は，配当制限基準の規定がないのであろう。また，The Revised Statutes, pt. 1, ch. 18, tit. Ⅳもしくは The Revised Statutes, pt. 1, ch. 18 に服する旨を定める場合は，欠損填補不要型の配当条項が採用されたといえよう（本章4節 Title Ⅳ参照）。

⑥　The Catskill and Ithaca Rail-Road Company　本会社設立法は全文20カ条から成る。その資本は15万ドルであり，1株50ドルの株式に分けられる。また，当州は当会社の資本のうち1000ドルを引き受ける権利を有し，州の引受がなされたときには，当州の会計検査官（comptroller）が職務上当然の（ex officio）取締役となる（§3）。取締役の員数は13名であり（§4），取締役会の定足数は7名である（§6）。取締役会の権限も定められている（§7）。

なお，表⑦〜⑫の設立法はパターン化されており，その内容の紹介を省くことにしたい。

【2】　1831年から1845年末までの鉄道会社設立法

1830年代に制定された鉄道会社設立法の数は，合計110であるが，そのうち実際に鉄道建設に着手した会社は，28にすぎない。また，1841年から1845年末までに制定された鉄道会社設立法の数は7つにすぎない。しかし，この時期に設立された117の設立法すべてを取り上げることは困難であるから，以下では，1830年代に鉄道建設に着手した右の28会社のうち，ニュー・ヨーク・アンド・エリー鉄道会社およびニュー・ヨーク・セントラル鉄道会社の前身たる諸会社の設立法を中心にして検討することにしたい。これらの設立法を吟味することにより，当時の鉄道会社法の概略を明らかにすることが可能であろう。この時期の鉄道会社設立法はパターン化が目立って

おり，殊に1836年5月10日の設立法（表㊽）以後における顕著な現象は，鉄道会社設立法の簡略化である。1842年から1845年までに制定された7つの設立法は，1830年代の諸設立法の枠を基本的に受け継ぐものであるといえよう。

　　A　ニュー・ヨーク・アンド・エリー鉄道会社　　本会社設立法（表㉝）は全文21カ条から成る。当会社は1851年5月に完成した時点で世界最大の鉄道であったといわれるが^(注83)，その最初の設立法（1832年法）に関する限りでは他の諸会社のものと大差がないといえる。以下，既に述べたところと重なる部分もあるが，本設立法を紹介する。

§1.　Samuel Swartwout 以下合計70名の者は，当該目的のためその者等と結合するであろう他の者等とともに，"The New-York and Erie Rail-Road Company"の名により，法人を構成する。この者等は，ニュー・ヨーク市からエリー湖まで，単線・複線または複線プラス単線（treble）の鉄道を建設し，本法通過後50年間，蒸気・動物もしくは機械力またはそのいずれかを連結した力により，物および人を運送することができる。

§2.　本法通過後4年以内に当鉄道の建設が開始されない場合，また，その後1年以内に建設のため20万ドルが支出されない場合，また，本法通過後15年以内に当鉄道の半分が建設・完成され，操業に至らない場合，さらに，本法通過後20年以内に全鉄道が完成され，操業に至らない場合には，本法に基づく当法人の諸権利・特権・権能は無効となる。

§3.　当会社の資本は1000万ドルであり，1株100ドルの株式に分けられる。各株式は人的財産とみなされ，当法人が自治規則により指示する方法で譲渡できる。

§4.　Walter Bowne 以下合計80名の者がコミショナーとなり，本法通過後6カ月以内に株主募集のための帳簿を開設し，5名のコミッショナーが募集のための委員会（board）を構成する。また，その資本総額が引き受けられた場合には，直ちに右コミッショナーは株主総会の通知を発し，総会は17名の取締役を選任する。株主は1株1

第 6 節　特許主義に基づく事業会社法の展開（その 3 ）

議決権の原則に従って議決権を自らまたは代理人により行使する。
　なお，本法は取締役選任のための決議要件を定めていないが，この時期においては，相対多数（plurality of votes）により取締役を選任する旨を定めるのが通常であり，このような規定を最初に設けたのはおそらく表⑱の設立法§ 13 であろう。

§ 5.　募集開始後 3 日以内に 1000 万ドル以上の応募があった場合には，コミッショナーが株式の割当を行なう。また，3 日以内に資本全額の応募がない場合には，全額に達するまでコミッショナーは募集を継続する。なお，コミッショナーは，募集の際に各株式につき 5 ドルを受領しなければならない。

§ 7.　取締役は 1 名の社長と 1 名の副社長を選任する。また，その欠員の場合の措置も定められている。

§ 9.　鉄道用地などの収用に関する詳細な規定が設けられている。

　その他，当鉄道を建設し，鉄道の運行時刻を定め，駅舎を建設する権能（§ 11），ペンシルヴェイニア州またはニュー・ジャージー州の鉄道との接続禁止（§ 12），水路・道路または公道と交差することができる旨（§ 13），運賃を定め，徴収する権能（§ 14），本鉄道の建物・構築物や事業が損害または妨害を受けた場合には加害者が 2 倍賠償の責任を負う旨（§ 15）などが定められている。

§ 16.　取締役が払込請求をなすことは適法である。

§ 17.　南縁部（the southern tier）の諸カウンティを通る当鉄道のルート上に既に設立されている他の鉄道会社と当会社が，ニュー・ヨーク［市］からエリー湖まで継続する鉄道を作るため，両会社の取締役により合意された諸条件に基づいて，合併する（unite）ことは適法である(注84)。

§ 18.　当法人は，The Revised Statutes, pt. 1, ch 18, tit. Ⅲ の諸規定が定める一般的諸権能を有し，右諸規定の定める諸制約と責任に服する。

　なお，The Revised Statutes の適用につき，本法は tit. Ⅲ を掲げているが，このようにタイトルを明示する方式は本法が最後である。表㉞以後の設立法は，「当法人は The Revised Statutes, pt. 1, ch. 18 に服する」とだけ規定して

155

第 2 章　1811 年製造工業会社法の制定から 1845 年まで

いるが，これにより上記制定法 tit. Ⅲ と Ⅳ が適用されることになろう。

§ 19.　取締役は，その活動と支出に関する詳細な年次報告書を作成し，取締役のうち少なくとも 2 名が宣誓供述書により真実性の宣言をなしたうえ，その報告書を州務長官の事務所に提出しなければならない。また，同じ方法によって，当鉄道の完成後 15 年間は，各年の末に，取締役は鉄道が受け取った運賃および修理その他当鉄道のために支出した金銭に関する詳細な計算書を州務長官の事務所に提出しなければならない。

§ 20.　当鉄道の完成から 10 年経過後 15 年以内に，当鉄道の建設に支出された額・当鉄道の使用のための永久的な定着物に支出された額・修理その他当会社のために支出されたすべての額およびそれらの額に対する年 15％の利子を加えた合計額から鉄道が受け取った運賃を差し引いた額を当会社に支払う旨が，当州議会の法律により定められたときには，当鉄道は，その定着物・付属物とともに，当州の人民の財産に帰属し，その財産となる。

§ 21.　当州議会は今後いつでも本法を変更し修正し廃止することができる。

　当鉄道は会社設立後様々な経緯を経て 1851 年 5 月に完成され，完成時点では，世界最大の鉄道であったのであり，その完成はアメリカ鉄道建設史において最も重要な出来事であったと説かれている[注85]。しかし，以上に紹介したとおり，本設立法も制定当時の他の設立法と大差のないものであり，最も顕著な特色はその資本の規模の桁外れの大きさである。1832 年当時 1000 万ドルの資本を設立法に掲げる会社は他に例がみられないであろう。ちなみに，表⑪〜㉜の諸設立法の資本の規模をながめてみると，表㉗と㉛が 300 万ドルであり，実際に鉄道建設に着手したものの中では表㉚の 100 万ドルが最大である。表⑭の 2 万ドルが最小であり，その他は 80 万ドル以内に留まっている。

　ただし，実際に上記のような資本を集めることは困難な場合が多かったようであり，ニュー・ヨーク・アンド・エリー鉄道会社の場合には，最初は株主募集に応じる者が少なく，設立が危うい状態であった。そこで，翌年，最

第 6 節　特許主義に基づく事業会社法の展開（その 3）

初の設立法の修正が行なわれ，100万ドルの引受があれば，資本全額（1000万ドル）が引き受けられた場合と同じ扱いが認められている(注86)。

B　ニュー・ヨーク・セントラル鉄道会社の前身たる諸会社の設立法

ニュー・ヨーク・セントラル鉄道会社は，1853年4月に，10会社の合併により創設されるが(注87)，これら10会社にはそれぞれ前史があり，1826年に設立されたモホーク・アンド・スケネクタディ鉄道会社を発端として，1830年代（1836年5月まで）に，以下に掲げる8つの鉄道会社が設立されている。

1. The Tonawanda Rail-Road Company（表㉟）
2. The Utica and Schenectady Rail-Road Company（表㊻）
3. The Lockport and Niagara falls rail-road company（表㊽）
4. The Auburn and Syracuse Rail-Road Company（表㉛）
5. The Attica and Buffalo Rail-Road Company（表㊸）
6. The Syracuse and Utica Rail-Road Company（表㉔）
7. The Auburn and Rochester Rail-Road Company（表㉔）
8. The Schenectady and Troy Rail-Road Company（表㉔）

以下では，上記諸会社の設立法を逐一紹介することは避けて，ⓐこれらの諸会社設立法に共通する法的枠組みを整理し，ⓑこの時期における鉄道会社設立法の立法形式の変遷上，1つの重要な地位を占める上記5の設立法を取り上げ，その意義につき検討することにしたい。

ⓐ 1830年代の鉄道会社設立法の枠組み　　上記8つの設立法のうち，1～5および7の諸設立法は，基本的には，既に言及した本節【2】Aの設立法と類似のものであるといえよう。ここでは上記設立法の法的枠組みの骨格を示すことにする。なお，上記6・8の設立法は，ⓑで扱う簡略化された形のものである。

上記1～5および7の諸設立法の仕組みは，細かな違いを別にすれば，およそ次のように整理できるであろう。

まず，各設立法はその掲げる特定の者および当該鉄道を建設するために結合する者が法人を構成する旨を定め，50年の存続期間を設けている。また，一定期間内に鉄道の建設を開始しない場合や操業に至らない場合には，当該

第 2 章　1811 年製造工業会社法の制定から 1845 年まで

会社は消滅し当該設立法は無効となる旨が定められる。会社の資本の額が掲げられ，資本は株式（1 株 50 ドルの場合が比較的多い）に分けられ，株式は自治規則が指示する方法により譲渡できる。株式引き受けのためのコミッショナーを設けるという方式の募集設立が殆どすべてであり，このようなコミッショナーは最初の株主総会や取締役会の招集についても一定の役割を果たす。取締役の選任については，株主は 1 株 1 議決権の原則に従い，相対多数による。鉄道用地の収用権につき詳細な規定が設けられ，その他鉄道の建設・運営に係わる細かな事項も定められている。

「当会社は，The Revised Statutes, pt. 1, ch. 18 の諸規定が定める一般的諸権能を有し，右諸規定の一般的責任と制約に服する」という趣旨の規定がすべての設立法にみられる。したがって，鉄道会社株主の責任についていえば，1827／28 年法 pt. 1, ch. 18, tit. Ⅲ, § 5 が適用されることになろう（本章 4 節 Tit. Ⅲ, § 5 参照）。

取締役は年次報告書を作成する。一定の条件の下で当該鉄道が州に帰属する旨が定められ，最後に，州議会はいつでも当該設立法を変更・修正・廃止できる旨が定められている。

　ⓑ **鉄道会社設立法の簡略化**　　The Attica and Buffalo Rail-Road Company 設立法（表㊽）は，全文 21 カ条から成り，内容的にはそれまでの設立法を大幅に変えるものではないといえよう。本設立法については，既にその法的枠組を指摘したが，同法は後の鉄道会社設立法の立法形式に対して，1 つの重要な影響を与えており，同法の重要性を考慮して，その具体的な内容を改めて紹介することにしたい。以下，逐条的に条文を辿ることにする。

§ 1.　本法に従って株主となるすべての者は，50 年間，The Attica and Buffalo Rail-Road Company の名により，法人となり，法人を構成する。その目的は，アッティカ村とバッファロー市との間に 1 つの鉄道を建設・維持することにある。

§ 2.　本法の通過から 2 年以内に，当会社が当鉄道の建設を開始せず，その建設のためにすくなくとも 2 万 5000 ドルの額を支出しない場合，また，本法の通過から 4 年以内に，当鉄道を完成し操業に至らしめない場合には，当会社は永久に終了し，本法は無効となる。

第6節　特許主義に基づく事業会社法の展開（その3）

§3. 当会社の資本は35万ドルであり，1株50ドルの株式に分けられる。株式は人的財産とみなされ，当会社が自治規則で指示する方法により譲渡できる。

§4. George Cooley以下合計10名のコミッショナーが株主の募集に当たり，以下募集の手続きが定められている。そして，その資本が引き受けられたときには，コミッショナーが株主総会を招集し，取締役が選任される。取締役が鉄道路線のコースを決定し，その路線が通過する予定の土地の所有者が不服を申し立てる手続きも定められている。

§5. 最初の取締役は，選任された翌年の6月の第1月曜日までかつ他の者が選任されるまで，その職務を保有する。爾後の取締役の選任は毎年6月の第1月曜日とする。各選挙は取締役ではない5名の株主の検査（inspection）の下で開催される。すべての選任は投票によるが，相対多数の得票により選出される。2人以上の者が同じ得票数である場合に，だれを取締役にするかは［他の］取締役が投票で決定する。合衆国市民たる株主は，その者が当該選挙の30日前から保有する各株式につき1議決権を有する。

§6. 取締役の選任が予定どおり行なわれない場合の措置が定められている。

§7. 本法によって，当会社は，その目的を達成するに必要な不動産を買入れ受領し保有する権能を有する。また，当会社はその鉄道の建設・維持に不可欠な土地・不動産に立ち入り，それを占有し使用することができる。しかし，そのすべての土地または不動産は［贈与されたものを除き］お互いに合意した価格で当会社が予め所有者から買い取らなければならない。そして，かかる土地の所有者がその精神障害・未成年その他の理由から契約を締結し土地を売却できない場合，その売却を拒絶する場合，その価格の折り合いがつかない場合には，当会社はかかる土地が所在するカウンティの最先任裁判官（the first or senior judge）に対して申立てを行ない，当鉄道を作るためその土地を必要とする理由や合意によってはその土地を取得で

159

きない旨を述べ，また，陪審（a jury of appraisers）の選任を請求するものとする。

　上記裁判官は，当鉄道の建設によって土地所有者が被る損害賠償額の評価人として12名の陪審員を任命する。以下，評価人による土地評価の手続きが詳細に定められ，最後に，当会社は，土地所有者に支払を済ませ，当鉄道のために土地を占有し使用することが認められる。

§9. 以上によって，当会社は，適切な幅と容積をもつ単線または複線の鉄道をその取締役が指定するコースに沿って建設することができる。また，貨物と旅客を運送する方法と時刻を規制する権能・料金徴収所（toll-houses）を建て維持する権能が認められ，旅客の運賃は1マイルにつき3セントを越えてはならない。

§10. 取締役は，当会社の良き経営のために必要な自治規則（by-laws, rules and regulations）を制定することができる。

§12. 当会社がその運賃（the tolls and charges）を決めることは適法である。

§13. 当会社の建物・構築物または事業が停止・妨害・侵害または滅却された場合には，その加害者は，軽罪（misdemeanor）につき有罪であり，かつ，かかる犯罪または権利侵害により生じた賠償額の3倍額を当会社に支払わなければならない。

§14. 取締役が株主に対して株式の払込を請求することは適法である。

§15. 当会社は，The Revised Statutes, pt. 1, ch 18. の諸規定が定める一般的諸権能を有し，右諸規定が定める一般的責任と制約に服する。

§16. 取締役は年次報告書を作成しなければならない。

　この規定は，本節【2】Aの設立法§19と同じであり，また，本法§17は上記設立法§20とほぼ同じである。

§18. 当会社が一定の条件の下で他の鉄道会社・運河会社または会社（private company）と交差し，接続する（cross, intersect, join or unite with）ことは適法である。

§20. 郵政長官の要請があった時には，当鉄道が合衆国の郵便を運ぶことは当会社の義務である。

第 6 節　特許主義に基づく事業会社法の展開（その 3）

　§21. 当州議会は，いつでも本法を変更し修正しまたは廃止することができる。

　本法は，鉄道会社設立法の簡略化の傾向が始まる直前の姿を示しているといえよう。そして，本法の準用により後の鉄道会社設立法の簡略化が図られることになるが，そのような簡略化を実施した最初の設立法は，1836 年 5 月 10 日に制定された An Act to provide for the construction of a rail-road from Troy to West-Stockbridge（表⑫）である。同法は全文 7 カ条から成り，§4 は次のように定めている。

　「本法により創設された法人は，1836 年 5 月 3 日に通過した An act to provide for construction of a railroad from Attica to Buffalo（注 88）という表題の法律により創設された法人のために付与され作成された諸規定と諸特権を有し，享受し，また，別段の定めがある場合を除き，右法律で述べられている・法人に対して課される諸条件・諸制約に服するものとする。」

　上記§4 以外の諸規定は次のとおりである。

　§1. 本法に従って株主となるであろうすべての者は，50 年間，The Troy and Stockbridge Rail-Road Company の名において，1 つの法人となり，法人を構成する……

　§2 は，The Attica and Buffalo Rail-Road Company 設立法§2 とほぼ同じである。当会社の資本は 60 万ドルであり，1 株 50 ドルの株式に分けられる。11 名のコミッショナーが株主募集に当たり，これらのコミッショナーは，本法通過後 1 年以内に，株式引受のための帳簿を開設しなければならない（§3）。すべての通知や会議は，当鉄道が通過するカウンティにおいて公示され，開催されなければならない（§5）。当会社は，旅客およびその通常の手荷物の輸送のため，1 マイルにつき 5 セントを越えない額を受領することができる（§6）。当鉄道の建設・使用の結果，The Canaan and Union Village Turnpike Road Company がその株式の価値の下落により蒙った損害賠償額は，The Attica and Buffalo Rail-Road 設立法§7 が規定するとおりに評価される（§7）。

　爾後の大部分の鉄道会社設立法は，上記設立法§4 と同じ規定を設けており，このような規定は，The revised Statutes pt. 1, ch. 18 を当鉄道会社に適

161

第2章　1811年製造工業会社法の制定から1845年まで

用する旨の規定が設けられた場合と同じ意味をもったといえよう。爾後，設立法全体の簡略化が極めて顕著にみられる。ちなみに，上述の表㊽と㊾の両設立法を比較してみると，後者は前者の3分の1弱の長さであるといえよう。このような簡略化は，例えば，株主募集に関する規定を縮小し，鉄道用地の収用権に関する規定を明文上は省略することなどによりなされている。ただし，1845年に制定された4つの設立法のうち3つ（表㉖を除く）は簡略化されておらず，また，表㊳〜㉔の設立法の中にも簡略化されていないものがいくつか含まれている。

【表＝ⅩⅠ】

鉄道会社設立法一覧

　この一覧表は，1845年以前に，ニュー・ヨーク州が制定した鉄道会社設立法を成立の日付順に網羅したものである。設立法の冒頭に付された＊は，その鉄道建設が実際に着手されたことを意味し，したがって，＊が付されていない設立法はその鉄道建設が実際には開始されなかったのである。この点については，HENRY V. POOR, HISTORY OF THE RAILROADS AND CANALS OF THE UNITED STATES OF AMERICA 338-50 （1860, reprint 1970）に依拠した。なお，1829年以後の設立法については，その表題を省略し，会社の商号・制定法の成立の日付・州議会の会期および chapter 番号を示すことにする。

【1820年代】

＊①　An Act to incorporate the Mohawk and Hudson Rail Road Company, Act of Apr. 17, 1826, N.Y. Laws, 49th sess., ch. 253.

＊②　An Act to incorporate the Ithaca and Owego Rail Road Company, Act of Jan. 28, 1828, N.Y. Laws, 51st sess., ch. 21.

③　An Act to incorporate the Canandaigua Rail-way and Transportation Company, Act of Apr. 12, 1828, N.Y. Laws, 51st sess., ch. 196.

④　An Act to incorporate the "Great Au Sable Rail Road Company," Act of Apr. 17, 1828, N.Y. Laws, 51st sess., ch. 238.

＊⑤　An Act to incorporate the Hudson and Berkshire Rail Road Company, Act of Apr. 21, 1828, N.Y. Laws, 51st sess., ch. 304.

⑥　An Act to incorporate the Catskill and Ithaca Rail-Road Company, Act of Apr. 21, 1828, 51st sess., ch. 306.

第 6 節　特許主義に基づく事業会社法の展開（その 3 ）

⑦　An Act to incorporate the Geneva and Canandaigua Rail-Road Company, Act of Apr. 21, 1828, N.Y. Laws, 51st sess., ch. 340.
⑧　The Port Byron and Auburn Rail-Road Company, Act of Apr. 17, 1829, N.Y. Laws, 52d sess., ch. 154.
⑨　The Madison County Rail-Road Company, Act of Apr. 17, 1829, N.Y. Laws, 52d sess., ch. 160.
⑩　The Salina and Port-Watson Rail-Road Company, Act of Apr. 27, 1829, N.Y. Laws, 52d sess., ch. 276.
⑪　The Hudson and Delaware Rail-Road Company, Act of Apr. 19, 1830, N.Y. Laws, 53d sess., ch. 263.
＊⑫　The Canajoharie and Catskill Rail-Road Company, Act of Apr. 19, 1830, N.Y. Laws, 53d sess., ch. 265.

【1830 年代】

＊⑬　The Saratoga and Schenectady Rail-Road Company, Act of Feb. 16, 1831, N.Y. Laws, 54th sess., ch. 43.
⑭　The Bath and Crooked Lake Rail-Road Company, Act of Apr. Mar. 24, 1831, N.Y. Laws, 54th sess., ch. 83.
⑮　The Rochester Canal and Rail-Road Company, Act of Mar. 26, 1831, N.Y. Laws, 54th sess., ch. 89.
⑯　The Troy Turnpike and Rail-Road Company, Act of Apr. 18, 1831, N.Y. Laws, 54th sess., ch. 182.
＊⑰　The New-York and Harlaem Rail-Road Company, Act of Apr. 25, 1831, N.Y. Laws, 54th sess., ch. 263.
＊⑱　The Dansville and Rochester Rail-Road Company, Act of Mar. 22, 1832, N.Y. Laws, 55th sess., ch. 52.
⑲　The Dutchess Rail-Road Company, Act of Mar. 28, 1832, N.Y. Laws, 55th sess., ch. 61.
⑳　The Mayville and Portland Rail-Road Company, Act of Mar. 29, 1832, N.Y. Laws, 55th sess., ch. 62.
㉑　The Great Au Sable Rail-Road Company, Act of Mar. 30, 1832, N.Y. Laws, 55th sess., ch. 69.
㉒　The Ithaca and Geneva Rail-Road Company, Act of Apr. 9, 1832, N.Y. Laws, 55th sess., ch. 96.
㉓　The Buffalo And Erie Rail-Road Company, Act of Apr. 14, 1832, N.Y. Laws, 55th sess., ch. 129.

163

第 2 章　1811 年製造工業会社法の制定から 1845 年まで

*㉔　The Rensselaer and Saratoga Rail-Road Company, Act of Apr. 14, 1832, N.Y. Laws, 55th sess., ch. 131.

㉕　The Aurora and Buffalo Rail-Road Company, Act of Apr. 14, 1832, N.Y. Laws, 55th sess., ch. 132.

㉖　The Albion and Tonawanda Rail-Road Company, Act of Apr. 17, 1832, N.Y. Laws, 55th sess., ch. 160.

㉗　The New-York and Albany Rail-Road Company, Act of Apr. 17, 1832, N.Y. Laws, 55th sess., ch. 162.

㉘　The Saratoga and Fort-Edward Rail-Road Company, Act of Apr. 17, 1832, N.Y. Laws, 55th sess., ch. 166.

㉙　The Warren County Rail-Road Company, Act of Apr. 17, 1832, N.Y. Laws, 55th sess., ch. 167.

*㉚　The Watertown and Rome Rail-Road Company, Act of Apr. 17, 1832, N.Y. Laws, 55th sess., ch. 173.

㉛　The Lake Champlain and Ogdesburgh Rail-Road Company, Act of Apr. 20, 1832, N.Y. Laws, 55th sess., ch. 205.

㉜　The Elmira and Williamsport Rail-Road Company, Act of Apr. 21, 1832, N.Y. Laws, 55th sess., ch. 216.

*㉝　The New-York and Erie Rail-Road Company, Act of Apr. 24, 1832, N.Y. Laws, 55th sess., ch. 224.

㉞　The Auburn and Canal Rail-Road Company, Act of Apr. 24, 1832, N.Y. Laws, 55th sess., ch. 233.

*㉟　The Tonawanda Rail-Road Company, Act of Apr. 24, 1832, N.Y. Laws, 55th sess., ch. 241.

*㊱　The Brooklyn and Jamaica Rail-Road Company, Act of Apr. 25, 1832, N.Y. Laws, 55th sess., ch. 256.

㊲　The Schoharie and Otsego Rail-Road Company, Act of Apr. 25, 1832, N.Y. Laws, 55th sess., ch. 262.

㊳　The Utica and Susquehannah Rail-Road Company, Act of Apr. 25, 1832, N.Y. Laws, 55th sess., ch. 288.

*㊴　The Hudson and Berkshire Rail-Road Company, Act of Apr. 26, 1832, N.Y. Laws, 55th sess., ch. 302.

㊵　The Otsego Rail-Road Company, Act of Apr. 26, 1832, N.Y. Laws, 55th sess., ch. 313.

㊶　The Saratoga Springs and Schuylerville Rail-Road Company, Act of Apr. 26, 1832, N.Y. Laws, 55th sess., ch. 315.

第 6 節　特許主義に基づく事業会社法の展開（その 3）

 ㊷ The Fish House and Amsterdam Rail-Road Company, Act of Apr. 26, 1832, N.Y. Laws, 55th sess., ch. 316.

＊㊸ The Whitewhall and Rutland rail-road company, Act of Apr. 26, 1833, N.Y. Laws, 56th sess., ch. 239.

 ㊹ The Binghamton and Susquehannah rail-road company, Act of Apr. 29, 1833, N.Y. Laws, 56th sess., ch. 289.

＊㊺ The Buffalo and Black-Rock rail-road company, Act of Apr. 29, 1833, N.Y. Laws, 56th sess., ch. 292.

＊㊻ The Utica and Schenectady Rail-Road Company, Act of Apr. 29, 1833, N.Y. Laws, 56th sess., ch. 294.

 ㊼ The Ithaca and Port-Renwick rail-road company, Act of Apr. 16, 1834, N.Y. Laws, 57th sess. ch. 114.

＊㊽ The Lockport and Niagara falls rail-road company, Act of Apr. 24, 1834, N.Y. Laws, 57th sess., ch. 177.

＊㊾ The Long-Island Rail-Road Company, Act of Apr. 24, 1834, N.Y. Laws, 57th sess., ch. 178.

 ㊿ The Manheim and Salisbury Rail-Road Company, Act of Apr. 28, 1834, N.Y. Laws, 57th sess., ch. 195.

＊51 The Auburn and Syracuse Rail-Road Company, Act of May 1, 1834, N.Y. Laws, 57th sess., ch. 228.

＊52 The Saratoga and Washington rail-road company, Act of May 2, 1834, N.Y. Laws, 57th sess., ch. 249.

＊53 The Buffalo and Niagara Falls Rail-Road Company, Act of May 3, 1834, N.Y. Laws, 57th sess., ch. 269.

 54 The Medina and Darien rail-road company, Act of May 5, 1834, N.Y. Laws, 57th sess., ch. 276.

 55 The Warsaw and Le Roy Rail-Road Company, Act of May 5, 1834, N.Y. Laws, 57th sess., ch. 291.

 56 The Castleton and West Stockbridge Rail-Road Company, Act of May 5, 1834, N.Y. Laws, 57th sess., ch. 292.

 57 The Kingston Turnpike and Rail-Road Company, Act of Apr. 23, 1835, N.Y. Laws, 58th sess., ch. 130.

＊58 The Attica and Buffalo Rail-Road Company, Act of May 3, 1836, N.Y. Laws, 59th sess., ch. 242.

＊59 The Lewiston Rail-Road Company, Act of May 6, 1836, N.Y. Laws, 59th sess., ch. 260.

165

第 2 章　1811 年製造工業会社法の制定から 1845 年まで

 ⑥⓪　The Saratoga and Montgomery Rail-Road Company, Act of May 6, 1836, N.Y. Laws, 59th sess., ch. 261.

 ⑥①　The Unadilla and Schoharie Rail-Road Company, Act of May 9, 1836, N.Y. Laws, 59th sess., ch. 269.

 ⑥②　The Troy and Stockbridge Rail-Road Company, Act of May 10, 1836, N.Y. Laws, 59th sess., ch. 277.

 ⑥③　The Cherry-Valley and Susquehannah Rail-Road Company, Act of May 10, 1836, N.Y. Laws, 59th sess., ch. 278.

＊⑥④　The Syracuse and Utica Rail-Road Company, Act of May 11, 1836, N.Y. Laws, 59th sess., ch. 292.

 ⑥⑤　The Brewerton and Syracuse Rail-Road Company, Act of May 11, 1836, N.Y. Laws, 59th sess., ch. 302.

 ⑥⑥　The Brooklyn, Fort-Hamilton, Bath and Coney Island Rail-Road Company, Act of May 12, 1836, N.Y. Laws, 59th sess., ch. 306.

 ⑥⑦　The Medina and Lake Ontario Rail-Road Company, Act of May 13, 1836, N.Y. Laws, 59th sess., ch. 340.

＊⑥⑧　The Watertown and Cape Vincent Rail-Road Company, Act of May 13, 1836, N.Y. Laws, 59th sess., ch. 341.

 ⑥⑨　The Johnstown Rail-Road Company, Act of May 13, 1836, N.Y. Laws, 59th sess., ch. 342.

 ⑦⓪　The Oswego and Utica Rail-Road Company, Act of May 13, 1836, N.Y. Laws, 59th sess., ch. 343.

 ⑦①　The Herkimer and Trenton Rail-Road Company, Act of May 13, 1836, N.Y. Laws, 59th sess., ch. 344.

 ⑦②　The Syracuse Stone Rail-Road Company, Act of May 13, 1836, N.Y. Laws, 59th sess., ch. 347.

 ⑦③　The Syracuse and Onondaga Rail-Road Company, Act of May 13, 1836, N.Y. Laws, 59th sess., ch. 348.

＊⑦④　The Auburn and Rochester Rail-Road Company, Act of May 13, 1836, N.Y. Laws, 59th sess., ch. 349.

 ⑦⑤　The Skaneateles Rail-Road Company, Act of May 19, 1836, N.Y. Laws, 59th sess., ch. 371.

 ⑦⑥　The Delaware Rail-Road Company, Act of May 21, 1836, N.Y. Laws, 59th sess., ch. 406.

 ⑦⑦　The Lockport and Youngstown Rail-Road Company, Act of May 21, 1836, N.Y. Laws, 59th sess., ch. 407.

第 6 節　特許主義に基づく事業会社法の展開（その 3）

⑱ The Cassadaga and Erie Rail-Road Company, Act of May 21, 1836, N.Y. Laws, 59th sess., ch. 408.
⑲ The Rochester and Charlotte Rail-Road Company, Act of May 21, 1836, N.Y. Laws, 59th sess., ch. 411.
⑳ The Honeyoye Rail-Road Company, Act of May 21, 1836, N.Y. Laws, 59th sess., ch. 413.
㉑ The Ithaca and Auburn Rail-Road Company, Act of May 21, 1836, N.Y. Laws, 59th sess., ch. 414.
㉒ The Attica and Sheldon Rail-Road Company, Act of May 21, 1836, N.Y. Laws, 59th sess., ch. 415.
㉓ The Watervliet and Schenectady Rail-Road Company, Act of May 21, 1836, N.Y. Laws, 59th sess., ch. 416.
㉔ The Fredonia and Van Buren Harbor Rail-Road Company, Act of May 21, 1836, N.Y. Laws, 59th sess., ch. 417.
＊㉕ The Rutland and Whitewhall Rail-Road Company, Act of May 21, 1836, N.Y. Laws, 59th sess., ch. 418.
㉖ The Black River Rail-Road Company, Act of May 21, 1836, N.Y. Laws, 59th sess., ch. 419.
㉗ The Scottsville and Le Roy Rail-Road Company、Act of May 21, 1836, N.Y. Laws, 59th sess., ch. 420.
㉘ The Ulster County Rail-Road Company, Act of May 21, 1836, N.Y. Laws, 59th sess., ch. 421.
㉙ The Jamesville Rail-Road Company, Act of May 21, 1836, N.Y. Laws, 59th sess., ch. 422.
㉚ The Syracuse, Cortland and Binghamton Rail-Road Company, Act of May 21, 1836, N.Y. Laws, 59th sess., ch. 423.
㉛ The Lockport and Batavia Rail-Road Company, Act of May 21, 1836, N.Y. Laws, 59th sess., ch. 424.
＊㉜ The Staten Island Rail-Road Company, Act of May 21, 1836, N.Y. Laws, 59th sess., ch. 425.
㉝ The Lake Champlain and Ogdensburgh Rail-Road Company, Act of May 21, 1836, N.Y. Laws, 59th sess., ch. 426.
＊㉞ The Schenectada and Troy Rail-Road Company, Act of May 21, 1836, N.Y. Laws, 59th sess., ch. 427.
㉟ The Newark Rail-Road Company, Act of May 21, 1836, N.Y. Laws, 59th sess., ch. 428

167

(96) The Geneseo and Pittsford Rail-Road Company, Act of May 21, 1836, N.Y. Laws, 59th sess., ch. 430.

(97) The Owego and Cortland Rail-Road Company, Act of May 21, 1836, N.Y. Laws, 59th sess., ch. 431.

(98) The Coeymans Rail-Road Company, Act of May 21, 1836, N.Y. Laws, 59th sess., ch. 434.

(99) The Dutchess Rail-Road Company, Act of May 25, 1836, N.Y. Laws, 59th sess., ch. 477.

* (100) The Jordan and Skaneateles Rail-Road Company, Act of May 6, 1837, N.Y. Laws, 60th sess., ch. 343.

(101) The Penfield and Canal Rail-Road Company, Act of May 6, 1837, N.Y. Laws, 60th sess., ch. 345.

(102) The Great Au Sable Rail-Road Company, Act of May 13, 1837, N.Y. Laws, 60th sess., ch. 414.

(103) The Warwick Rail-Road Company, Act of May 13, 1837, N.Y. Laws, 60th sess., ch. 415.

(104) The "Goshen and New-Jersey Rail-Road Company," Act of May 13, 1837, N.Y. Laws, 60th sess., ch. 416.

(105) The Rome and Port Ontario rail-road company, Act of May 13, 1837, N.Y. Laws, 60th sess., ch. 417.

(106) The Malden Rail-Road Company, Act of May 13, 1837, N.Y. Laws, 60th sess., ch. 421.

(107) The Cooperstown and Cherry-Valley Rail-Road Company, Act of May 15, 1837, N.Y. Laws, 60th sess., ch. 422.

(108) The Genesee and Cattaraugus Rail-Road Company, Act of May 15, 1837, N.Y. Laws, 60th sess., ch. 425.

* (109) The Rochester and Lockport Rail-Road Company, Act of May 15, 1837, N.Y. Laws, 60th sess., ch. 427.

(110) The Trenton and Sackett's Harbor Rail-Road Company, Act of May 15, 1837, N.Y. Laws, 60th sess., ch. 428.

(111) The Erie and Cattaraugus Rail-Road Company, Act of May 15, 1837, N.Y. Laws, 60th sess., ch. 432.

(112) The Coxsackie and Schenectady Rail-Road Company, Act of May 15, 1837, N.Y. Laws, 60th sess., ch. 434.

(113) The Chemung and Ithaca Rail-Road Company, Act of May 16, 1837, N.Y. Laws, 60th sess., ch. 466.

第 6 節　特許主義に基づく事業会社法の展開（その 3 ）

⑭　The Tyrone and Geneva Rail-Road Company, Act of May 16, 1837, N.Y. Laws, 60th sess., ch. 472.

⑮　The Scottsville and Canandaigua Rail-Road Company, Act of Apr. 12, 1838, N.Y. Laws, 61st sess., ch. 210.

⑯　The Buffalo and Batavia Rail-Road Company, Act of Apr. 18, 1838, N.Y. Laws, 61st sess., ch. 241.

⑰　The Sharon and Root Rail-Road Company, Act of Apr. 18, 1838, N.Y. Laws, 61st sess., ch. 304.

⑱　The Greene Rail-Road Company, Act of Apr. 18, 1838, N.Y. Laws, 61st sess., ch. 319.

⑲　The Adirondack Rail-Road Company, Act of Apr. 1, 1839, N.Y. Laws, 62d sess., ch. 120.

⑳　The Gilboa Rail-Road Company, Act of Apr. 15, 1839, N.Y. Laws, 62d sess., ch. 179.

＊㉑　The Oswego and Syracuse Rail-Road Company, Act of Apr. 29, 1839, N.Y. Laws, 62d sess., ch. 270.

㉒　The Coldspring Rail-Road Company, Act of Apr. 30, 1839, N.Y. Laws, 62d sess., ch. 299.

【1840 年代】

㉓　The Goshen and Albany Railroad Company, Act of Apr. 12, 1842, N.Y. Laws, 65th sess., ch. 241.

＊㉔　The Cayuga and Susquehannah Railroad Company, Act of Apr. 18, 1843, N.Y. Laws, 66th sess., ch. 221.

＊㉕　The Troy and Greenbush Railroad Association, Act of May 14, 1845, N.Y. Laws, 68th sess., ch. 323.

＊㉖　The Northern Railroad Company, Act of May 14, 1845, N.Y. Laws, 68th sess., ch. 324.

＊㉗　The Canandaigua and Corning Railroad Company, Act of May 14, 1845, N.Y. Laws, 68th sess., ch. 328.

＊㉘　The Attica and Hornellsville Railroad Company, Act of May 14, 1845, N.Y. Laws, 68th sess., ch. 336.

＊㉙　The Chemung Railroad Company, Act of May 14, 1845, N.Y. Laws, 1845, 68th sess., ch. 350.

第2章　1811年製造工業会社法の制定から1845年まで

第7節　1838年自由銀行法の制定
――銀行会社の設立に関する準則主義の成立――

　1838年4月18日，ニュー・ヨーク州議会は，いわゆる自由銀行法（The Free Banking Act）を制定した。その法律のタイトルは，An Act to authorize the business of bankingである[注89]（以下この法律を1838年法と呼ぶ）。同法の成立は，「アメリカ銀行史における最も重要な出来事」であると説かれており[注90]，同法に基づく銀行は，「所定のルールに従う者はだれでも銀行業に参入することを自由に許されるという事実」に注目して自由銀行と呼ばれている[注91]。同法は，事業会社の設立に関する準則主義の歴史における最も重要な制定法の1つであり，1838年法が準則主義立法の歴史において占める重要性については，Gunnが次のような指摘をしている[注92]。すなわち，1811年製造工業会社法はイギリスとの戦争状態という特別の状況の産物であった。しかし，銀行業の場合は，安定した通貨および金融制度を提供するという州の責任に係わる問題であり，明確に公共の利益に関係し，かつ，政治的には対立のある1つの経済活動がすべての参入者に対して開かれたのである。1838年法が制定された際に，特許主義下の政策過程（policy process）に質的変化が生じている。特許主義の下では，政策は自由裁量に基づく多数の決定の蓄積から成り，立法機能と行政機能との間に実際の区別はなかった。これに対し，1838年法の下では，立法府が銀行の活動に関する一般的政策指針（原則）を確立し，その原則を実施するための権限は行政官に委ねられたというわけである。
　同法§15は，「幾人であれ，結合して，割引・預金および流通（circulation）の事務所を設立することができる，ただし，本法が定める諸条件に基づきかつその定める責任に服する……」と規定している。
　また，同法§23は，「かかる団体（association）のいずれの構成員もかかる団体の契約・債務または合意につき個人の資格において責任を負わない，ただし，構成員がその署名した業務規則（the articles of association）によりかかる責任を負う旨を宣言していた場合は，この限りではない」と規定してい

第 7 節　1838 年自由銀行法の制定

る。

　上記 § 23 は銀行会社の株主が会社の債務につき個人的に責任を負わない旨（有限責任）を定めたものであるが，従来，1838 年法の歴史的意義を論じる際に最も注目されてきたのは，銀行会社の設立に関する準則主義の成立という側面であった。しかし，同法のもう 1 つの重要な側面は，銀行会社の株主が会社の債権者に対し直接責任を負わない旨（間接有限責任）を明確に承認している点であろう。当時のアメリカ諸州における事業会社の株主の責任に関する制定法を眺めた場合に，同法のように一般法律により明確な有限責任を定めている例は稀であり，この点の重要性も強調されなければならない(注93)。しかも，このように銀行会社の株主の責任につきいわば間接有限責任であると解釈できる規定が存在したのは，1849 年までの限られた時期においてだけであることは後述のとおりである（第 3 章 2 節【3】参照）。

　本節では，1838 年法制定の背景・制定経過・内容・同法と州憲法との関連などを取り上げることにしたい。

【1】　1838 年法制定の背景

　1829 年の安全基金法（The Safety Fund Act）の制定により，ニュー・ヨーク州の銀行政策に重大な変更が生じ，銀行券を償還するための特別の基金および銀行委員会による州法銀行の監督制度が創設されている(注94)。しかし，この法律は，銀行券の安全のために貢献したとはいえ，当時の銀行問題の基本的課題である「独占問題」を解決するものではなかった(注95)。安全基金制度下の銀行は，個別法律によって設立された銀行会社（州法銀行・特許銀行）である点で従来と変りがなく，州議会の個別法律に基づく設立方式（特許主義）それ自体が独占とみなされたのである。したがって，銀行会社は，その独占的性格の故に，1830 年代が進むにつれて激化する反独占運動（anti-monopoly movement）の攻撃にさらされることとなる(注96)。

　1830 年代前半の反独占運動のうち，1829 年に誕生したニュー・ヨーク市「勤労者党」（The Working Men's Party）の動向が最も注目される。彼らの要求の中心には，「あらゆる公認の諸独占（Licenced Monopolies）の廃止」が掲

171

第2章　1811年製造工業会社法の制定から1845年まで

げられ，とりわけ州議会の個別法律により設立された州法銀行が彼らの攻撃の的とされたのである。1832年，ジャクソン大統領が第2次合衆国銀行の特許状を再発給するための法案に対して拒否権を行使し，いわゆる銀行戦争 (The Bank War) が本格化する。その際，勤労者党の主流は，ジャクソンの「反独占」のスローガンの下に結集し，第2次合衆国銀行反対の勢力に加わる。かかる動きによって，「勤労者」の州法銀行反対の運動は一時的に逸らされるが，1834年に第2次合衆国銀行が事実上消滅するに及ぶと，州法銀行に対する攻撃が次第に活発化する。銀行戦争が州法銀行に対する利害と関心を高揚させたといわれている。

上述の「勤労者」の反独占運動は，1835年10月末にニュー・ヨーク市民主党から分裂した急進派のロコフォコ派 (Locofocos) に事実上引き継がれることになる[注97]。ニュー・ヨーク州民主党は，1837年11月の選挙において，ホイッグ党に敗北するまでは，州議会を牛耳っており，一般の人々は，安全基金法の制定の結果，民主党が州法銀行と癒着関係にあると考えていたのである。しかし，同党の指導者たちは，同党が銀行会社から独立しているというイメージを公衆の間に助長しようと努力している。1834年10月に，「民主党は The Bank Party である」というホイッグ党の批難に反論するため，州民主党の機関誌 Albany Argus 紙は，70余の州法銀行のリストを公表し，そのうち24の銀行会社が民主党系 (Democratic) であり，残りはホイッグ党系または中立である，と主張した。同紙は，これによって民主党が州法銀行を支配しているという批判を覆そうとしたのであると説かれている[注98]。しかし，安全基金法と民主党支配下の州議会が州法銀行を制限し，それによって，州の経済成長が弱められているという批判を阻止することはできなかった[注99]。

この時期の民主党には銀行問題に関する党内の意見の一致はみられなかったといえよう。デモクラッツの中には，上述のようなホイッグ党の批判に同調し，銀行信用を拡張するよう党内から圧力をかける者もいた。また，忠実なジャクソニアンたちは，州法銀行の増大に反対することによって，彼らの反銀行信条を示そうとしたのである。1838年法制定前の民主党は，銀行問題に対して政治的に難しい立場に置かれていたといえるが，党主流の銀行政

第 7 節　1838 年自由銀行法の制定

策は，州議会が銀行に対して責任をもつべきであり，銀行資本を慎重かつ合理的に増加させるべきであるというものであった。しかし，州法銀行の大幅な拡張に反対することは，民主党が既存銀行を保護しているという批判者たちの主張に根拠を与える結果となり，これが当時の民主党の銀行政策に関する大きなディレンマであった(注100)。

　上述のような民主党の銀行政策は，急速な経済成長を欲する企業家たちにとっては不満足なものであった。1835 年の州議会では，銀行会社設立法は1つも成立せず，民主党の銀行政策に対する批判が高まる。New York Journal of Commerce 紙とホイッグ党は，同年末に，民主党がニュー・ヨーク州の経済成長を妨げているとして，民主党を強く批判した。上掲紙は，次の会期では，新しい銀行会社特許状の申請をすべて認め，既存銀行会社の資本増加も認めるべきであると主張し，民主党が銀行会社につき制限政策をとっていることを批判したのである。ホイッグ党の機関紙 Albany Evening Journal も，充分な銀行会社特許状が発給されないという理由で，民主党を攻撃し，同党の銀行政策が制限的すぎると批判している(注101)。

　より大幅な経済成長を望むニュー・ヨークの企業家的利害が反独占のレトリックを用いるロコフォコ派的な New York Evening Post 紙に同盟者をみいだした。同紙は，前年来，州の銀行制度に対する攻撃を開始しており，新たな銀行会社特許状の発給には反対したが，ニュー・ヨークの銀行制度の弊害を除去する方策として，自由銀行制度を提唱していたと説かれている(注102)。

　1836 年の州議会においては，新銀行会社の設立を求める要求がかつてないほど高まった。William L. Marcy 州知事は，これ以上銀行を必要としない旨の前年の立場を修正したようである。彼は，「現在の銀行は，増大しかつ益々増大しつつあるわが国の商業や実業が要求する資金を供給することができない」と述べ，銀行数と銀行資本の増大につき慎重に対処するよう州議会に注意を呼び掛けている(注103)。民主党は，従来どおり，銀行会社の増大については慎重に対処したと主張しているが，この年の州議会は，新たに12の銀行会社設立法を制定し，既存の2銀行の資本増加を認めている(注104)。

173

第 2 章　1811 年製造工業会社法の制定から 1845 年まで

【2】　1837 年州議会における自由銀行法案の審議

1837 年 1 月に招集されたニュー・ヨーク州議会は，まだ民主党が多数派を占めていた。その前年には，州議会に対して銀行会社の大幅な増加を求める要求がかつてないほど高まったが，1837 年州議会に対しても同様の要求が強かった。しかし，Marcy 州知事は，年頭のメッセージの中で，新銀行特許状の付与と既存銀行の資本増加を差し控えるべきこと，また，The Restraining Law の一部を廃止すべきことを州議会に勧告した[注 105]。この勧告に従い，州議会は，2 月 4 日，預金および割引業務を銀行会社以外にも解放する旨の法律を制定している[注 106]。ただし，発券業務は，従来どおり，銀行会社に限定された。

2 月 23 日，自由銀行法の制定に関する最初の行動が開始されており，Soule 下院議員は，できるだけすみやかに a general banking law を報告するよう銀行委員会に求める旨の決議案を下院に提出し，その決議が採択されている[注 107]。

同日，An act in relation to limited partnerships, and to authorise assignable interests therein というタイトルの法案が下院に提出されている。この法案は，発券業務以外の銀行業務（割引・預金業務）をリミティッド・パートナーシップにも許容することを意図したものである[注 108]。

自由銀行法に関する審議が具体的に開始されるのは，3 月 3 日，下院の銀行委員会委員長 Robinson から，"An Act to authorize associations for the purpose of banking" という法案が下院に報告された時であろう[注 109]。この下院法案は，1838 年法と類似のタイトルを付されているが，その狙いは安全基金法の制約に服する自由銀行制度（準則主義）の樹立であった。民主党の機関紙 Albany Argus は，既に 2 月 27 日にこの新しい法案を A General Safety Fund Law と呼び，その制定を提唱していたのである[注 110]。

他方，上院においては，3 月 18 日，特別委員会（Loomis 委員長）から "An Act to authorize associations for the purpose of banking" という法案が提出されている。この法案も上記下院法案と同じタイトルが付され，安全基金

第7節　1838年自由銀行法の制定

法の制約に服する自由銀行制度を樹立しようとするものであった(注111)。なお，上院では，既に2月25日，Powersが上院銀行・保険委員会からの詳細な報告書を提出している(注112)。

以下ではまず下院の審議経過を追うことにするが，特に株主の責任の態様を巡る議論に焦点を当てることにしたい。従来，1837年州議会の審議経過は簡単に扱われており，重要な論点が見逃されていると思われるので，できるだけ詳細に審議経過を辿ることにする。

3月3日の下院法案の概要は，Albany Argus紙に紹介されているが，そのうち銀行会社の株主の責任に関する規定は，「株主および役員は現在の安全基金制度下の銀行の株主・役員と同じ限度において責任を負う。ただし，当該銀行が破産した場合には株主は各自連帯して責任を負う」と定めている(注113)。

3月7日，下院議長 Livingston は，3月3日の下院法案に対する修正案を提出した。

同修正案§15は，「役員および株主は，1828年以後法人化された銀行の役員および株主と同じ限度・態様において責任を負うにすぎない」と定めており(注114)，この案では，3月3日の法案にみられる破産の場合の各株主の個人的（連帯的）責任条項（この条項は the personal liability clause と呼ばれた）は削除されたのである。上記修正案の責任規定は当時ニュー・ヨーク州の銀行会社の株主が一般的に負った責任とほぼ同じ内容であるといえるが，当時の銀行会社株主の責任については，既に本章5節【2】において述べたとおりである。

下院の修正案をめぐる審議は4月に入って本格化するが，議論が株主の責任にまで及ぶのは，4月11日からである。翌日，下院は，銀行会社の債務につき株主が個人的責任を負う旨の規定（個人的責任条項）を設けることの是非を終日議論した(注115)。13日にも個人的責任条項に議論が集中したが，結局，この責任条項を復活する旨の修正は否決されている。同日，下院の最終法案が第3読会に付される前に，これを法務長官に送付し，同法案の合憲性（州憲法上の）につき意見を求めることが決議された。この時法務長官に送付された法案の詳細を知ることはできないが，4月18日付の法務長官の

第2章　1811年製造工業会社法の制定から1845年まで

報告書からその概要を窺うことが可能であり，この法案における株主の責任は下院議長が提案した上記3月7日の修正案§15とほぼ同一である(注116)。

　上述の法務長官の報告書において，本法案が違憲である旨の意見が出された点を踏まえて，憲法上の難点を回避するための修正が施され，4月29日，Robinson委員長は修正法案を下院に報告した(注117)。5月3日，この法案が下院を通過し，それが上院に送付されている(注118)。この時下院を通過した法案の中には，銀行の構成員の連帯的（無限）責任を定める条項が含まれていたことに注目しなければならない(注119)。

　他方，自由銀行法案を巡る上院の審議も下院と並行して進行していた。3月18日に，上院の特別委員会から提出された法案§10は，「かかる団体の債務（its debts or liabilities）につき，その団体のすべてのまたはいずれの構成員に対しても訴訟を提起することができ，そして，かかる訴訟は，その構成員のすべてが被告として参加してはいないという理由によって却下されることはないものとする」と定めている。この規定は，社員の責任を直接定めるものではないが，右の法案に先立ってYoungから提出された同委員会の報告書は，個人的（無限）責任を強調し，「個人的責任は，すべての冒険的拡張または危険な実験に対して効果的に対応する警戒心を生み出すであろう」と述べている(注120)。なお，上記特別委員会の報告書については，ホイッグズの機関紙がそれを肯定的に言及しているのに対し(注121)，Youngと同じデモクラッツの機関紙は，右報告書にはいくつかの見解・結論において正しくない点が含まれていると指摘しており(注122)，両者の評価の違いは興味深いところである。

　その後5月5日までのその審議状況を詳細に知ることは困難であるが，同日，上院は，自由銀行制度に関する上述の上院・下院の両法案を否決し，結局，この会期においては，自由銀行法は成立しなかったのである(注123)。4月18日付けの法務長官の意見は法案に対する拒否権の意味を持ったと言われている。

　1837年のニュー・ヨーク州議会における銀行会社の株主の責任をめぐる議論を整理してみると，明確な有限責任規定を設けるべき旨の提案はみられず，翌年の州議会における議論とは明白な違いが存在するといえよう。

176

第 7 節　1838 年自由銀行法の制定

　1837 年議会では，銀行会社の設立は自由（準則主義）に委ねる代わりに，構成員が個人的（連帯）責任を負う旨の案が有力に主張されたのであり，その推進者は主として Young を中心とするデモクラッツの上院議員等であった。無限責任案は，一旦は下院で否決されており，結局，1837 年議会における銀行会社の株主の責任に関するデモクラッツの立場は，その一部における強力な無限責任の主張を除き，1827／28 年法（The Revised Statute）の規定に基づく一種の有限責任を前提としていたといえるであろう。しかし，自由銀行法の中に明示的な有限責任規定を設けることは全く考えられていなかったのであり，5 月 3 日，最終的に下院を通過した法案は，前述のとおり構成員の無限責任を規定していたわけである。また，デモクラッツが支配していた上院が提出した法案は，明確な責任規定を設けることなく，その提案理由は無限責任を主張していたことに注目しなければならない。

　他方，この段階においては，ホイッグズの側も明確な株主有限責任規定を設ける方向への動きを明らかにしていない。その機関紙は，「この原則［個人的責任条項］が本法案に盛られたとしても，その有益な諸目的をそれが挫折させるかどうかについては，われわれは疑いを持っている」と述べており(注124)，ホイッグズも明確な有限責任自体にはあまりこだわっていないことに注目しておきたい。おそらくデモクラッツの支配する州議会においては株主有限責任の明示的規定を設けることは困難であり，この時点では専ら銀行会社の設立に関する準則主義の確立が目指されたのであろう。

　1837 年議会の全体を振り返ってみた場合には，大部分のデモクラッツは，銀行と政党との絆を断ち切ることになる自由銀行法案に対して好意的ではなかったといえよう。Marcy 州知事も発券業務を特許銀行以外に解放することには反対であり，1837 年の銀行委員会（The Bank Commissioners）の報告書も自由銀行法を制定しないよう州議会に勧告している(注125)。ただし，同州の西部地域においては，デモクラッツもホイッグズも自由銀行法の制定を強く要請していたのであり，既存銀行の少ない西部地域では，一層多くの銀行が切実に要求されたといわれている(注126)。

　1837 年 5 月に，アメリカは金融恐慌に襲われ，5 月 16 日，ニュー・ヨーク州議会は，州法銀行の正貨支払停止を合法化した。この恐慌は，アメリカ

第2章　1811年製造工業会社法の制定から1845年まで

銀行史における画期的事件であり，これによって全米の関心が銀行問題に集中され，その後数年間，銀行改革はデモクラッツの最重要の課題とされたのである^(注127)。この恐慌は，ニュー・ヨーク州民主党に大きな打撃と激しい分裂とをもたらした。ことに，同年9月に，この危機に対処するためVan Buren連邦政府が公表したIndependent Treasuryの提唱は，同州民主党を数派閥（factions）に分裂させたといわれている^(注128)。同年11月の同州議会議員選挙は，ホイッグ党の大勝利に帰している。同年5月の恐慌が民主党に不利に働いたのであり，この選挙の結果，州議会の下院は，ホイッグ党が多数派を占めるに至っている^(注129)。

【3】　1838年法の成立とその内容

A　1838年自由銀行法の成立

1838年1月2日に州議会が招集され，Marcy州知事は，そのメッセージにおいて，自由銀行法の制定を州議会に勧告し，次のように述べている。

「……主としてその排他的特権の故に，銀行に対する敵意が増大している。独占は明らかに市民権の平等と矛盾する……当州の諸銀行は厳密には独占ではないが，それら銀行は個人には与えられない特権を有し，それ故に嫌悪感をもってみられてきたのである。この反対を取り除くためには，現行の特許状発給の方式を廃止し，一般公衆に対して健全な通貨を保障するために必要な一般的制約と規制に基づき，銀行業を完全に自由な競争に委ねることが必要である。このことは，一般的銀行法（a general banking law）を制定するかまたはThe Restraining Actを完全に廃止するかのいずれかによってなされうる^(注130)。」

同知事は長年の民主党員であり，かつては自由銀行法の制定に反対したが，1837年11月の州議会議員選挙の敗北によって，民主党の銀行政策が否定されたものと考え，その立場を変えたといわれている。そして，同知事は，上記のメッセージにおいて，自由銀行法に基づき設立されるはずの銀行をcorporationsとみなさなければならない旨，また，自由銀行法案の成立には各院の議員の3分の2の賛成投票を要する旨を述べている^(注131)。

第 7 節　1838 年自由銀行法の制定

　前年の選挙において下院を支配するに至ったホイッグ党は，2 月に，上院・下院の双方に自由銀行法案を提出する。2 月 2 日，ホイッグズの Gullian Verplank が "An Act to repeal the laws restraining private banking, and to authorize the formation of joint stock companies, and regulate the issue of bank notes" というタイトルの法案を上院に提出し，同法案は第 1・第 2 読会を経て特別委員会に付託される[注132]。翌日，ホイッグ党の支配する下院において，ホィッグズの G.W. Patterson が特別委員会から "An Act to authorize associations to carry on the business of banking というタイトルの法案を提出する[注133]。

　上記上院法案の審議はその進行が鈍かったようである。同法案を付託された特別委員会は 2 月 20 日に報告書を提出し，いくつかの修正をなすべき旨を述べているが，具体的な修正条項は示さなかった。ただし，この報告書は，一般的に，株主の厳格な個人的責任を課す旨の修正をなすべきであると述べており[注134]，上記上院法案は次に述べる下院法案とは違って，株主の個人的責任を認める規定を提案していない。その後，この上院法案の審議がどのように進行したかは筆者が調べた限りでは明らかではない。

　他方，上記の下院法案は 2 月 3 日に全院委員会 (a committee of the whole house) に付託され，その後この委員会において審議が続けられている。2 月 17 日には銀行会社の資本金の最低額につき議論がなされている[注135]。最低資本金額については，5 万ドル，10 万ドル，20 万ドルの 3 つの主張がなされ，株主の個人的責任を主張する側は，銀行券保有者の保護のためには資本金が多いことを要すると述べている。最終的には，資本金の最低額は 1838 年法§15 により 10 万ドルと定められた。

　下院法案§13 は，銀行会社の株主が流通中のすべての銀行券につき連帯的責任を負う (be jointly and severally liable) 旨を定めている。同条項は，新聞報道では the personal liability clause と呼ばれており[注136]，前年の責任条項と同じ呼び方がなされているが，その内容は同じではないことに注意しなければならない。1837 年の 3 月 3 日の法案では，銀行会社の破産の場合に，株主は各自連帯的責任を負うものとされていたのに対し，上記下院法案§13 は，銀行会社の債務のうち銀行券償還義務に限定して，株主に連帯的責

第2章　1811年製造工業会社法の制定から1845年まで

任を負わせていたのである。

　2月20日から28日までは，社員の「個人的責任」を認める同条項の是非が断続的に議論されている。この議論の焦点は，銀行券保有者の保護にあり，安全な銀行券をいかに確保するかが関心の的であったといえよう。銀行券保有者に対する社員の個人的（連帯的）責任を認めることが保有者の保護に資するかどうかを1つの争点として下院は争ったのである。

　ホイッグズは，下院法案§13が定める個人的責任条項に反対し，この条項を削除する方向へ審議を導いている。2月20日，ホイッグズのHallは，「この条項は資本家が銀行と係わらないようにさせ，銀行券保有者の安全を強めるよりも弱めることになるであろう」と述べ，また，Barnardは，「法人の制限的責任の原則が現代における最も貴重な進歩の一つであり，国の急速な発展を促進するために大いに役立った進歩の1つであると考える」と述べ，さらに，Wardwellもこの条項を削除すべきであると主張している。

　これに対し，特別委員会の法案の作成に当ったG.W. Patterson（ホイッグズ）は，上記条項に賛成し，「この規定は資本家たちが一層注意深く銀行の経営を監視するように仕向けるであろう」と述べている。また，デモクラッツのMannも個人的責任があらゆる通常の取引・事業のルールである旨を述べている(注137)。

　2月21日，同条項は，全院委員会で一旦は採択されたが，24日には，ホイッグズの下院議長Bradishは，同条項案を再審議して，それを修正または否決すべき旨を述べた。ホイッグズのCulverが同条項の再審議の動議を提出し，それが全院委員会で承認されている。28日に，同条項の再審議が始められ，ホイッグズのHoardは個人的責任条項の実施に対して反対意見を述べた。また，Barnardは，同条項を削除する動議を提出し，その団体の共同財産のみが団体の債務につき責任を負うべきであると信じる，と述べた。これに対し，Pattersonは，「銀行の預金［債務］とその他の債務については，その共同の財産のみが責任を負うべきとするように本法案を変更する用意があることを表明する。しかし，通貨として発行された銀行券については，発行者の個人的財産が責任を負うべきであることを主張する」と述べている。最終的には，Ogdenが本法案を9人委員会へ再付託する旨の動議を提出し，

第 7 節　1838 年自由銀行法の制定

それが全院委員会で承認されている(注138)。

　3月10日，上記9人委員会から修正法案が下院に提出されたが，この法案のタイトルは "An act to establish the business of banking" に変更され，これが直ちに全院委員会に付託された。本修正案は全部で25ヵ条から構成され，その§17は1838年法§23と同一の株主有限責任を定めている(注139)。しかし，この責任条項がいかなる経過を経て設けられるに至ったかは不明である。2月3日に下院法案を提出したホイッグズのPattersonは，最初は株主の個人的責任条項を提案し，2月28日の審議まではそれを主張していたが，3月10日の修正案では有限責任規定を提案している点に注目しておきたい。

　右の修正法案の審議は3月26日以後連日審議が続いているが，責任条項は4月3日まで議論されなかったようである。審議は，4月3日から5日にかけてその山場を迎えており，3日，全院委員会は，本法案を審議し，多くの修正を加え，かつ，法案のタイトルを "An act to authorize the business of banking" に変更した旨を下院に報告している(注140)。同日，本法案の逐条審議が行なわれ，§17の有限責任条項が全院委員会で承認されている(注141)。4月4日，本法案全体の審議が終了し，翌日，本法案は，第3読会を経たうえ，下院議員の3分の2以上の賛成（賛成86：反対29）により下院を通過する(注142)。なお，下院通過直前に，有限責任条項は法案§17から§23へ移され，また，§22は当該団体の債務につきその長（頭取）に対して出された判決がその団体の共同の財産に対してのみ強制執行できる旨を定め，さらに，法案の条文数も全部で32ヵ条に増加している。

　以上のように下院を通過した法案は，株主の責任のほかに様々な規定を定めていたが，そのうち1つの争点となった正貨準備に関する審議状況に言及しておくことにしたい。正貨準備の問題については，4月3日，ホイッグ党下院議員Barnardが流通銀行券の15％に相当する正貨準備を設ける旨（§32）を提案した。あるデモクラットがその率を20％まで引き上げようと試みたが，それは否決された。民主党は，提出された法案には過度の銀行券発行を阻止するものが何もない故に，何らかの正貨規制（specie regulator）が設けられない限り，その法案に反対するという態度をとった。下院のホイッ

181

第 2 章　1811 年製造工業会社法の制定から 1845 年まで

グ党多数派は，Barnard 提案も否決したうえで，自由銀行法案を可決している(注 143)。

この下院法案は，4 月 6 日に上院へ送付され，全院委員会に付託されている(注 144)。1838 年の上院では，まだ民主党が多数派を占めていた（民主党 22 議席対ホィッグ党 10 議席）から，懸案の自由銀行法案の上院通過は，民主党上院議員の充分な賛成が得られるかどうかに係っていたわけである。急進的な Evening Post 紙は，ホィッグ党の自由銀行法案に賛成の態度を表明し(注 145)，保守派のデモクラット Edwin Croswell が編集する Albany Argus 紙は，下院を通過した自由銀行法案をそのまま通過させるよう上院のデモクラッツに圧力をかけた。

上記上院の全院委員会は 4 月 16 日になってようやくその審議を開始している。上院保守派のデモクラッツは，自由銀行法案を通過させる必要性を認める点ではホィッグズと一致した。しかし，Young が率いる急進派のデモクラッツは，下院におけると同じ問題を再び持ち出している。17 日，株主の個人的責任を認めるべき旨の修正案をめぐり議論が交わされている。銀行の株主に無限責任を課そうとする試みは，民主党が真二つに分かれたため否決された。もう 1 つの争点は，銀行券の発行に対する正貨準備についてである。正貨準備を設ける点については，Marcy 知事がそれを勧告しており，また，下院の民主党が強くそれを支持していたため，上院の保守派のデモクラッツもそれに反対投票をするのは難しかった。その結果，18 日に，15 ％の正貨準備を設ける規定案やその他若干の修正を含む案が上院を通過したのである。下院は上院の修正に同意を与えず，上院も譲らなかったため，両院協議会において妥協が成立し，結局，12.5 ％の正貨準備を設けるところへ落ち着いた。同日，同法案は両院を通過し，州知事の署名により 1838 年法（最終的には全文 33 カ条から成る）が成立するに至る(注 146)。

1837 年と 1838 年の州議会の審議を比較した場合(注 147)，前者においては，株主有限責任規定を設けるべき旨の積極的な主張はみられなかったのに対して，後者においては，ホィッグズの側から明確な株主有限責任規定が提案された点に注目すべきであろう。そして，1838 年法の有限責任規定は，ニュー・ヨーク州事業会社法史において画期的であり，銀行会社の債務につき株

第 7 節　1838 年自由銀行法の制定

主が個人的（直接）責任を負わない旨を明確に定めたのである。当時のニュー・ヨーク州の政党が一貫した会社政策を有していたわけではないが，デモクラッツの側には無限責任論を含む多様な見解がみられたのに対して，ホイッグズの側はほぼ一致して有限責任を推し進めることができたのであろう。

　ちなみに，1837年ミシガン州自由銀行法は，ニュー・ヨーク州1811年製造工業会社法§7と同旨の2倍責任規定を定めており，1838年ジョージア州自由銀行法はニュー・ヨーク州1838年法と同一の有限責任規定を設けている(注148)。

　1838年法の審議経過を顧みるとき，民主党内の意見不一致が目立つ。これに対し，ホィッグ党は，比較的良く党内がまとまったといえる。下院の大部分のデモクラッツは，銀行券保有者の保護を主張し，銀行の株主の無限責任や正貨準備の設定を要求した。しかし，彼らの言う一般公衆のための最小限の保障がホイッグズの反対により認められなかったため，28名のうち19名が最終法案に反対した（賛成7名，棄権2名）。これに対し，100名のホイッグ党下院議員のうち10名のみが法案に反対であった。上院の民主党は真2つに分裂し，賛成11名，反対8名である。上院のホイッグ党（総数10）は，賛成9名，反対0名，棄権1名である(注149)。

　一貫して自由銀行法案を推進したホイッグ党はその背後に如何なる動機を有していたのであろうか。McFaulによれば，自由銀行法の背後にあって，この法案を提唱するにつきホイッグ党と保守派のデモクラッツとを協同させたのは，インフレの醸成という動機である。ホイッグズは，インフレが当面の危機を乗り切るため直ちに採れる救済策であると考えた。これに対し，デモクラッツの大部分は，ホイッグズの推進する自由銀行法案がインフレ策（inflationary device）であるとして，それに反対したのである(注150)。

B　1838年自由銀行法の内容　既述のとおり成立した1838年法は，全文33ケ条から成り，銀行会社の設立に関する準則主義を採用した最も初期の立法である。また，同法は，銀行会社の株主の有限責任につき一般法律による明確な規定（間接有限責任規定）を設けたニュー・ヨーク州の最初の制定法である。

　§1．会計検査官（The comptroller）は(注151)，当州の法人化された銀

183

第2章 1811年製造工業会社法の制定から1845年まで

　　　　　行が指定された様式により発行することを授権された金種（denominations）の白地銀行券の形で，偽造防止のための最良の方法に従って，本法の諸規定を実施するために必要であると自らみなす量額の銀行券（circulating notes）を製版・印刷することが，本法に基づき授権され，義務づけられる。かかる白地銀行券は，当会計検査官の指示に基づき，その任命する者が会計検査官の事務所においてそのために準備し保管している真正の帳簿に，副署され，番号を付され，記録される。その結果，かかる銀行券は，各金種がすべて同一の様式に服し，かかる記録官（register）の一様の署名がなされる。

§2．本法の諸規定に基づく銀行業を目的とするいかなる者または団体も，合衆国・当州または会計検査官が承認した他州の公債を会計検査官に適法に譲渡したときには，かかる者または団体は，それと同額の銀行券――既述のように記録・副署された――を会計検査官から受け取る権利がある。しかし，かかる公債は，あらゆる場合において，年5％のニュー・ヨーク州債に等しいものとする。また，会計検査官が券面額を超える率で公債を受け取ることは適法である。なお，この場合には，銀行券の表面に公債により担保されている旨が記される（§6）。

　以上により，各銀行は，アメリカ合衆国国債，ニュー・ヨーク州債，会計検査官が認めた他州の州債を会計検査官に預託することにより，その預託した証券と同額の銀行券を会計検査官から受領することができ，会計検査官が印刷した統一的様式の銀行券を使用することになる。

　また，各銀行（個人または団体）は，公債の移転の代わりに，捺印金銭債務証書（bonds）および不動産譲渡抵当権（mortgage）を会計検査官に移転することによって，発券額の半分に相当する支払いを担保することも適法である（§7）。この場合のbonds and mortgagesは，年6％の当州の利息［支払い義務］が生じ，また，銀行券（notes and bills）の表面に，公債および不動産により担保されている旨が記される。

　　§3．［各銀行］は，銀行券［会計検査官から受け取った］を一覧払

184

第 7 節　1838 年自由銀行法の制定

の約束手形――州内のその営業所を支払場所とする――とするために，法が要求する方式でその銀行券を作成し署名した後，当州の法および慣習により規制される銀行業の通常の過程に従って，その銀行券を金銭（money）として貸し付け，流通させることが本法により授権される。

　同法§15は，「幾人の者でも，結合して（associate），割引・頂金および流通の事務所（offices）を設立することができる，ただし，本法が定める諸条件に基づき，本法が定める責任に服する……」と定めている。

　銀行会社（associations）を設立するための準則は次のとおりである。銀行の資本は，最低10万ドルとする（§15）。定款（a certificate）には，銀行の名称，割引・預金業務が遂行される場所，資本の額およびそれが分割される株式の数，構成員（associates）の氏名・住所および各自の持株数，当該団体の活動開始時期および終了時期（存続期間）を記載し，その定款は，カウンティ書記の事務所において証明・確認・記録され，その定款の謄本は州務長官の事務所に提出される（§16）。

　本法では，憲法上の理由により，銀行会社を表現するために，associationsという用語が用いられ，corporationsという用語は避けられている。したがって，他の事業会社の場合には，法人としての存在を開始する時期を明示する方式が採用されたのに対して，本法は銀行会社が法人としての存在を開始する時期については明示していない。

　かかる団体は，その業務規則（their articles of association）が定める方法に従って銀行業務（the business of banking）を遂行する権能を有する。また，その頭取を選任・解任し，支配人その他の役員・代理人を任命・解任することができる（§18）。かかる団体の株式は人的財産とみなされ，その業務規則において合意された方法により譲渡することができる（§19）。本法に基づき設立された団体がその業務規則によりその資本の増加および構成員の数の増加を定めることは適法である（§20）。

　銀行は，その頭取（president）の名において，訴えまたは訴えられ（§21），当該銀行の債務または責任につき頭取を相手とする判決は当該団体の共同財産についてのみ強行し得る（§22）。

第2章　1811年製造工業会社法の制定から1845年まで

§23.　本法の団体（銀行）のいかなる株主も，当該団体の契約・債務または約束につき個人の資格において責任を負わない。ただし，その株主が署名した業務規則（the articles of association）によりかかる責任を負う旨を宣言していた場合は除かれる。

　この規定は，銀行会社の債権者に対する株主の責任を否定するものであり，いわゆる株主有限責任の原則（間接有限責任）を定めていると読むことができる。

　なお，the articles of association という用語は通常定款を意味するが，本法は定款を意味する用語としては a certificate を用いているため，本法のthe articles of association はこれを業務規則と訳すことにしたい。

§26.　本法の団体は，本条が定める11の事項について会計検査官に報告する義務がある。

§28.　当該銀行（association）のいかなる債務であってもそれが未払いのままである間に，その銀行の最初の資本がいかなる目的のためであれ一部でも引き出された場合には，その資本の欠損が株主の株式引受または爾後に生じた利益から補填されるまでは，当該銀行の株式に対する利益配当がなされてはならない。もし以上の規定に反する利益配当がなされた場合には，当該銀行の業務を閉鎖するため必要な決定および判決（orders and decrees）を下し，その財産を債権者および株主に分配することが大法官の義務である。

　最後に，銀行券の発行について，発券額の12.5％を下らない正貨準備が必要とされたが（§33），1840年の改正により廃止された(注152)。

　1838年法のおおまかな内容は以上のとおりであるが，従来，同法の評価がなされるとき，同法の制定は「アメリカ銀行史における最も重要な出来事」であり，「同法に具体化された諸原則や述べられている用語は，ほぼあらゆる州と連邦政府により受け継がれた」といわれている(注153)。そして，1837年ミシガン自由銀行法の成立が時間的にはニュー・ヨーク州法に先行する点につき，Seavoyは，「［上記ミシガン州法は］1837年にニュー・ヨークで挫折した自由銀行法［案］のコピーであった」と述べており(注154)，また，Hammondも同旨を述べている(注155)。ただ，本節【2】・【3】Aの検討結

第 7 節　1838 年自由銀行法の制定

果によれば，1837 年ミシガン州法は株主の 2 倍責任規定（ニュー・ヨーク州 1811 年製造工業会社法§Ⅶと同じ）を定めていたのに対し，ニュー・ヨーク州の 1837 年法案は 2 倍責任規定を提案していなかったのであるから，株主の責任に関する限りにおいては，ミシガン州法は 1837 年法案の単なるコピーではないといえよう。また，1838 年自由銀行法が株主の（間接）有限責任を規定していたのに対し，1837 年法案は，1827／28 年法の責任規定を前提としており，間接有限責任を提案していなかったのである。むしろ 1837 年に下院を通過した法案は社員の無限責任規定を設けていた点にこそ注目すべきであろう。なお，ミシガン州は 1839 年以降自由銀行を禁止し，1857 年に新しい自由銀行法を制定したため，1837 年ミシガン州自由銀行法自体は実際には殆ど機能しなかった点に注意すべきである。

　ところで，1838 年法の性格ないしその担い手については，学説の対立がある。同法制定の担い手を民主党急進派のロコフォコ派に求める Fritz Redlich の見解が従来有力であった。この見解を支持するとみられるある経済史家は，次のように述べている(注 156)。

　「［自由銀行制度は］当時（1830 年代）既に産業界で開始されていた『一般株式会社法』制定の要求運動に照応する，『銀行』の一般への解放を意図するものであった。……それはロコ・フォコ派（Locofocos）と呼ばれた民主党の過激派によって推進されたものである。彼らは最初は金銀のみが唯一の安全通貨なりと考えるジャクソン的考えに立っていたが，後程自由銀行賛成に傾いていった。彼らは独占は人民の平等の権利を侵害するものであるから，法律によって庇護される一切の独占に反対する綱領を掲げて闘ったのである。」

　これに対して，1838 年法の反民主党的性格を強調する Lee Benson の見解が有力に主張されている(注 157)。彼は，同法の最終的な成立をホィッグ党の功績に帰せしめ，自由銀行法を次のような文脈からみる。すなわち，有力なデモクラッツと緊密に結合した The Mechanics' and Farmers' Bank of Albany を中心とする州金融独占に対して，反メイソン党・ホィッグ党が闘った長年の抗争という文脈からみるのである。Benson は，ロコフォコ派および急進的なデモクラッツについては，自由銀行法を追求した彼らのプレッシャーに

第 2 章　1811 年製造工業会社法の制定から 1845 年まで

留意はするが，彼らの提唱した自由銀行制度が現実に成立した自由銀行法の内容とは異なる旨を指摘している。

さらに，Bray Hammond は，Redlich がロコフォコ派の役割のみを重視したのに対し，それに加えて一層多くの銀行を求める企業家的要求も重視する見解を主張している(注158)。

上述の論争は，ジャクソニアン・デモクラシーの「担い手」に関するアメリカ史学上の難問と密接に関連しており，ここでこれ以上この論争に立ち入ることは控えることにしたい。ただ，前項でみたように，立法過程を眺めた限りでは，ロコフォコ派の具体的な役割は曖昧であり，現実に成立した1838年法がホイッグ党の施策であったことは否めないのではなかろうか。

ちなみに，1838年自由銀行法に基づいて設立された銀行会社数は，1838年―44，1839年―92，1840年―20，1841年―1，1842年―1，1843年―1，1844年―3，1845年―2である(注159)。

【4】　1838 年自由銀行法と 1821 年ニュー・ヨーク州憲法

1838年法については，1つの法律によって不特定多数の法人設立を授権すること（準則主義に基づく法人設立）は，たとえ両院議員の3分の2以上の多数の賛成を得た場合でも，1821年州憲法 art. Ⅶ，§9に違反しないか，また，1838年法成立の際に，1821年州憲法の規定が要求する多数の賛成が得られなかった故に，同法は違憲ではないか，という問題が残されていた(注160)。立法者たちは，これらの問題を回避するために，銀行を意味する用語として association を用い，corporation という用語を避けたにも拘らず，1839年から1845年末にかけて，1838年法の合憲性の問題がしばしば争われることになる(注161)。

この問題を扱った最初の事件は，Thomas v. Dakin, 22 Wendell 9 (1839) である。この事件において，The Bank of Central New York（1838年法に基づき設立された銀行）は，その頭取の名において，Samuel D. Dakin を相手どり，手形の支払を求める訴を起こした。被告 Dakin は，特に不特定数の法人を個人が随意に設立することを授権する法律が憲法に違反する旨を主張し，

188

第 7 節　1838 年自由銀行法の制定

原告と争った。つまり，原告銀行は違憲の法律に基づくものであり，その法律上の存在を欠く故に，法律上存在しない債権者に対する債務は無効である，というのである。

　原告は，自由銀行が法人ではない，と主張したが，高位裁判所（The Supreme Court）は，法人の諸特性を詳細に検討したうえ，自由銀行が法人の基本的諸権能や諸権利を有しており，したがって，立法者たちが如何なる名称を与えようとも，自由銀行が法人である，と述べた。しかし，同裁判所は，自由銀行が合憲であり，両院の総議員の 3 分の 2 の賛成によって可決されるならば，一般法によって不特定数の法人の設立を授権する権限を立法府が有する，と判示した(注162)。

　1840 年に，Thomas v. Dakin 事件と同一の争点を有する二つの訴訟が高位裁判所に提起された。Warner v. Beers および Bolander v. Stevens である。裁判所は，自由銀行は法人ではあるが，1838 年法は違憲ではない，と判示した。この二つの事件は，州最高裁判所（The Court for Correction of Errors）へ上訴された(注163)。ここでは，1838 年法が州憲法上要求される多数の賛成を得なかった故に，同法は違憲・無効ではないかという争点が追加された。最高裁は，原告自由銀行がその貸した金銭の支払を求め得る旨の原審判決を確認したが，自由銀行が法人である旨の原審判決の意見は斥けている。州最高裁は，1838 年法が州憲法上必要な多数の賛成を得られなかったかもしれないが，同法が有効で，合憲的に制定された旨を述べ，さらに，同法に基づいて設立される自由銀行（free banking associations）が「憲法の精神と意味における法人（bodies politic or corporate）ではない」と判示している(注164)。

　その後，自由銀行が法人である旨の高位裁判所の判決が出され(注165)，さらに，自由銀行は憲法の意味における法人ではないが，税法の意味における法人である，という趣旨の州最高裁の判決が出されるに至り(注166)，自由銀行が法人か否かの判断について裁判所の態度は混乱に陥る。上述の裁判所は，1838 年法が広く州民に受け入れられている故に，同法を違憲・無効となし得ない点では一致したが，その整合的な理由づけをみいだせなかったのであろう(注167)。

189

第2章　1811年製造工業会社法の制定から1845年まで

　1845年の May Term に，1838年法を無効とする1つの判決が出され，事態が一層混乱する。その事件は，DeBow v. The People, 1 Denio 13 (1845) である。これは刑事事件であり，DeBow は，下級裁判所において，Warsaw 銀行の銀行券を偽造し，流通させたという理由で，有罪とされた。そこで，DeBow は，高位裁判所において，1838年法の違憲性を根拠として，原審の有罪判決を争った。彼は，Warsaw 銀行が依拠した1838年法が憲法上必要な賛成を得なかった故に，違憲・無効であり，Warsaw 銀行は法律上存在せず，したがって，彼の犯罪も存在しないと主張した。裁判所は DeBow の主張を認め，次のように判示した。

　「自由銀行法（the general banking law）が各議院の総議員の3分の2の賛成を得なかったことを吟味・確認した以上，本法が法人（corporations or associations）の設立を授権した限りで，それは全く無効であり，その法律に基づいて設立された銀行（the banking companies）は，法律上の存在をもたない，という結論になる。」

　その後，DeBow 事件の先例に従った高位裁判所の判決 Gifford v. Livingston, 2 Denio 380 (1845) が出され，それが1845年12月に，州最高裁判所に上訴された。裁判所は，自由銀行が憲法の精神と意味における法人ではない旨を判示し，自由銀行法の合憲性を確認した^(注168)。

　以上のように，1839年から7年間に亘って，自由銀行法の合憲性に関する疑義が裁判所における大問題となったのである。一般的にいえば，法人の設立に関する準則主義立法の合憲性に対する疑義が存在しており，この争点は同州議会において製造工業会社につき繰り返し論じられていたことに注目すべきであろう。既に，1827／28年法（The Revised Statutes）編纂過程でもこの問題が取り上げられており，また，その後も同じ問題が州議会で何度も議論されている^(注169)。

　1846年に，ニュー・ヨーク州憲法が改正され，同憲法 art. Ⅷ, §3は，corporation という用語には，associations や joint stock companies が含まれるものとする旨を規定し，さらに，後述のとおり同憲法 art. Ⅷ, §4（第3章2節【3】A参照）によって，長年争われた1838年法の合憲性の問題が決着をみるに至るのである。

[第2章の注]

（注1）L. RAY GUNN, THE DECLINE OF AUTHORITY: PUBLIC ECONOMIC POLICY AND POLITICAL DEVELOPMENT IN NEW YORK, 1800-1860, at 194 （1988）.

（注2）*Id.* at 10. さらに，Gunn は，同時代のその他の特色として，商業的農業の発達・農村経済の拡大的市場システムへの漸次的統合（交通革命により可能とされた）・資本市場の集権化・経済機能の地域的特化などを挙げている。なお，Paul A. Gilje, *The Rise of Capitalism in the Early Republic,* 16 J. EARLY REPUBLIC 159, 164-66 （1996） も，アメリカ資本主義の勃興の一特徴として事業会社（corporations）の出現を挙げている。

（注3）An Act relative to incorporations for manufacturing purposes, Act of Mar. 22, 1811, N.Y. Laws, 34th sess., ch. 67. なお，製造工業会社に関する限りにおいては，本制定法がアメリカ（おそらく世界）で最初に設立準則主義を採用したことは確実であるが，製造工業会社だけでなくすべての種類の事業会社について，アメリカで最初の設立準則主義がいつ採用されたかを論じる場合には，見解が分かれている。この問題については，伊藤紀彦「アメリカにおける事業会社の設立に関する準則主義の成立時期について」中京法学31巻3号6頁（1997年）参照。

（注4）JOHN W. CADMAN, JR., THE CORPORATION IN NEW JERSEY: BUSINESS AND POLITICS, 1791-1875, at 22 n.73 （1949）; Slee *v.* Bloom, 19 Johns. 456, 474 （N.Y. 1821）.

（注5）AARON CLARK, A LIST OF ALL THE INCORPORATIONS IN THE STATE OF NEW YORK 42-43 （1819）; GUSTAVUS MYERS, THE HISTORY OF THE TAMMANY HALL 118 （2d ed. 1971）. ただし，GEORGE H. EVANS, JR., BUSINESS INCORPORATIONS IN THE UNITED STATES, 1800-1943, at 21 （1948） によれば，1809年には，8社しか設立されていない。なお，1809年は，マサチューセッツ州の事業会社法の歴史においても画期的な年であり，同州は同年だけで11の製造工業会社を個別法律に基づき設立している。ただし，これらの会社の社員はすべて無限責任を負っていたことに留意しなければならない（本書**序章**［注5］参照）。

（注6）EVANS, *supra* note 5, at 17 （1948）. なお，GEORGE R. TAYLOR, THE TRANSPORTATION REVOLUTION, 1815-1860, at 241 （1951） は，1861年までに，3回の製造工業会社設立の高揚期があり，1814年はその第1回目のピークに相当すると述べている。

（注7）William C. Kessler, *Incorporation in New England: A Statistical Study, 1800-1875,* 8 J. ECON. HIST. 45, 51-52 （1948）. なお，EDWIN M. DODD,

第 2 章　1811 年製造工業会社法の制定から 1845 年まで

AMERICAN BUSINESS CORPORATION UNTIL 1860, at 375 n.15（1954）は，1809 年のマサチューセッツ州における製造工業会社の急増がどの程度まで Embargo 以降の貿易制限による結果であるかを決定することは困難であると述べている。

　（注8）　鈴木圭介編・アメリカ経済史 228-29 頁（宮野啓二執筆）（1972 年）。

　（注9）　Israel I. Rubin, New York State and the Long Embargo 167-68, 176-78（1961）(unpublished Ph. D. dissertation, New York University).

　（注10）　2 MESSAGES FROM THE GOVERNORS COMPRISING EXECUTIVE COMMUNICATIONS TO THE LEGISLATURE AND OTHER PAPERS RELATING TO LEGISLATION FROM THE ORGANIZATION OF THE FIRST COLONIAL ASSEMBLY IN 1683 TO AND INCLUDING THE YEAR 1906, at 622（CHARLES LINCOLN, ed., 1909）(hereinafter MESSAGES FROM THE GOVERNORS).

　（注11）　*Id.* at 658.

　（注12）　1 JABEZ D. HAMMOND, THE HISTORY OF POLITICAL PARTIES IN THE STATE OF NEW-YORK 288-89（1852）; 2 MESSAGES FROM THE GOVERNORS, *supra* note 10, at 673-74.

　（注13）　STUART BRUCHEY, THE ROOTS OF AMERICAN ECONOMIC GROWTH, 1607-1861, at 129-30（1962）. なお，1808 年から 1815 年の間における事業会社の設立数に関する Bruchey の根拠は不明であるが，ここでは一応彼に従うことにする。

　（注14）　*Id.* at 130.

　（注15）　1811 年法に言及している主な文献を以下に列挙する。

　　SIMEON E. BALDWIN, MODERN POLITICAL INSTITUTIONS 195（1898）; HENRY W. BALLANTINE, ON CORPORATION 37（rev. ed. 1946）; CADMAN, *supra* note 4, at 22-23 ; Edwin M. Dodd, *American Business Association Law A Hundred Years Ago and Today, in* 3 LAW: A CENTURY OF PROGRESS, 1835-1935, at 271-72（1937）; Stanley E. Howard, *Stockholders' Liability under the New York Act of March 22, 1811,* 46 J. POL. ECON. 499（1938）; JAMES M. KERR, THE LAW OF BUSINESS CORPORATIONS: EMBRACING THE NEW YORK BUSINESS ACT, THE NEW YORK MANUFACTURING ACT, AND THE NEW JERSEY AND WEST VIRGINIA ACTS 555-65（1890）; William C. Kessler, *A Statistical Study of the New York General Incorporation Act of March 22, 1811,* 48 J. POL. ECON. 499（1940）; SHAW LIVERMORE, EARLY AMERICAN LAND COMPANIES 261-62（1959）; Ronald E. Seavoy, *Laws to Encourage Manufacturing: New York Policy and the 1811 General Incorporation Statute,* 46 BUS. HIST. REV. 85（1972）.

　（注16）　本文の以下の記述は，Journal of the Assembly of the State of New York, 1811, at 141, 177, 217, 231, 305-06: Journal of the Senate of the State of New York, 1811, at 86-87, 89, 91, 135 を整理したものである。

(注17) ニュー・ヨーク州においては，1821年の憲法改正まで，The Council of Revision が立法に対する拒否権を持っていた（N.Y. CONST. 1777, art. Ⅲ 参照）。

(注18) Seavoy, *supra* note 15, at 90 は，Journal of the Senate を引用しているが，その個所は1811年法とは無関係である。また，*Id.* at 89-90 は以下の旨を述べている。すなわち，もともと準則主義を盛り込んだ法案 "A Bill to Encourage the Manufacture of Woolen Cloth, also Cotton, Hemp, and Flax and for other Purposes" が1811年の州議会へ提出されたが，後にその法案が成立したときには，"An Act relative to incorporations for Manufacturing Purposes" へと短縮されたというのである。しかし，この点は正確ではなく，1811年法はその法案の段階から終始そのタイトルを変えていない。

(注19) An act to enable all the religious denominations in this State to appoint trustees who shall be a body corporate, for the purpose of taking care of the temporalities of their respective congregations, and for other purposes therein mentioned, Act of Apr. 6, 1784, N.Y. Laws, 7th sess., ch. 18; BALDWIN, *supra* note 15, at 174, 194; 1 ARTHUR W. MACHEN, JR., A TREATISE ON THE MODERN LAW OF CORPORATIONS 8-9 (1908). ただし，2 JOSEPH S. DAVIS, ESSAYS IN THE EARLIER HISTORY OF AMERICAN CORPORATIONS 16 (1917) によれば，1778年のサウス・キャロライナ州憲法が，宗教法人の設立に関する準則主義を採用している（S.C. CONST. 1778, art. ⅩⅩⅩⅧ参照）。

(注20) An Act to institute an university within this State and for other purposes therein mentioned, Act of Apr. 13, 1787, N.Y. Laws, 10th sess., ch. 82; An Act to incorporate such persons as may officiate for the purpose of procuring and erecting public libraries within this state, Act of Apr. 1, 1796, N.Y. Laws, 19th sess., ch. 43; An act to incorporate Medical Societies, for the purpose of regulating the practice of physic and surgery in this state, Act of Apr. 4, 1806, N.Y. Laws, 29th sess., ch. 138.

(注21) 2 DAVIS, *supra* note 19, at 8, 16-17; 1 MACHEN, *supra* note 19, at 15 n.1; JOSEPH G. BLANDI, MARYLAND BUSINESS CORPORATIONS, 1785-1852, at 10 (1934); CADMAN, *supra* note 4, at 5-6; J. WILLARD HURST, THE LEGITIMACY OF THE BUSINESS CORPORATION IN THE LAW OF THE UNITED STATES, 1780-1906, at 134 (1970).

(注22) Seavoy, *supra* note 15, at 89-90; 2 DAVIS, *supra* note 19, at 8.

(注23) 酒巻俊之「会社設立と事業用資産の取得」長浜洋一先生還暦記念・現代英米会社法の諸相217頁以下（1996年）参照。なお，創立主義方式の特色は，法人としての会社設立という簡便な手続とその後の開業のための手続とが法制上区別される点にあると説かれているが，1811年法においては開業

第 2 章　1811 年製造工業会社法の制定から 1845 年まで

のための要件は明確ではないように思われる。

（注 24）　CLARK, *supra* note 5, at 42-45.

（注 25）　Seavoy, *supra* note 15, at 90.

（注 26）　本書第 1 章 3 節【1】§ 13 ; DODD, *supra* note 7, at 388.

（注 27）　Charles M. Haar, *Legislative Regulation of New York Industrial Corporations, 1800-1850*, 22 N.Y. HIST. 191, 195（1941）参照。結局，1811 年法制定以前に 2 倍責任を定めた個別法律は，第 1 章の（注 71）に掲げた 12 の設立法および 1811 年に 1811 年法制定前に成立した 6 つの設立法（表＝Ⅷ㉚〜㉝㉟㊲）とを合わせた 18 である。なお，表＝Ⅷ㊲は 1811 年法と同日に成立している。

（注 28）　Alfred D. Chandler, Jr., *The United States: Evolution of Enterprise*, in 7 THE CAMBRIDGE ECONOMIC HISTORY OF EUROPE 79 （PETER MATHIAS & M.M. POSTAN eds., 1978）；チャンドラ（丸山恵也訳）・アメリカ経営史 23-24 頁（1986 年）。

（注 29）　N.Y. Laws, 1816, ch. 58：1818, ch. 67 ; 1821, ch. 14; CADMAN, *supra* note 4, at 22 n.73. ただし，1811 年法は 1848 年に明示的に廃止されたわけではなく，The General Corporation Law of 1892（N.Y. Laws, 115th sess., ch. 687〔Schedule of Laws Repealed〕）により正式に廃止されている。以上については，KERR, *supra* note 15, at 556; DWIGHT A. JONES, THE LAW AND PRACTICE UNDER THE STATUTES CONCERNING BUSINESS CORPORATIONS 153（1893）を参照されたい。

（注 30）　N.Y. Laws, 1815, ch. 47; 1816, ch. 58; 1817, ch. 223; 1819, ch. 102; 1821, ch. 231, § 19; Dodd, *supra* note 15, at 289 n.79; Seavoy, *supra* note 15, at 94.

（注 31）　Beatrice G. Reubens, State Financing of Private Enterprise in Early New York 201（1960）（unpublished Ph.D. dissertation, Columbia University）

（注 32）　1811 年法に基づき設立された製造工業会社の数については，EVANS, *supra* note 5, at 17 TABLE 9 参照。

（注 33）　An Act for the incorporation of manufacturing companies, 10 Ohio Laws 24 （1812); ELWYN G. DAVIES, A TREATISE OF THE LAW OF CORPORATIONS: BASED ON THE GENERAL CORPORATION ACT OF OHIO 112-13（1942); An Act relative to incorporations for manufacturing purposes, Act of Feb. 9, 1816, N.J. Public Acts, 40th sess., pp. 17-21; 伊藤紀彦「ニュー・ジャージー事業会社法における準則主義の成立」中京法学 7 巻 2 号 66 頁（1972 年）参照。

（注 34）　EVANS, *supra* note 5, at 17.

（注 35）　GUNN, *supra* note 1, at 44-45.

（注 36）　EVANS, *supra* note 5, at 17 の数字と比較した場合，年度毎の設立数

に若干の違いがあるが，筆者の数字はSession Lawsの調査に基づき，設立法のコピーを収集できたものだけを掲げた。

（注37） N.Y. Laws, 1817, chs. 42, 94; BRAY HAMMOND, BANKS AND POLITICS IN AMERICA FROM THE REVOLUTION TO THE CIVIL WAR 161 （1957）.

（注38） Act of Apr. 1, 1824, N.Y. Laws, 47th sess., ch. 148, § 2; WILLIS S. PAINE, THE LAWS OF THE STATE OF NEW YORK RELATING TO BANKS AND BANKING AND TRUST COMPANIES 22−23（1894）参照。

（注39） 表＝Ⅷ㉚〜㉝㉟㊳㊵〜㊹㊽52 61〜63 65 85

（注40） 表＝Ⅷ㉙㉞㊱㊺㊾51 54 55 60 64 66 67 77 78

（注41） Act of Jan. 31, 1827, N.Y. Laws, 50th sess., ch. 32.

（注42） Act of Apr. 14, 1827, N.Y. Laws, 50th sess., ch. 236.

（注43） 前掲（注42）の設立法§5は，「ここに更新された当会社が本法により法人権能を再び行使する前に，額面で（in value）過半数を占める当会社株主が，本法により課された諸条件に対し，書面による同意——この同意は州務長官の事務所に提出される——を与えなければならない。また，前述のような方式・形式でその同意を表示しなかった株主が，本法通過後1年以内のいつでも当会社から退社することは適法である。また，請求時の実際の価値（its actual value）に従って，かかる株主が所有する株式の額（the amount）をかかる反対株主に支払うことは当会社取締役の義務である。また，かかる反対株主は，当該株式の価値を求めるため，いかなる裁判所においても当会社に対する訴訟を提起できる」と定めている。

従来，反対株主の株式買取請求権を認めた最初の制定法はオハイオ州の1851年3月3日法であろうと説かれている（神田秀樹「資本多数決と株主間の利害調整（5・完）」法学協会雑誌99巻2号244頁，227頁（注5）［1982年］）。しかし，もし上記規定が株式買取請求権を認めるものと判断できるならば，さらに古い制定法が存在していたことになろう（なお，後掲［注84］参照）。また，鉄道会社の合併の場合，1850年に株式買取請求権を認める事例がみられる（中東正文「19世紀における鉄道会社の合併に関するニューヨーク州法の展開」法政論集（名古屋大学）167号174−76頁［1997年］参照）。

（注44） Act of Apr. 7, 1827, N.Y. Laws, 50th sess., ch. 181.

（注45） JOHN CLEAVELAND, THE BANKING SYSTEM OF THE STATE OF NEW YORK, at XⅧ−XXX （2d ed. 1864, reprint 1980）.

（注46） J. WILLARD HURST, A LEGAL HISTORY OF MONEY IN THE UNITED STATES, 1774−1970, at 153 （1973）.

（注47） N.Y. CONST. 1821, art. Ⅶ, § 9; 2 THE FEDERAL AND STATE CONSTITUTIONS, COLONIAL CHARTERS, AND OTHER ORGANIC LAWS OF THE UNITED STATES 1347

第 2 章　1811 年製造工業会社法の制定から 1845 年まで

(Ben P. Poore ed., 2d ed. 1924, reprint 1972). なお，同憲法が州民により批准されたのは 1822 年である。同規定は次のとおりである。

The assent of two-thirds of the members elected to each branch of the legislature shall be requisite to every bill appropriating the public money or property for local or private purposes, or *creating*, continuing, altering, or *renewing any body politic or corporate.*（イタリックは筆者による。）

(注 48)　HAMMOND, *supra* note 37, at 579. なお，2 JAMES KENT, COMMENTARIES ON AMERICAN LAW 219 (1827, reprint 1972) によれば，同憲法上の規定が設けられたのは，「不用意な法人の増加を抑制するため」であった。

(注 49)　REPORT OF THE PROCEEDINGS AND DEBATES OF THE CONVENTION OF 1821, at 446 (N.H. CARTER ET AL. reporter, 1821); Bray Hammond, *Free Banks and Corporations: The New York Free Banking Act of 1838,* 44 J. POL. ECON. 184, 189 (1936).

(注 50)　J. HAMPDEN DOUGHERTY, CONSTITUTIONAL HISTORY OF NEW YORK 167 (2d ed., 1915) は，「必要な 3 分の 2 の多数を獲得するために，一層多額の金銭を要したからである」と述べている。

(注 51)　本節の時代に設立された銀行会社の数は，J. VAN FENSTERMAKER, THE DEVELOPMENT OF AMERICAN COMMERCIAL BANKING, 1782–1837, at 159–164 (1965) によれば，33 である。この数には本節【1】の 2 つの会社（表＝㊺�666），Aqueduct Association (Green County Bank) (Act of Mar. 26, 1802, N.Y. Laws, 25th sess. ch. 56; Act of Apr. 21, 1818, N.Y. laws, 41st sess., ch. 237) および The New York Dry Dock Company (Act of Apr. 12, 1825, N.Y. Laws, 48th sess., ch. 114) が含まれている。The New-York Dry Dock Company は，本来のドック事業のほかに，銀行業も認められ（§ 8），また，その配当条項（§ 11）は欠損填補不要型の配当制限基準を採用している。

(注 52)　Act of Apr. 12, 1825, N.Y. Laws, 48th sess., ch. 117

(注 53)　Act of Apr. 12, 1825, N.Y. Laws, 48th sess., ch. 118

(注 54)　ROBERT E. CHADDOCK, THE SAFETY FUND BANKING SYSTEM IN NEW YORK, 1829–1866, at 243–44 (1910, reprint 1972).

(注 55)　DODD, *supra* note 7, at 212. 同州は 1829 年においてもまだ 1 株 1 議決権の原則を確立していない（An Act to regulate banks and banking, Act of Feb. 28, 1829, Mass. Laws, 1828–31, ch. 96, § 8)。

(注 56)　An Act concerning the Revised Statutes, Act of Dec. 10, 1828, N.Y. Laws, 51st sess. [2d meeting], ch. 19, § 17.

(注 57)　CHARLES M. COOK, THE AMERICAN CODIFICATION MOVEMENT: A STUDY OF ANTEBELLUM LEGAL REFORM 136 (1981). なお，ELLEN M. GIBSON, NEW YORK

LEGAL RESEARCH GUIDE 55（1988）によれば，1827／28年法はThe Revised Statutes of 1827／28と呼ばれており，本書の時代に同法の改訂版・The Revised Statutes（2d ed., 1836, 3 vols.; 3d ed., 1846-48, 3 vols.）が公刊されている。

（注58）An Act to prevent fraudulent Bankruptcies by incorporated Companies, to facilitate against them, and for other purposes, Act of Apr. 21, 1825, N.Y. Laws, 48th sess., ch. 325. 本法は，事業会社（incorporated companies）に一般的に適用されたが，銀行会社（保険会社も含む）に限って適用される規定も含まれており，2 KENT, *supra* note 48, at 253は，「同法は，すべての金融会社の経営における乱用を抑制し，銀行会社からの債務の回復を容易にするために，よく考慮された多くの指示（directions）を含んでいる」と述べている。

（注59）森淳二郎・配当制限基準と法的資本制度30-31頁（1974年）。

（注60）JOSEPH K. ANGELL AND SAMUEL AMES, A TREATISE ON THE LAW OF PRIVATE CORPORATIONS AGGREGATE 363（1832, reprint 1972）

（注61）GUNN, *supra* note 1, at 227［n.16］。

（注62）森・前掲（注59）30-31頁。

（注63）なお，1825年法§2の解釈については，伊藤邦夫「アメリカ株式会社会計制度の史的構造（一）」商学研究（一橋大学研究年報）23号72-77頁（1982年）参照。

（注64）EVANS, *supra* note 5, at 17. なお，後掲（注159）参照。

（注65）Act of Mar. 16, 1844, N.Y. Laws, 67th sess., ch. 39.

（注66）An Act to continue in force and amend the act entitled "An Act to incorporate the Oriskany Manufacturing Company," Act of Apr. 15, 1826, N.Y. Laws, 49th sess., ch. 207.

（注67）An Act renewing the Charter of the Oriskany Manufacturing Company, Act of Apr. 29, 1829, N.Y. Laws, 52d sess., ch. 293.

（注68）CLEAVELAND, *supra* note 45, at 286-88. なお，本文で言及した64という数字は，FENSTERMAKER, *supra* note 51, at 159-64と同じであるが，EVANS, *supra* note 5, at 17の数字（71）とは異なる。

（注69）An Act to create a Fund for the Benefit of the Creditors of certain Monied Corporations, and for other Purposes, Act of Apr. 2, 1829, N.Y. Laws, 52nd sess., ch. 94.

（注70）CLEAVELAND, *supra* note 45, at 13 n.6; An Act to repeal certain Sections of Title Second of the Eighteenth Chapter of the First Part of the Revised statutes, Act of Mar. 8, 1830, N.Y. Laws, 53d sess., ch. 71

（注71）CHADDOCK, *supra* note 54, at 255.

第2章　1811年製造工業会社法の制定から1845年まで

(注72)　PAINE, *supra* note 38, at 31.

(注73)　Act of Mar. 9, 1830, N.Y. Laws, 53rd sess., ch. 75

(注74)　保険会社に tit. Ⅲ が適用される旨を明示する設立法は，N.Y. Laws, 1831, ch. 261; N.Y. Laws, 1832, chs. 215, 216 ; N.Y. Laws, 1840, ch. 312; N.Y. Laws, 1841, ch. 209 である

(注75)　ニュー・ヨーク州の鉄道会社の設立数については，EVANS, *supra* note 5, at 17 が各年の設立数の一覧表を掲げている。また，本節の対象たる時期の各鉄道会社の名称（商号）は HENRY V. POOR, HISTORY OF THE RAILROADS AND CANALS OF THE UNITED STATES OF AMERICA 338-50 (1860, reprint 1970) に掲載されている。さらに，同州の初期鉄道会社の状況は，*Id.* at 218-324, 338-50 による。ただし，本稿で示した設立法の数は，Evans や Poor のものと若干の違いがあり，その根拠は session laws の調査による。

(注76)　DODD, *supra* note 7, at 63.

(注77)　この鉄道会社の詳細については，森 杲「ニューヨーク・セントラル鉄道会社の成立」経済学研究（北大）29巻3号60-71頁（1979年）を参照されたい。なお，Albany Argus 紙 (Dec. 29-31, 1825) には，The Rochester Railway Company を法人化するため法律制定の請願を次の会期に提出する旨が公示されている。この請願が実際になされたかどうかは明らかではないが，この鉄道会社は設立には至っていない。

(注78)　FRANK W. STEVENS, THE BEGINNINGS OF THE NEW YORK CENTRAL RAILROAD 1 (1929).

(注79)　Albany Argus, Feb. 16, 1826.

(注80)　以上につき，Albany Argus, Mar. 1, 3, Apr. 18, 1826 参照。

(注81)　森・前掲（注77）61-62頁；STEVENS, *supra* note 78, at 10-11 参照。

(注82)　Act of Mar. 28, 1828, N.Y. Laws, 51st sess., ch. 122.

(注83)　ニュー・ヨーク・アンド・エリー鉄道会社の詳細については，森 杲「ニューヨーク・エリー鉄道の建設」経済学研究（北大）38巻4号1頁以下を（1989年）参照されたい。

(注84)　合併を授権するニュー・ヨーク州最初の個別法律については，第1章の（注133）およびその本文で述べたが，その後の合併法制の変遷は明らかではない。本文に指摘した規定は合併に関する初期の一例であり，表㊾の設立法§§7-11も同趣旨の規定であり，同法は初期の合併規定として興味深い事例である。

同法により設立される The Long-Island Rail-Road Company（以下A社と呼ぶ）は，表㊱の The Brooklyn and Jamaica Company（以下B社と呼ぶ）と合併する（be united）ことが認められる。B社はA社の株式600株を引き受け

ることができ，A社を設立する際のコミッショナー（引受のための）はB社の株主にその保有する株式と同数を割り当てる（§7）。株式の引受が完了したとき，B社のすべての財産・権利などがA社へ移転され（§8），B社がA社に合併されたとき，B社の株主はA社の株主となる（§9）。B社の株主がA社の株主とならない決定をコミッショナーに伝えた場合には，その株主の株式はB社の割当株式数から控除される。そして，B社がその財産・権利をA社に移転したとき，A社の株主とならない決定を伝えたB社の株主は，前に株式の支払いをした金額をB社に請求し受領する資格が認められる（7％の利息の支払いと各株式につき5ドルが付されるが，それまでに受け取った配当額は控除される）（§11）。

　上記§11は株式買取請求権を認めた初期の事例といえるであろうか（前掲［注43］参照）。なお，1850年以降の鉄道会社の合併規制については，中東・前掲（注43）174頁以下を参照されたい。

　（注85）　森・前掲（注83）37頁。
　（注86）　同・8頁；Act of Apr. 19, 1833, N.Y. Laws, 56th Sess., ch. 182, §2.
　（注87）　ニュー・ヨーク・セントラル鉄道会社が合併により創設される経過の詳細については，森・前掲（注77）107頁以下・53頁第1表を参照されたい。
　（注88）　これは表⑱の設立法のタイトルである。
　（注89）　Act of Apr. 18, 1838, N.Y. Laws, 61th sess., ch. 260. なお，同法は，The General Banking Act と呼ばれることも多い。
　（注90）　Hammond, *supra* note 49, at 184.
　（注91）　HAMMOND, *supra* note 37, at 573.
　（注92）　GUNN, *supra* note 1, at 177.
　（注93）　Richard Sylla, *Early American Banking: The Significance of Corporate Form,* 14 BUS. & ECON. HIST. 105, 107（1985）.
　（注94）　安全基金法については，前掲（注69）参照。
　（注95）　L. Ray Gunn, *Political Implications of General Incorporation Laws in New York to 1860,* 59 MID-AMERICA 171, 175 n.16, 176（1977）；安武秀岳「ロコフォコ派の分裂と『独占問題』――ジャクソニアン急進派の『自由銀行プラン』の検討――」西洋史学論集（小林・今来先生還暦記念）230－32頁（1968）参照。
　（注96）　HAMMOND, *supra* note 37, at 562.
　（注97）　LEE BENSON, THE CONCEPT OF JACKSONIAN DEMOCRACY: NEW YORK AS A TEST CASE 34-35, 47, 93-94（1961, reprint 1970）；安岳・前掲（注95）233-34頁。

(注98) JOHN M. MCFAUL, THE POLITICS OF JACKSONIAN FINANCE 101-02 (1972).

(注99) John M. McFaul, The Politics of Jacksonian Finance 118 (1963) (unpublished Ph. D. dissertation, University of California, Berkely). この未公刊論文と公刊本（注98）のタイトルは同じであるが，内容は異なる部分がある。以下の叙述は，上記2つのMcFaulの著作に依拠する。

(注100) MCFAUL, *supra* note 98, at 103, 105.

(注101) McFaul, *supra* note 99, at 213-14.

(注102) *Id.* at 209-10, 215. ただし，New York Evening Postが主張した自由銀行制度の内容は不明である。

(注103) 2 CHARLES Z. LINCOLN, THE CONSTITUTIONAL HISTORY OF NEW YORK 38-39 (1906).

(注104) MCFAUL, *supra* note 98, at 215. ただし，EVANS, *supra* note 5, at 17 によれば，13の銀行特許状が発給されている。

(注105) 3 MESSAGES FROM THE GOVERNORS, *supra* note 10, at 628-29, 632. なお，The Restraining Lawについては，前掲（注45）およびその本文を参照されたい。

(注106) An Act to Repeal in Part the Revised Statutes Relating to Unauthorized Banking, Act of Feb. 4, 1837, N.Y. Laws, 60th sess., ch. 20.

(注107) Albany Argus, Feb. 24, 1837.

(注108) *Id*. この法案は，3月23日の下院で，第3読会まで進行したが，保留となり（Albany Argus, Mar. 6, 1837），同法案に関する法務長官の意見がだされている（N.Y. Assembly Document, No. 304, 1837）。なお，本法案は，The Limited Partnership Act（Act of Apr. 17, 1822, N.Y. Laws, 45th. sess., ch. 244, §Ⅱ）により禁止されていた銀行業をLimited Partnershipsに解放しようとしたものである。

(注109) Albany Argus, Mar. 4, 1837. Albany Argus, Mar. 6, 1837は，Robinson 案が銀行委員会による監督と基金への積み立てを欠如していると批判している。

(注110) 安全基金制度に服する自由銀行については，CHADDOCK, *supra* note 54, at 374-75を参照されたい。

(注111) Albany Argus, Mar. 20, 1837.

(注112) Albany Argus, Feb. 25, 1837.

(注113) Albany Argus, Mar. 4, 1837.

(注114) Albany Argus, Mar. 8, 10, 1837.

(注115) Albany Argus, Apr. 13, 1837.

(注116) N.Y. Assembly Document, No. 303, 1837.
(注117) Albany Argus, May 1, 1837.
(注118) Albany Argus, May 4, 1837.
(注119) Albany Evening Journal, Apr. 29, May 4, 1837. 法案中の該当箇所は，"The shareholders or partners are made jointly severally liable to any person having a demand against any such association …" である。
(注120) N.Y. Senate Document, No. 55, 1837, at 18–19, 23.
(注121) Albany Evening Journal, Mar. 20, 1837.
(注122) Albany Argus, Mar. 31, 1837.
(注123) Albany Argus, May 5, 1837. なお，5月5日までの審議については，Albany Argus, Apr. 25, 28, 1837 や Albany Evening Journal, Apr. 29, 1837 などに関連記事がみられる。
(注124) Albany Evening Journal, Apr. 13, 1837.
(注125) HAMMOND, *supra* note 37, at 581; N.Y. Assembly Document, No. 78, 1837, at 9–10.
(注126) Michael A. Lebowitz, *In the Absence of Free Banks, What?*, 2 CAAS [Canadian Association for American Studies] BULLETIN 73, 96 (1967).
(注127) JAMES R. SHARP, THE JACKSONIANS VERSUS THE BANKS: POLITICS IN THE STATES AFTER THE PANIC OF 1837, at 26, 49 (1970).
(注128) *Id.* at 297.
(注129) McFaul, *supra* note 99, at 219 によれば，ホイッグ党議員は100名であり，民主党議員は28名である。
(注130) 3 MESSAGES FROM THE GOVERNORS, *supra* note 10, at 655. なお，The Restraining Act につき，前掲（注45）およびその本文参照。
(注131) *Id.*
(注132) N.Y. Senate Journal, 1838, at 178. なお，同法案は，New York (State). Legislature. Legislative bill collection [microform]（または Bills of the Senate and Assembly of the State of New York), 1838, No. 65 に収録されている（New York State Library の Call Number は LEG 011.9-3 LEGBC 97-112 1838 N.1-314 である）。
(注133) N.Y. Assembly Journal, 1838, at 300.
(注134) Albany Argus, Feb. 21, 1838; N.Y. Senate Document, No. 42, 1838, at 6.
(注135) Albany Argus, Feb. 19, 1838.
(注136) Albany Argus, Feb. 21, 1838.
(注137) Albany Evening Journal, Feb. 21, 1838.

第 2 章　1811 年製造工業会社法の制定から 1845 年まで

（注 138）　Albany Argus, Feb. 26, 1838; Albany Evening Journal, Feb. 24, 26, Mar.1, 1838.

（注 139）　Albany Argus, Mar. 12, 16; N.Y. Assembly Journal, 1838, at 540.

（注 140）　N.Y. Assembly Journal, 1838, at 836. なお，下院から上院へ送付された法案の全体は，N.Y. Senate Journal, 1838, at 469-475 に収録されている。

（注 141）　Albany Argus, Apr. 5, 1838.

（注 142）　N.Y. Assembly Journal, 1838, at 877.

（注 143）　Albany Argus, Apr. 5, 1838.

（注 144）　N.Y. Assembly Journal, 1838, at 836.

（注 145）　Albany Argus, Apr. 17, 1838 [From the N.Y. Evening Post]: McFaul, *supra* note 99, at 224-25.

（注 146）　N.Y. Senate Journal, 1838, at 479-80, 494, 512.

（注 147）　民主党の主導により作成された 1837 年法案とホイッグ党の主導により作成された 1838 年自由銀行法とを綿密に比較することは 1838 年法の理解のためには不可欠であるが，前掲（注 132）の関連資料（1837 年法案）を入手することができなかった。

（注 148）　An Act to organize and regulate banking associations, Act of Mar. 15, 1837, Mich. Laws, 1837, No. 47, § 38; An Act, To authorize the business of banking, and to regulate the same, Act of Dec. 26, 1838, Ga. Laws, 1838, p. 33, § 25.

（注 149）　McFaul, *supra* note 99, at 227-28.

（注 150）　*Id.* at 232, 234-5.

（注 151）　会計検査官については，GUNN, *supra* note 1, at 88-89 参照。なお，1838 年法の全体の紹介については，小山賢一・アメリカ株式会社法形成史 163-65 頁（1981 年）参照。

（注 152）　Act of May 14, 1840, N.Y. Laws, 63d sess., ch. 363 [§ 6].

（注 153）　Hammond, *supra* note 49, at 184.

（注 154）　RONALD E. SEAVOY, THE ORIGINS OF THE AMERICAN BUSINESS CORPORATION, 1784-1855, at 174 n.24（1982）.

（注 155）　HAMMOND, *supra* note 37, at 582.

（注 156）　楠井敏朗・アメリカ資本主義と産業革命 404-05 頁（1970 年）参照。

（注 157）　BENSON, *supra* note 97, at 98-99, 102. なお，以下の整理は，Lebowitz, *supra* note 126, at 79 による。

（注 158）　HAMMOND, *supra* note 37, at 573-74.

（注 159）　PAINE, *supra* note 38, at 478-79, 484-86. なお，EVANS, *supra* note 5, at 17, Table 9 は，1838年自由銀行法に基づき設立された銀行会社の数を示していない。

（注160）　1821年ニュー・ヨーク州憲法 art. Ⅶ, §9 については，前掲（注47）参照。

（注161）　この問題については，HAMMOND, *supra* note 37, at 559-92 および SEAVOY, *supra* note 154, at 158-72 が詳しい。以下の叙述は上記二つの文献に依拠する。なお，EDWARD H. WARREN, CORPORATE ADVANTAGES WITHOUT INCORPORATION 426-58（1929, reprint 1982）参照。

（注162）　SEAVOY, *supra* note 154, at 158-60. なお，ニュー・ヨーク州の The Supreme Court は1審の裁判所である点に注意されたい（田中英夫編・英米法辞典830頁・985頁［1991年］参照）。

（注163）　Warner *v.* Beers; Bolander *v.* Stevens, 23 Wendell 103; 190（1840）.

（注164）　SEAVOY, *supra* note 154, at 160-62.

（注165）　Delafield *v.* Kinney, 24 Wendell 347（1840）.

（注166）　The People *v.* The Supervisors of Niagara, 7 Hill 506（1844）; Seavoy, *supra* note 154, at 166-67. なお，その他の関連事件については，*id.* at 162-66 参照。

（注167）　DeBow *v.* The People, I Denio 13, 18-19.

（注168）　Gifford *v.* Livingston, 2 Denio 380（1845）; HAMMOND, *supra* note 37, at 590-91.

（注169）　Albany Argus, Nov. 10, 16, 1827; N.Y. Senate Document, 1833, No. 8; N.Y. Senate Document, 1835, No. 4; N.Y. Senate Document, 1836, No. 25; N.Y. Assembly Document, 1838, No. 277; N.Y. Assembly Document, No. 162, 1844; N.Y. Senate Document, 1845, No. 59.

第3章　1846年ニュー・ヨーク州憲法改正から1860年まで

第1節　序

　1846年ニュー・ヨーク州憲法改正からおよそ10年間の時期は，ニュー・ヨーク州事業会社法史における1つの大きな変貌期であるとみなすことが可能であり(注1)，同州事業会社法はこの時期に一応の近代化を成し遂げたといえよう。本章は，この時期に制定された種々の準則制事業会社法を考察し，同州事業会社法の近代化の過程をできるだけ具体的に究明することにその狙いを置くことにしたい。

　1846年ニュー・ヨーク州憲法art. Ⅷ, §1は，「法人は一般法律に基づいて設立することができる，しかし，個別法律に基づいては設立することができないものとする。ただし，地方自治体のための場合および立法府の判断によって一般法律に基づいては法人の目的が達せられない場合を除く」と定めている(注2)。

　この規定は，個別法律に基づく法人の設立（特許主義）を原則として禁止し，一般法律に基づく法人の設立（準則主義）を州議会に許容するものである。同規定は従来州憲法上の疑義が強かった準則主義立法を明示的に認めるものである。1821年ニュー・ヨーク州憲法art. Ⅶ, §9の下では，一般法律に基づく法人の設立（準則主義）は憲法違反であると一般に解釈されていたから(注3)，このような憲法上の規定の存在は，事業会社についてもその準則主義立法の発展を阻害する要因であった。この阻害要因が1846年州憲法改正により除去されたわけである。

　個別法律に基づく法人設立（特許主義）を禁止する旨の州憲法上の規定は1845年ルイジアナ州憲法art. 123に始まるが(注4)，後に他の諸州へ与えた影響力に鑑みるとき，1846年ニュー・ヨーク州憲法会議における論議は詳細な検討に値するであろう(注5)。本章では，この憲法会議に関する2種類の

第3章 1846年ニュー・ヨーク州憲法改正から1860年まで

議事録を利用して(注6)，法人の設立立法主義・社員の責任・州憲法と銀行会社との関連などを検討し（第2節），また，1846年州憲法の要請に応じるため展開された様々な準則制事業会社法の立法動向を辿ることにする（第3節）。特に，1848年製造工業会社法および1848年・1850年鉄道会社法については，それぞれ別の節を設ける（第4・5節）。最後に，1850年代に制定された準則制事業会社法については，若干のものだけを簡単に紹介することにしたい（第6節）。

1846年州憲法改正前後における事業会社法の変貌の背景は複雑であるが，その1つの重要な要因として，1830年代までに醸成された立法部に対する広範な不満・不信，殊に1837年恐慌後のそれが指摘されている。なかんずく事業会社の設立に関する特許主義に対する批判が高まり，特許主義は次第に終焉に向かうことになる。そして，このような特許主義の終焉は，立法部に対する不信と奥深くで結びついていたといわれている(注7)。このような事業会社の設立に関する特許主義から準則主義への転換の要因を明らかにする作業は今後も追求しなければならない課題である。

第2節　1846年州憲法改正と事業会社法

【1】　州憲法会議と法人の設立に関する準則主義

1846年ニュー・ヨーク州憲法会議は同年6月1日に招集された(注8)。この会議では合計18の委員会が設けられ，その第17委員会がThe Committee on Incorporations Other than Banking and Municipalである（以下第17委員会と呼ぶ）。この委員会は，同年7月2日の会議において，法人［銀行会社・地方自治体を除く］に関する6項目の州憲法改正案を報告している。そのうちの第1項［§1］が設立準則主義に関係しており，その内容は次のとおりである(注9)。

「法人もしくは団体（incorporations or associations）を創設する個別法律または法人もしくは団体に対して排他的特権を与える個別法律は通過させられないものとする。しかし，その法律が定める諸規定を遵守すれば，何人で

も法人格を取得できる (become incorporated) ような一般法律を立法府は通過させることができる。また、すべての法人は、立法府が随時定める・本憲法の諸規定に矛盾しない・すべての一般法律に服するものとする。」

上記の提案をした著名な急進派民主党員たる Loomis 委員長は、その提案理由の中で次のように述べている(注10)。

「……公衆の注目を集め、この憲法会議を招集するに至らしめた諸課題のうち、事業会社 (incorporated companies) に関する課題が重要な位置を占めている点については、同意が得られるであろう。他の人々には拒否されている諸特権を特定の諸個人に対して政府から付与する制度が、人間の平等に違反しつつ、存続するのを人々は見てきた。そればかりでなく、これら法人の性質に必須の諸特権が行使されるときには、他の人々が有していない・事業から生ずる損失に対する・免責特権をも特定の諸個人が有することになることを人々は見てきた。法人諸権能を行使する人々は、多くの場合、法人により利用できるあらゆる便益を取得するが、損失は、成功した場合に利益を得るのとは異なった人々に帰属する。このことが人間の公正と平等に直接反する故に、公衆の注意が本課題に向けられてきたのは驚くに当らない。そして、次の場合にはとりわけそうである。すなわち、これらの法人が遂行してきた事業が――州の機能資本の非常に多くの部分をその思うままにし、私的諸関係に対してだけでなく州の政治的諸機関に対しても影響を与えつつ――州の事業の大きな部分を占めている場合には。当委員会の目的は、以上の著しい困難をまず克服することであった、[その方法は]希望する人々誰もがあらゆる適法な目的のために結合して法人格を取得することを認められ、かくして特許状を取得するのに成功した少数の個人に対して特別の恩恵を与えるという最初の困難が除去されることによってである。」

引き続いて、Loomis 委員長は、第2項以下の提案についても説明を加えたうえ、次のように締め括っている。

「当委員会は、これらの法人が一般公衆に対する害悪であると考えたのではなく、逆に必要な便益であると考えた。資本の利用や企業の発展のため、そして個人またはリミティッド・パートナーシップが自ら提供できるよりも多額の資本を必要とする事業を遂行するためには、法人が非常に役立つ制度

第3章　1846年ニュー・ヨーク州憲法改正から1860年まで

であると当委員会は考えた。したがって，当委員会は法人を安全なものとするための諸規定を設け，その濫用に対する抑制策——自然が自然人に課した諸抑制に相応する——を置いた。……このシステム〔general incorporation laws〕は，資産の少ない人々が事業の経営に参加し，結合することを可能にするであろう。その原理は民主的である。しかし，以上の諸特権が少数者に制限されているとき，すなわち諸特権がある者には与えられ他の者には否定されているときには，その制度は民主主義のあらゆる原則に反する(注11)。」

　上記の第17委員会提案の第1項は，すべての種類の法人につき個別法律による設立を一切禁止するものである。この点は，憲法会議の過程において重要な変更が加えられており，以下では，最初の提案がいかなる経過により州憲法 art. Ⅷ, §1に転化されていったかにつきなるべく具体的に検討しておくことにしたい。

　7月2日に提出された法人に関する6項目の提案は，9月24日まで審議されなかった。同日，第1項から審議が開始され，その冒頭で，Loomis委員長は次のように述べている(注12)。

　「問題は，法人が必要か否かであり，あらゆる必要な良き結果を生ぜしめ，諸々の不当な不平等を防止するために，いかに法人を規制するかである。……一般法律は，議会の手間と時間の損失を大幅に省いてくれるであろう，それは法人のあらゆる利点を社会にもたらし，また，法人の過剰を防ぎ，あらゆる特別の特権とその付与を排除するであろう。」

　Murphy代議員は，第1項の法人には地方自治体も含まれると思うが，それが当委員会の意図かと質した(注13)。この質問を契機として，個別法律に基づく設立が禁止される法人の範囲に対して議論が向けられる。問題は，地方自治体・いわゆる公益法人および水道・有料橋会社などの公益事業的性格の法人が個別法律による設立を禁止されるか否かであった。

　地方自治体も個別法律による設立を禁止されるという見解を有するMurphy代議員は，準則主義に基づく地方自治体の設立が何ら新奇の制度ではないとして，インディアナ州やアーカンソー州の例に言及している(注14)。これに対し，第17委員会は第1項の法人には地方自治体が含まれないと解した(注15)。また第1項の原則を支持するJordan代議員は次のように述べてい

第2節　1846年州憲法改正と事業会社法

る(注16)。

「［事業会社・慈善法人の設立準則主義］が基本法［州憲法］によって樹立されるべきであると私は思う。それは，個々の設立申請者の時間と費用を節約するであろう。それは立法府の時間と州の費用を節約し，そして，それは製造工業会社や宗教法人に関して現在行なわれているような・短い・落ち着いた・経済的な・便利な手続によって，諸個人がその目的を達成するのを可能とするであろう。法人の設立の問題に関する限り，他の種類の法人［公益事業的会社］に同じ事［準則主義］を認めることに反対する理由は私には分からない。……そうすれば，わが法令集は幾百もの個別法律を詰め込まれることはないであろう。」

以上のほか，製造工業会社と銀行会社に限って個別法律による設立を禁止する旨の修正案が提出され(注17)，この案を支持する Kirkland 代議員は，「［第1項］が独占や排他的特権を無効とする限りにおいて私はそれを支持したい。……しかし，如何にしてその原則がすべての種類の法人に関して実際に実行され得るのかを私は理解できない」と述べている(注18)。

9月24日の会議終了の間際に，地方自治体は第1項の法人には含まれない旨の修正案が承認され，翌日も引き続いて第1項の審議が継続された後，他の若干の修正を含めて委員会提案の第1項が採択された(注19)。その後，第2項以下の審議が進められたが，第5項の審議途中に，Marvin 代議員は，前日に一旦採択された第1項の再審議を求めて，1つの修正案を提出した。翌9月26日，第1項の再審議が始められたが，結局，第17委員会提案の全項目を再審議することが決定された(注20)。銀行問題の審議が終了した後，9月29日に第1項の再審議が始められ，先に提案された Marvin の修正案が憲法会議で採択された。その内容は次のとおりである(注21)。

「立法府は，銀行業・製造工業・宗教その他立法府が安全で実現可能と認める目的のために複数の人々が法人を設立することを授権する一般法律を通過させなければならない。……」

ところが，その後第17委員会提案の全項目を特別委員会へ付託する旨の動議が成立し，この委員会は，9月30日，3項目から成る提案を報告した(注22)。この提案のうち第1項が設立立法主義に関するものであり，憲法会議

第3章　1846年ニュー・ヨーク州憲法改正から1860年まで

がこの条項を採択し，ようやく設立準則主義をめぐる論議は終結した。かくして採択された第1項が本章第1節冒頭に引用した1846年憲法 art. VIII, §1 に相当するわけである。

　1846年ニュー・ヨーク州憲法会議は10月9日に解散し，同会議が採択した憲法改正案は11月3日にニュー・ヨーク州民の承認を得て成立し，1847年1月1日から施行された[注23]。

　この憲法会議を省みるとき，われわれは当時の政党の法人に対する態度を窺い知ることができる。当時の民主党は急進派（Barnburners）と保守派（Hunkers）とに分裂し，両派の溝は深まりつつあったから，党の政策として法人に対する態度が確立されていたわけではないが，Marvin Meyers の見解を参考にすれば，一応次のようにいえよう[注24]。

　第17委員会の法人に関する6項目提案は，当時の民主党の法人に対する警戒的な態度を反映していたといえる。民主党急進派は，法人の危険性に注目し，厳格な州憲法上の規定を設ける方向に傾いていたのである。これに対し，ホイッグ党は，営利企業に対する積極的な奨励策を望み，法人に関する詳細な州憲法上の規定を設けることは不適当であり，立法的裁量はできるだけ広く認められるべきであると考えていた。ホイッグ党系代議員により第17委員会提案に対する修正案がしばしば提出され，結局，非常に簡潔で妥協的な規定が成立するに至ったわけである。

【2】　州憲法会議における株主の責任の態様をめぐる論議

　1846年の憲法会議においては，法人の設立に関する立法主義の他に，株主（社員）の責任の態様に関しても活発な議論が交わされている。結果的には，本節【3】で述べる銀行会社の場合を除き，株主の責任に関する規定は州憲法中には採り入れられなかったが，この会議の論議は翌年以降の州議会における審議の前哨戦ともいえるので，以下にその若干の議論を紹介しておくことにしたい。

　7月2日に提出された第17委員会の報告の第3項において，社員の責任に関していわゆる比例責任案（ただし，保険会社を除く）が提示された[注25]。

第2節　1846年州憲法改正と事業会社法

この提案理由の中で，Loomis委員長は次のように述べている(注26)。

「債務の支払または損失の負担に関する委員会報告において当委員会が具体化した原則は，成功の場合に会社設立者（incorporator）が利益を得ると同じ割合の損失または債務を失敗の場合に各社員に支払わせることである。……本報告書の前提は，資本の5分の1を有する個々の社員には損失の5分の1の責任を負わせ，かくして利益と損失における衡平の原則を確立することである。」

9月25日に，第3項に関する討議が始まり，主に保険会社を比例責任から除くことの当否が論じられた。Marvin代議員は，保険会社を比例責任の例外とすることに反対し，次のように述べている(注27)。

「私はこれら［保険会社］の株主に個人的責任を負わせることに賛成である。何故なら，これらの株主は営利目的のために会社にその資金を投下したのだからである。」ただ，彼は，本来は社員の個人的責任を認めることに反対であり，また，社員の責任の問題が州憲法の規定にはなじまない立法事項であると考えた。そして，仮に社員の責任に関する規定を州憲法に設けるとした場合には，製造工業会社と保険会社とを区別することに彼は反対したわけである。彼は次のように述べている。

「われわれがある法人に対して信用を与える場合には，投下された資本に対して信用が与えられるのであって，個々の社員に対してではない。そして，法人の財産がそれだけでその債務に対して責任を負う，というのが法人の本質である……」これに反し，「もしこの個人的責任の制度を続けるならば，小資本家を投資から遠ざけてしまい，John J. Astorのような金持だけがこの問題を支配するであろう。もし貧しい人々よりも金持を富ませることが民主主義だとするならば，私は民主主義とは何の係りも持ちたくない。」

かなりの反対にもかかわらず，第3項は辛うじて採択された(注28)。

引き続いて，第4項の審議が開始されている。この条項は，鉄道・運河・ターンパイク道路・有料橋・電信会社などの公益事業的会社について，一定の範囲で比例責任の例外を認めた。すなわち，同条項は，上記の会社の借入金債務・購入または収用した土地の代金債務・鉄道の鉄代金債務につき比例責任の例外を認めたのである。この提案に対してRichmond代議員は，上記

211

第3章　1846年ニュー・ヨーク州憲法改正から1860年まで

例外が恩恵（favoritism）であり，大いに異議があると述べて，その例外を削除すべき旨の修正案を提出した。結局，上記例外は削除され，公益事業的会社についても第3項と同じ比例責任を認める修正案が採択された(注29)。その後，第17委員会提案の全項目が特別委員会に付託され，9月30日に，この特別委員会は全部で3項目の提案を報告した。しかし，この提案の中には株主の責任の態様に関する条項は含まれていなかったのである。同提案の第2項は次のように定めている(注30)。

「法人の債務は，法律が定めるところにより，社員の個人的責任および他の手段によって保障されるものとする。」

上記第2項が憲法会議において最終的に採択され，1846年憲法 art. Ⅷ, §2となった(注31)。その結果，社員の責任の態様は法律に委ねられることになり，事業会社社員の責任の態様は，1847年・1848年州議会において活発に論議されることとなる。

【3】　州憲法会議と1838年自由銀行法の改正

A　州憲法会議と銀行会社　　1846年ニュー・ヨーク州憲法は，銀行会社については一般の法人とは別の規定を設けており，同憲法 art. Ⅷ, §4は，「当立法府は，銀行業の目的のために特別の特許状を付与する法律（any act granting any special charter）を通過させる何らの権限も有するものではない。しかし，かかる目的のために一般法律に基づいて法人または団体（associations）を設立することはできる」と定めている(注32)。

この規定は個別法律による銀行会社の設立を絶対的に禁止しており，銀行以外の法人の場合（本章第1節参照）とは違って，例外を認めていない。したがって，爾後，銀行会社は一般法律によらなければ設立できなくなったのであり(注33)，同時に，同規定は，本書第2章7節【4】で論じた1838年自由銀行法の合憲性の疑念の問題を解消したわけである。

また，同憲法 art. Ⅷ, §7は，銀行会社の株主の責任につき次のように定めている(注34)。

「1850年1月1日以後，通貨として流通すべき銀行券もしくはあらゆる種

類の信用証券を発行する・銀行業を目的とする・すべての法人およびジョイント・ストック・アソシエイション（joint-stock association）の構成員は，1850年1月1日以後負担されるその法人または団体のあらゆる種類の債務につき，その法人または団体における各人の株式［持分］の額を限度として，個人的に責任を負う。」

　1846年のニュー・ヨーク州憲法会議においては，銀行以外の事業会社株主の責任についても，州憲法上の規定を設けるべきかどうかが議論されたが，これが否決された点は本節【2】で既に述べたとおりであり，銀行会社の株主に限って2倍責任を負わせる旨の州憲法上の上記規定が設けられたのである。なお，銀行会社の社員の責任については，1844年に，州憲法を改正して，「以後設立される銀行会社の社員は会社の債務につき［個人的に］責任を負う」旨の提案が上院を通過したことがあった(注35)。しかし，この憲法改正は実現されなかった。

　1846年の州憲法会議において，銀行会社の株主の責任に関する議論は，6月29日の通貨・銀行委員会［第16委員会］からの報告によって開始されている。「諸銀行の社員が各［銀行］法人の債務につき個人的に責任を負うべき旨の憲法上の規定を設けることの是非」に関する委員会報告がなされ，「すべての個人銀行家または貨幣として流通すべき銀行券もしくはいかなる信用証券をも発行する・銀行業を目的とするすべての団体における社員は，かかる銀行家または団体が負担するすべての種類の債務につき個人の資格において責任を負う」という規定が提案された(注36)。この規定は，銀行会社の債務につきその社員に対して個人的（無限）責任を課すものであり，1838年法の有限責任規定を急激に変更することを意味する。9月28日に，銀行会社の株主の責任が議論され，上記委員会報告に対する修正案が提出されている。その§4はいわゆる株主の2倍責任を定めており，この委員会においてどのような議論がなされたかは不明である。結局は，この2倍責任規定が憲法会議により採択され，それが1846年ニュー・ヨーク州憲法 art. Ⅷ, §7 となったわけである。

　B　1838年自由銀行法の改正　1846年州憲法 art. Ⅷ, §7の要請により1838年自由銀行法は改正を要することになり，1847年・1848年州議会にお

213

第3章　1846年ニュー・ヨーク州憲法改正から1860年まで

いても自由銀行法の改正問題が取り上げられているが，結局，1849年に上述の憲法の要請に応える法改正が実現されている。

　1849年2月4日，上院において，"An act to enforce the responsibility of stockholders in certain banking corporations and associations, as described by the Constitution, and to provide for the prompt payment of demands against such corporations and associations" というタイトルの法案が提出され，第1・第2読会を経た。3月16日，同法案は第3読会を経て，上院を通過し，下院へ送付された。翌日，下院は上記上院法案の第1・第2読会を経ている。4月3日，同法案は第3読会を経て，下院を通過した(注37)。

　かくして成立した1849年改正法§1は(注38)，「1850年1月1日以後，通貨として流通すべき銀行券またはすべての種類の信用証券を発行する・銀行業を目的とするすべての法人およびジョイント・ストック・アソシエイションが負担するすべての債務の支払において遅滞が生じた場合には，かかる法人または団体の構成員は，かかる債務額につき，利息を付して，平等かつ比例的・個人的に責任を負うものとする。かかる責任は，以下に規定する仕方でのみ強制執行することができ，以下に規定するとおり，かかる法人または団体における各構成員の株式［持分］を限度とする」と定めている。

　この規定によりニュー・ヨーク州の銀行会社の株主はいわゆる2倍責任を負うことになったのであり，これは，1838年法の株主の有限責任よりも一歩後退したことになるといえよう。なお，上記の2倍責任と1811年製造工業会社法の責任規定とを比較すると，「平等かつ比例的・個人的に責任を負う」という上記表現は後者と違いがみられる。

　Helderman は，「株主の個人的責任——つまり投資額プラス個人の資格における責任——の原則［2倍責任］は，1850年前の銀行立法においては一般的な承認を受けなかった」と述べている(注39)。ニュー・ヨーク州は1849年法の施行後2倍責任へ移行したが，この改正された自由銀行法が他の諸州に対して多大の影響を与えたのである。その後，多くの州が2倍責任規定を採用し，さらに，1863年・64年の The National Banking Act（国法銀行法）が1849年法の2倍責任規定を受け継ぐことになる(注40)。ちなみに，1860年までに自由銀行法を制定した諸州は，合計18州であり(注41)，本項の末尾にこ

214

第2節　1846年州憲法改正と事業会社法

れらの自由銀行法の一覧を掲げることにする。

　以上のニュー・ヨーク州の議論を省みるとき，同州における銀行会社の株主の責任に関する政策は，株主の有限責任から無限責任への後退的な提案，2倍責任という一種の有限責任制の採用などにみられるように，その振幅が極めて大きかったといえよう。1846年州憲法により確立された銀行会社株主の2倍責任は，製造工業会社においては既に個別法律や1811年製造工業会社法に基づく長期の経験を経たものである。そして，同州の爾後の銀行会社において，この責任形態は安定したものとなり，1850年以後長期にわたり2倍責任が存続したのである。

　ニュー・ヨーク州では1882年に銀行法の大改正が行なわれ，その改正と同時に1829年安全基金法や1838年自由銀行法は廃止されている。1882年銀行法§125は，株主の責任につき，上述の1849年法§1と同じ規定を設けており，また，1892年銀行法§52も基本的に1849年法以来の2倍責任規定を継承しているといえよう[注42]。さらに，1935年州憲法修正により，州法銀行の株主の2倍責任条項が削除され，この責任形態に終止符を打つ方向が確定した。しかし，1957年になっても4つの州法銀行が2倍責任を認めていると説かれている[注43]。

【表＝XⅡ】

アメリカにおける自由銀行法一覧

① An Act to organize and regulate banking associations, Act of Mar. 15, 1837, **Mich. Laws**, 1837, No. 47.
② An Act to authorize the business of banking, Act of Apr. 18, 1838, **N.Y. Laws**, 61st sess., ch. 260.
③ An Act, to authorize the business of banking, and to regulate the same, Act of Dec, 26, 1838, **Ga. Laws**, 1838, p. 33.
④ An Act to authorise and regulate the business of banking, Act of Feb. 12, 1850, **Ala. Laws**, 1849-50, No. 74.
⑤ An Act to authorize the business of banking, Act of Feb. 27, 1850, **N.J. Laws**, 1850, pp. 140-54.

第 3 章　1846 年ニュー・ヨーク州憲法改正から 1860 年まで

⑥　An Act to establish a general system of banking, Act of Feb. 15, 1851, **Ill. Laws,** 1851, pp. 163–75.

⑦　An Act to authorize Free Banking, Act of Mar. 21, 1851, 49 **Ohio Laws** 41.

⑧　An Act to authorize the Business of Banking, Act of May 24, 1851, **Mass. Acts and Resolves,** 1849–51, ch. 267, pp. 757–63.

⑨　An Act to authorize the Business of Banking, Act of Nov. 17, 1851, **Vt. Laws,** 1851, No. 22.

⑩　An Act to authorize the Business of Banking, Act of June 25, 1852, **Conn. Pub. Acts,** 1852 May Session, ch. 23．

⑪　An Act to authorize and regulate the business of Banking, Act of Feb. 12, 1852, **Tenn. Laws,** 1851–52, ch. 113.

⑫　An Act to authorize the business of Banking, Act of Apr. 19, 1852, 1852 **Wis. Laws** 706, ch. 479.

⑬　An act to authorize and regulate the business of General Banking, Act of May 28, 1852, **Ind. Laws,** 1852.〔Ind. Laws, 1853, ch. 7 に 1852 年法の全文が掲載されている。〕

⑭　An Act to authorize the Business of Banking, Act of Jan. 8, 1853, **Fla. Laws,** 1852–53, ch. 480〔No. 1〕．

⑮　An Act to establish a General System of Free Banking in the State of Louisiana, Act of Apr. 30, 1853, **La. Laws,** 1853, No. 338.

⑯　Free Banks; An Act authorizing General Banking in the State of Iowa, Act of Mar. 22, 1858, **Iowa Laws,** 1858, ch. 114.

⑰　An Act to authorize and regulate the Business of Banking, Act of July 26, 1858, **Minn. Gen. Laws,** 1858, ch. 32.

⑱　An Act to establish a system of Free Banking in Pennsylvania, and to secure the Public against loss from Insolvent Banks, Act of Mar. 31, 1860, **Pa. Laws,** 1860, No. 376.

第 3 節　1846 年州憲法改正後における準則制事業会社法の展開

　1846 年州憲法改正によって，原則として，個別法律に基づいて法人（事業会社）を設立することができなくなったため，事業会社を設立するための一般法律（準則制事業会社法）を制定することが 1847 年州議会の当面の課題であった。同年の州議会には，種々の準則制事業会社法を制定するために，多

216

第3節　1846年州憲法改正後における準則制事業会社法の展開

数の法案が提出され，準則主義立法の推進が時代の趨勢である旨の雰囲気を新聞報道から窺うことができる。このような多数の法案中で最も議論が多かったのは，節を改めて取り上げる製造工業会社法や鉄道会社法であるが，その他保険会社法・有料橋会社法・運河会社法なども審議の対象とされている。結局，同年の議会では，以下で最初に取り上げる板舗装道路・ターンパイク会社法だけが成立したにすぎない。また，運河会社および水道会社については，本書が対象とする時代においては設立準則主義が未確立のままであり，このような事態は1840年代の準則主義立法の進展状況からみると例外であったが，1847年の州議会には，準則制運河会社法案も提出されていたことに注目しておきたい。

【1】　1847年板舗装道路・ターンパイク会社法

1846年ニュー・ヨーク州憲法 art. Ⅷ, §1の要請を実現するために制定された最初の準則制事業会社法は，1847年に制定された板舗装道路・ターンパイク会社法（以下1847年法と呼ぶ）である[注44]。

まず，本法制定の経過を簡単に辿ってみる。1847年2月24日，"An act to provide for the incorporation of companies to construct plank roads" というタイトルの法案が上院に報告され，第1・第2読会を経て，全院委員会に付託された。3月11日，同法案は特別委員会に付託され，同委員会は，3月15日，修正法案を上院に報告した。その後，上院特別委員会の審議を経て，4月19日，特別委員会から，修正法案が提出されたが，その際，同法案のタイトルは，"An act to provide for the incorporation of companies to construct plank roads, and of companies to construct turnpike roads" に変更された。4月20日，上記法案は，上院の第3読会を経て同院を通過した。[注45]

4月21日，上記の上院法案が下院に送付され，第1・第2読会を経て，the committee on roads and bridges に付託された。5月6日，同法案は，第3読会を経て，下院を通過する[注46]。

次に，1847年法の内容を瞥見する。同法は全文52ヵ条から構成されており，同法§1によれば，板舗装道路またはターンパイク道路を建設・保持す

第3章　1846年ニュー・ヨーク州憲法改正から1860年まで

るため，5名以上の者は，法人を設立することができる（may be formed into a corporation）。そのためには定款（articles of association）を作成し，それを州務長官の事務所に提出する必要があり，そのような定款を提出するための条件は次のとおりである。すなわち，引き受けられた株式の金額の5％が定款に記載された取締役に対して現金で（in cash）払い込まれたとき，かつ，§1の要求する資本の額が引き受けられ，その額の5％が実際に払い込まれた旨の宣誓供述書を定款に記載された少なくとも3名の取締役が作成し，それを定款に裏書きするもしくは添付したときに，定款を提出することができる（§2）。

　以上の条件を充足したとき，当該定款に署名した者および随時かかる会社の株主となる者は，定款に明記された名称により法人となる（§1）。

　§1によれば，当該道路の各マイルにつき少なくとも500ドルの金額の株式が引き受けられ，かつ，<u>その金額の5％が現金で払い込まれたとき</u>[注47]，当該引受人等は当該会社のため取締役を選任することができる。また，定款の記載事項として，「当該会社の資本の額」が挙げられているが，その資本額の制限については定めがない。なお，資本増加が認められており，その際の資本の上限は後述のように§40が規定している。

　上記§1の「当該道路の各マイルにつき少なくとも500ドルの金額」と定款記載事項たる「当該会社の資本の額」との関連が不明確ではなかろうか。

　また，本法によれば，収用権は会社自体に委譲されるのではなく，カウンティの監理委員会（the board of supervisors）に委譲され，板舗装道路またはターンパイク道路を建設することを欲するカンパニーは，かかる道路を立案・建設する権限およびその目的のために必要な不動産を収用するための権限を求めて，カウンティの監理委員会に対して申請（application）を行なう（§4）。一定の手続きを経て，かかる道路の建設により公共の利益が促進されるであろうという見解に上記委員会が達した場合には，申請通りの権限が認められる（§7）。そして，中立的な3名の者が当該道路のルートを決定するためのコミッショナーに任命される（§8）。さらに，土地などの収用に伴う補償については，裁判所に対する申立に基づき，陪審により補償額が確定される（§13以下参照）。

第3節　1846年州憲法改正後における準則制事業会社法の展開

　株主の責任については，本法§44が次のように定めている。
　「本法に基づいて設立された各会社の株主は，かかる会社の債務の支払につき，その会社において引き受けた株式または保有する株式の額に等しい額のほか，それと同額に対して，個人の資格において責任を負う……」
　本規定は，1811年製造工業会社法と類似の2倍責任を定めているといえるが，"法人解散の際に"責任を負うという限定が無い点で1811年法§7との違いがみられる。さらに，株主の責任に係わる次のような規定がみられる。
　本法§45は，「本法に基づき設立された会社の債務（The debts and liabilities）は，いかなる時においても実際に払い込まれた資本の50％の額を超えてはならない。もしかかる債務がいかなる時においてもかかる額を超える場合には，いかなる債務超過であってもそれが生じた時に株主であった者は，本法が規定する株主の他の個人的責任［§44］に加えて，かかる超過につき各自連帯して個人的に責任を負う」と定めている。
　さらに，本法§40によれば，本法に基づき設立された会社の株式は人的財産とみなされ，かかる会社の業務規則（the by-laws）が規定するとおりに株式を移転することができる。また，かかる会社の取締役等は，当該会社の株主の金額（amount）における過半数の同意を得て，実際に営業開始がなされて部分的に建設された道路を完成するのに必要な限りにおいて，当該会社の資本の増加に対しいつでも備えることができる。しかし，いかなる会社の総資本も当該道路の各マイルにつき5000ドルを超えてはならない。
　なお，本法§38は取締役選挙につき1株1議決権の原則を定めている。
　1847年法は1849年に改正され(注48)，同改正法§1は，当該道路の支線または延長線の建設を認めている。そのため，当該支線または延長線の各マイルにつき2000ドルを超えない範囲において，資本増加が許容された。また，同改正法§8は，合併規定を設けており，「1847年法の諸規定に基づき設立された2つ以上の会社が，各会社の株式資本の3分の2以上を有する株主の同意する条件に従って，それぞれの会社を合併する（consolidate）ことは，適法である。また，このようにして合併した当該会社は，その道路名を変更することができる……」と定めている。
　ちなみに，1847年から1860年の間に本法に基づき設立された板舗装道路

会社の数は350であり，ターンパイク会社の数は15である(注49)。

【2】　1848年ガス灯会社法

1848年ガス灯会社法は(注50)，全文24カ条から構成され，後述の1848年製造工業会社法とかなり類似したものといえる。

以下に，本法の審議経過を瞥見する。1848年1月31日，ガス灯会社設立に関する一般法律案が下院へ報告される。2月1日の全院委員会において，株主の議決権や責任に関する討論を経て，同委員会を通過し，翌日，第3読会を経て，ガス灯会社法案は下院を通過する(注51)。

2月2日，上記下院法案は上院の第1・第2読会を経て，同法案はthe committee on manufacturesに付託されている。2月12日，上院の特別委員会による修正法案が上院を通過し，下院に送付される(注52)。2月14日，下院が上院の修正案に同意してガス灯会社法案は州議会を通過する(注53)。

本法§1によれば，当州の市・村・町における街路および公的・私的建物の照明のためガスを製造し供給する目的でカンパニーを設立しようとする3名以上の者は，捺印証書の確認をとる資格がある官吏の面前において，定款 (a certificate in writing) を作成し署名し確認することができ，また，それを当該会社の事業が遂行されるカウンティの書記の事務所に提出し，かつ，その副本を州務長官の事務所に提出することができる。なお，定款記載事項は，後述の1848年製造工業会社法§1と同じである。

当該定款が提出されたとき，それに署名しそれを確認した者およびその承継人は法人となる（§2）。

株主の責任につき，本法§10は次のように定めている。

「本法に基づいて設立される各会社のすべての株主は，自らが株主たる会社の債権者に対して，各自が保有する株式の額に相当する額まで，会社の債務につき，個別的・個人的に責任を負う。ただし，かかる会社の資本の総額が払い込まれ，その証明書が次条［§11］の定めのとおり作成され，記録された後は，このかぎりではない。また，かかる会社の資本は，その総額の半分が会社成立後1年以内に，また残りの半分が2年以内に，払い込まれな

第3節　1846年州憲法改正後における準則制事業会社法の展開

ければならず，さもなければかかる会社は解散するものとする。」

本規定は，後述の1848年製造工業会社法§10とほぼ同じである（本章4節【2】§10参照）。

また，本法§17は，「本法に基づいて設立された会社が負担したいかなる債務の支払についても，その債務が負担された時から1年以内に支払われるべきものでない場合またはその債務の支払期限が到来した後1年以内にかかる会社に対してその債務取立のための訴が提起されない場合には，株主は個人的に（personally）責任を負わない。……」と定めている。

さらに，本法に基づき設立される会社の株主は，会社の使用人の賃金債権につき個人的に責任を負う旨の定め（§15）も設けられた。これは後述の1848年製造工業会社法§18と同旨である。

ちなみに，1848年から1860年の間に本法に基づき設立されたガス灯会社の数は，100である[注54]。

【3】　1848年有料橋会社法

本法は橋梁カンパニーを法人化するための法律であるが，tolls（通行料金）を徴収する権限が与えられた会社を規律する法律であるから有料橋会社法と呼ぶことにする[注55]。

まず，本法の成立経過を瞥見する。1月15日，上院において，a general bill for the incorporation of Bridge Companiesが提出された。この法案は修正のうえ，2月23日，上院を通過した[注56]。同日，下院は，上院から送付された法案An act to provide the incorporation of bridge companiesにつき，第1・第2読会を経て，それをthe committee on roads and bridgesに付託した。4月7日，上院案を修正した下院法案が第3読会を経て，下院を通過し，それが上院に送付された。4月10日，同下院法案に上院が同意し[注57]，翌日，本法は成立する。

本法は，全文22カ条から構成され，§1は，5名以上の者が次の3つの要件を遵守することにより法人を設立し得る旨を定めている。

第1，各人は定款（articles of association）に署名することを要し，定款記

221

第3章　1846年ニュー・ヨーク州憲法改正から1860年まで

載事項は，会社の商号・存続期間（50年を超えないこと）・資本（1株25ドルの株式に分けられる）の額・取締役の数および最初の取締役の名前・当該橋梁の位置（location）およびそのプランである。なお，本法は，資本の最高限度額に制限を設けていない。

　第2，当該定款の署名者は，それぞれの名前・住所およびそれぞれが引き受けた株式の数を記載する。

　第3，定款に記載された資本の額の4分の1が引き受けられた時には，次条の規定を遵守することにより，かかる定款は，工務官および測量官（the state engineer and surveyor）の事務所ならびにカウンティの書記の事務所に提出することができる。その後直ちに，既述のとおり当該定款に署名した者・当該会社の株主となる他の者およびその承継人は，当該定款に明記された名称により法人となり，The Revised Statutes, pt. 1, ch. 18, tits. Ⅲ, Ⅳの諸規定に服する。

　この規定は，資本の一部引受を認めるものであり，残額の引受・払込は次の§2（第2文）の制約に服するのであろう。

　本法§2は次のように定めている。

　「本法に基づいて設立される各会社のいずれの株主も，かかる会社の使用のためその取締役または代理人によって負担されたすべての債務について，それぞれが保有する株式（capital stock）の額に等しい額まで，かかる会社の債権者に対して，個別的・個人的に責任を負う。ただし，かかる会社が決定し限定した株式の総額が払い込まれ，かつ，その払込証明書が前述の事務所に届け出られた後は，この限りではない。また，当該会社の法人化後1年以内に資本総額の半分が払い込まれ，2年以内に残りの半分が払い込まれなければならず，もしそのとおりに払い込まれなければ，かかる会社は解散するものとする。

　本法に基づき設立された会社の取締役が総額において当該資本の額を超過して当該会社のために債務を負担した場合には，かかる取締役は当該会社の債務につき個人的に責任を負う。」

　本法§3は，上記§1の要件・第3につき次のように定め，法人としての成立の時点を明確にしている。つまり，定款に記載された当該会社の資本額

第 3 節　1846 年州憲法改正後における準則制事業会社法の展開

の 4 分の 1 につきその 5％が取締役に対して実際に現金で（in cash）払い込まれたとき，かつ，§1 の要求する資本の額が引き受けられ，また，その額の 5％を実際に払い込んだ旨の宣誓供述書が定款記載の少なくとも 3 名の取締役により作成され，それが定款に裏書きされるもしくは添付されたときは，前述のように，定款を所定の事務所に提出することができる。そして，かかる定款が提出されたとき，法人たる会社が成立するわけである。

上述§2（第 1 文）は，株主の責任につき定めているが，これは後述の 1848 年製造工業会社法§10 とほぼ同じ内容の規定であるといえよう。その他，本法§5 は 1 株 1 議決権の原則を定めており，§13 は会社の資本増加につき定めている。

なお，1848 年有料橋会社法の制定以降 1860 年までに，いくつの有料橋会社が同法に基づき設立されたかは明らかではない。

【4】　1848 年電信会社法

1848 年 2 月 8 日，A bill entitled "An act to provide for the incorporation of telegraph companies" が下院に提出され，その第 1・第 2 読会を経て，the committee on the judiciary に付託された。なお，そのタイトルは An act to provide for the incorporation and regulation of telegraph companies へと変更されている。3 月 31 日，同法案は特別委員会に付託され，4 月 4 日，同法案は第 3 読会を経て，下院を通過した。(注58)

4 月 5 日，上記法案が上院へ送付され，同法案は第 1・第 2 読会を経て，the committee on manufactures へ付託された。同委員会の修正案が，4 月 10 日，上院の第 3 読会を経て，上院を通過した(注59)。この上院の修正案に下院がいつ同意したかを筆者は確認できなかったが，4 月 12 日，州知事の承認により成立している。

1848 年電信会社法は全文 13 カ条から成る(注60)。本法§1 によれば，幾人の者でも，本法の定める諸条件に基づきその定める責任に服して，当州において電信線（a line of wires of telegraph）を建設する目的のため結合する［団体を結成する］ことができる。

223

第 3 章　1846 年ニュー・ヨーク州憲法改正から 1860 年まで

　本法§ 2 によれば，上記の者が定款（certificate）を作成する。その定款の記載事項は，会社の名称・資本の額およびそれを構成する株式数や株主の名前・住所などであるが，資本の額の制限はみられない。また，定款は当該会社の事務所が置かれるカウンティの書記の事務所において確認され提出され，その確認は不動産譲渡証書（deeds of real estate）の確認をとる官吏によりなされる。そして，本法§ 3 は，かかる団体が前条の諸規定を遵守することにより法人となる旨を定めている。

　本法§ 10 は，株主の責任につき，「本法に準拠して設立された各会社（association）の株主は，かかる会社に対するすべての債務および請求について，連帯的責任を負うものとする。［ただし，］かかる債務は株主がその株式を保有している期間内に負担されたものまたは弁済期にあるかもしくは弁済期に達する［はずの］ものでなければならない，また，いずれの株主のかかる責任も，株主が保有する株式の金額の 25 ％を超えないものとする。……」と定めている(注61)。

　ちなみに，1848 年から 1860 年の間に本法に基づき設立された電信会社の数は 40 である(注62)。

【5】　1849 年保険会社法

　準則制保険会社法を制定するための努力は，既に 1847 年州議会において開始されている。同年 4 月 5 日，"An act to provide for the incorporation of insurance companies" というタイトルの法案が下院に提出され，第 1 ・第 2 読会が終了している。その後，9 月 25 日に同法案の第 3 読会が行なわれているが，それがいつ下院を通過したかは不明である。9 月 30 日，上記法案が上院に送付され，第 1 ・第 2 読会を経て，銀行・保険委員会に付託されている。12 月 14 日，上院は修正を加えたうえ同法案を通過させ，翌日，それが下院の銀行・保険委員会に付託された。その後の同法案の行方は不明であるが，それが不成立となったことは間違いない(注63)。

　さらに，1848 年州議会においても準則制保険会社法案が審議されている。2 月 3 日，A bill to provide for the incorporation of insurance companies が上

第3節　1846年州憲法改正後における準則制事業会社法の展開

院に提出され，3月23日，同法案は修正のうえ上院を通過している(注64)。

他方，下院においても，2月24日，A bill to provide for the incorporation of insurance companies が提出されているが，この下院法案の行方は筆者には不明である。また，上述の上院法案がその後どのような顛末となったかも分からない。結論的には，この年には準則制保険会社法は成立しなかった。

1849年州議会において，1849年保険会社法が成立するに至る経過の概略は以下のとおりである。1849年1月12日，A bill to provide for the incorporation of insurance companies が下院に提出され，2月16日，同法案は全院委員会を通過し，特別委員会に付託された。3月10日，同法案は，第3読会を経て，下院を通過した。

3月14日，上記下院法案が上院に報告され，4月6日，上院の修正法案が第3読会に付されたうえ，翌7日，上院はそれを通過させた。同日，下院は，上院の修正に同意した(注65)。

かくして成立した1849年保険会社法(注66)は，保険会社の設立に関する準則主義を採用したものであり，全文21ヵ条から成る。同法§1によれば，13名以上の者は，海上保険・火災保険・生命保険のいずれかの保険を目的として，事業会社（an incorporated company）を設立することができる。ただし，生命保険を営む会社は海上保険・火災保険に関係してはならない（§2）。なお，本法は，相互組織の保険会社についても定めているが，以下では，株式組織の会社だけを取り上げることにする。

本法§3は，設立手続きにつき定めている。それによれば，かかる者〔保険会社を設立しようとする者〕は，州務長官の事務所に宣言書（a declaration）を提出しなければならない。宣言書はすべての会社設立者（corporators）により署名され(注67)，§1が定める3つの保険事業のうちのいずれかを行なうことを目的として，会社を設立する意図があることを明示し，かつ，宣言書には採択のため提示された定款の謄本（a copy of the charter）が含まれ，また，かかる会社設立の意図は，当該保険会社が設置される予定のカウンティにおいて発行される新聞に，少なくとも6週間に互り週1回，公示されなければならない。

上述のとおり，本法の charter という語は定款を意味しており，このよう

第3章 1846年ニュー・ヨーク州憲法改正から1860年まで

な制定法上の使用例はニュー・ヨーク州における最初のものではなかろうか。爾後，1853年の2つの準則制保険会社法においてもcharterが定款を意味するものとして使用されており（本章第6節参照），同州保険法では現在まで同じ用語法（制定法上の）がみられる。ただし，他の準則制事業会社法においては，定款を意味する用語に違いがみられる。

本法§4は資本の引受手続につき定めている。それによれば，§3の手続を履行した後，会社設立者は組織しようとする会社の資本引受のための帳簿を開設し，当該定款が規定する資本の総額が引き受けられるまでその帳簿を開設し続けることができる。

本法§5は保険会社の資本につき定めており，ニュー・ヨーク市およびキングズ・カウンティにおいて設立される保険会社の最低資本額は15万ドルで，その他のカウンティにおける保険会社の最低資本額は5万ドルである。本節の時代に制定された準則制事業会社法は，会社の資本の額に制限を設けないケースが多いが，本法は資本の最低額を定める形でその制限をしたわけである。なお，1850年代以後の事業会社法においては，通常資本の額の制限が設けられている。

会社により提出された定款は法務長官（The Attorney-General）により吟味（examine）され，それが本法の要件に従い，当州の憲法または法律に矛盾していない場合には，法務長官は当州の会計検査官（the comptroller）に対して当該定款を認証する。また，会計検査官は本法§5が定める資本が払い込まれた旨を証明する。その証明書の謄本は州務長官の事務所に提出され，定款および上記証明書の認証謄本を当該会社に交付することは州務長官の義務である。また，定款および証明書の認証謄本が当該会社の置かれたカウンティの書記の事務所に提出されたとき，当該会社はその事業を開始し，保険証券を発行することができる（§11）。

以上のように，当該会社がその保険事業を開始する前に，その法人化は完了していると考えられるが，本法は法人化の時点を明示する規定を設けていないのではなかろうか。

本法§19は，株主の責任につき次のように定めている。

「本法に基づき設立された（organized）会社の取締役および会社設立者な

らびに利益に参加する資格を有する者［株主］は，当該会社が調達した資本の全額が払い込まれ，かつその旨の証明書が記録されるまでは，各自連帯して責任を負う。……」

　この規定は，株主の責任とともに取締役の責任も規定している。しかし，その責任の対象が明確ではなく，ミスプリのせいではなかろうか。後述の1853年火災保険会社法§17は，「本法に基づき設立された会社の取締役および会社設立者ならびに利益に参加する資格を有する者［株主］は，当該会社が調達した資本の全額が払い込まれ，かつその旨の証明書が記録されるまでは，<u>当該会社のすべての債務または責任につき</u>，各自連帯して責任を負う。……」と定めている（本章6節 B 参照）。

　1849年法§19は，上記1853年法の法文のうち下線部分を欠落させたのではないかと推測できる。

　Haviland によれば，保険会社の株主は，その保有する株式の額を限度とする責任を除き，会社の債務につき個人的に責任を負わない。ただし，資本の全額が払い込まれるまでは，1827／28年法（The Revised Statutes）が定める責任に服することになる（本書第2章4節 Tit. Ⅲ§5参照）[注68]。

第4節　1848年製造工業会社法
――製造工業会社の設立に関する準則主義の伸展――

【1】1847年州議会における製造工業会社法案の審議

　ニュー・ヨーク州は，1848年2月17日，設立準則主義を採用する一般法律（準則制製造工業会社法）を制定した。An Act to authorize the formation of corporations for manufacturing, mining, mechanical or chemical purposes がそれである[注69]（以下1848年法と呼ぶ）。この法律は1846年ニュー・ヨーク州憲法下における最も重要な準則制事業会社法の1つであり，以下に，この法律の制定過程を一瞥することにしたい。

　ホイッグ党の州知事 John Young は，州憲法 art. Ⅷ，§1によって，法人の

第3章　1846年ニュー・ヨーク州憲法改正から1860年まで

設立に関する一般法律を制定する義務が州議会に課されていると解釈し，1847年1月5日のメッセージにおいて，次のように述べている(注70)。

「憲法 art. Ⅷ によって，法人を設立しうる一般法律を作成する義務があなたがたに委譲されており，それは最も重要な義務のうちに属している。製造工業を目的とする会社に関する立法に対するほど公衆が関心をもって注目している立法は殆どない。これに関する賢明で開明的な立法は，ニュー・イングランドにおけると同様に，ここでも製造工業会社に対する資本投下を確保し，また同様の成功をもたらすであろう。」

同年3月1日，McFarlan は準則制製造工業会社法案（An act to authorize the formation of manufacturing corporations）を下院に提出した(注71)。さらに，3月4日，上院において Barlow は，"An act to provide for forming and regulating corporations for manufacturing purposes" というタイトルの法案を報告している。しかし，この法案の審議は進捗しなかったようである。

上記 Mcfarlan 法案は，若干の修正のうえ，5月4日に下院を通過した。上院はこの下院法案にいくつかの修正を加えて，5月11日にそれを可決する。しかし，この上院の修正の中に，株主の責任に関する the Oriskany clause（第2章5節【1】参照）と呼ばれる条項が含まれており，この条項が同法案のその後の行方を左右することになる。この条項は株主の責任につきいわゆる2倍責任を定めており，この責任の態様自体は長年の経験を経たものである。同日，下院は上記上院の修正に同意せず，両院協議会が構成された。しかし，翌日も同協議会の意見が一致せず，州議会は，5月13日から9月7日まで，休会となっている。

9月の州議会再開後，問題の法案審議はあまり捗らず，9月29日，両院協議会の意見が一致しない旨の報告が上院に提出された。上院は譲歩せず，両院協議会が再構成された。

上院と下院とが対立した争点は，株主の責任の態様をめぐってである。1846年憲法の改正によって，準則制事業会社法の利点やその必要性は論争の当事者誰もが認めており，唯一の争点は上院が提案した2倍責任を採用できるか否かであった。資本の総額が払い込まれるまでは株主が会社の債務につき個人的責任（株式の金額を限度として）を負う旨の条項は，両院協議会の

228

第 4 節　1848 年製造工業会社法

合意が得られた。しかし，資本総額の払込完了後に，株主が会社の債務につき個人的責任を負うか否かは見解が分かれ，上院側はこれを肯定して 2 倍責任を主張したのに対し，下院側はそれに反対して上院提案の the Oriskany clause の削除を要求した。両者はそれぞれの立場を譲らず，11 月 18 日，両院協議会の意見が一致しない旨の報告が下院に対してなされた。これと同様の報告が 11 月 23 日に上院にも提出され，結局，1847 年の州議会においては準則制製造工業会社法が成立しなかったわけである[注72]。

　この年の州議会においては，下院は，資本総額が払い込まれた後においては，株主の責任を否定する立場を押しすすめたのに対し，上院は 2 倍責任の原則に固執した。上院が下院に反対した理由はおよそ次のとおりである。

　株主は，パートナーシップの構成員と同様に，会社の債務につき個人的責任を負うべきである。会社の支払不能や不慮の災難の危険は，事業利益を収得する株主が引き受けるべきであり，会社と取引をする人々にそれを負担させるべきではない。かかる株主の個人的責任を隠蔽するための立法的措置はとられるべきではない。州憲法 art. Ⅷ, § 2 の解釈によれば，2 倍責任より緩和された責任は認められない[注73]。結局，上院の多数意見によれば，無限責任が望ましいが，妥協できるのは 2 倍責任までというわけである。

　他方，下院法案を支持する勢力は強力であった[注74]。議会外における下院法案の支持勢力のうち最も注目すべきは，既述のホイッグ党員たる Young 州知事であり，彼は準則制事業会社法の制定を熱心に提唱している。次に，下院法案は，州外からの資本流入を促進するために製造工業の利益によって強力な後押しを受けた。The Journal of Commerce 紙は次のように述べている[注75]。

　「……マサチューセッツの幾人かの資本家は，内陸開発により製造工業の目的に利用できる場所はどこでもリストし，参照できるようにした・当州のすべての水力分布を示す地図をすでに用意している。……わが領土の開発において，州民が利用できる資本の増大によって当州の土地所有者・生産者・労働者および納税者に生ずる諸利点は，あまりにも顕著であってコメントするまでもない。」

　また，「ニュー・ヨーク州の製造工業の利益」と題する Albany Argus 紙の

第3章　1846年ニュー・ヨーク州憲法改正から1860年まで

記事は，上記のThe Journal Commerce紙と同様に，マサチューセッツ州の資本家の動きに注目し，準則制事業会社法案が直ちに通過させられねばならないと主張して，「資本は待っている。労働と企業は待っている。しかも既に長く待ちすぎている。かかる企業のための比類なきわが自然資源と手段は，その開発と使用のための動きと提携を待っている」と述べた(注76)。

ところで，準則制製造工業会社法の成立を求める最も活発な動きは，ニュー・ヨーク州西部から生じた。上述の下院法案を支持する市民集会がRochesterやOswegoやAlbanyの諸市で開催され，1847年9月3日のRochester集会の決議は次のように述べている(注77)。

「［上述の下院法案］は独占の諸特徴や特別の特権からは免れている。当法案は，幾百ドルかを有する職人と幾千ドルかを有する資本家に対して等しく門戸を開いている。……当州が製造工業にとっての利点や便宜の点で合衆国のどの州よりも優れていることをわれわれは信じている。開明的でリベラルな立法がなされるならば，製造工業の利益はやがて増大し，その結果，農業生産に対する需要は拡大し，わが商業の総量は大いに増大するであろう。」

小投資家の奨励は広い関心を呼んだ問題であった。9月28日のOswego集会によると，2倍責任を認める上院の修正案は，「会社の存在目的を完全に台無しにし，資力の限定された資本家や民衆が危険の不可避的な企業に参加することを思いとどまらせ，当州から資本を駆逐し，……そのような企業の独占権を富者に与えるであろう(注78)。これに対し，「［下院法案］は資本と労働の諸利益を混合することにより当州の諸利益に注意を向けている。当法案は資本を適切に保護するが，他方，資本を労働に劣後させた。……当法案は，考えうるあらゆる偶発事の下で労働者に対してその労働の報酬を確保している。」「［下院法案の通過］は，資本の投下を誘致し，当州のあらゆる地域に有益な効果をもたらすであろう(注79)。」

以上のような強力な下院法案の支持勢力にも拘らず，結局，1847年には準則制事業会社法は成立しなかった。上院の審議において下院法案に最も頑強に反対したのは民主党議員であったと説かれている(注80)。しかし，当時の民主党は分裂状況にあったといわれており，同党が党として明確な会社政策を確立したうえで下院法案に反対したとはいえず(注81)，たまたま上院に

第4節　1848年製造工業会社法

結集した民主党議員たちが2倍責任に固執したため，準則制事業会社法の成立が阻止されることになったのであろう。

1847年11月初旬の州議会議員選挙は民主党の完全な敗北に帰した。11月9日のAlbany Evening Journal紙は，この選挙により上述の下院法案が翌年の州議会においてすみやかに成立する見通しができた旨を述べ，そして，現在両院協議会に係属中の法案の成立については公衆があまり興味を示さなくなっており，下院は上院に妥協する必要はない旨を述べている。かくして，準則制製造工業会社法の成立は翌年の州議会をまつこととなる。

【2】1848年法の成立とその内容

ニュー・ヨーク州知事Youngは，1848年1月4日のメッセージにおいて，準則制製造工業会社法の制定を強く勧告し，「[制定の際に]われわれが留意すべきことは，投下されるべき資本に基づく大きな利益配当への配慮をすることではない。われわれは主に産業の奨励の方へ注意を向けるべきである。しかし，この目的は，資本投下を誘致する法律の下でのみ達成されうる」と述べた(注82)。

1月8日，Butrickは準則制製造工業会社法案を下院に提出し，同日，同法案は商工委員会へ付託された。1月26日に下院を通過した同法案は，翌日上院へ送付され，若干の修正を経て，2月11日に上院を通過する。翌日，下院は上院の修正案に同意した。2月17日，Young州知事が同法案を承認し，1848年法が成立する(注83)。如上の審議内容の詳細は明らかではないが，同年の議会においては，前年のような活発な議論は交わされることはなく，1848年法は比較的スムーズに成立したようである。1847年の州議会において下院法案に反対した上院議員たちは，同年11月の州議会議員選挙の際に，殆ど再選されず，下院法案を推進したホイッグ党系議員が1848年議会の多数を占めた結果であろう(注84)。

かくして成立した1848年製造工業会社法は全文27ヵ条から成り，その概要は以下のとおりである。

本法§1は，「今後いつでも，いかなる種類の製造工業・鉱業・機械また

231

は化学事業であっても，それを遂行する目的のため，ある会社を設立しようとする3人以上の者は，捺印証書（deeds）を確認する資格のある官吏（some officer）の面前において，書面により定款を作成し，署名し，確認して，その会社の業務が遂行されるカウンティの書記の事務所にそれを提出し，その定款の副本を州務長官の事務所に提出することができる。ただし，その定款には，その会社の名称・その会社が設立された目的・その会社の資本（the capital stock）の額・その会社の存続期間（50年を越えないこと）・その資本（the said stock）を構成する株式数・最初の年にその会社事業を経営する取締役の員数および氏名ならびにその会社の事業が遂行される町およびカウンティの名称が記載される」と定めている。

　本法は，会社の資本の額を定款に定めることを要求してはいるが，資本の最高限度額につき全く制限を設けていない。1811年製造工業会社法が資本の最高限度額を10万ドルに制限していたのに対し，本法はこのような制約を取り払ったわけである。しかし，1932年のBrandeis裁判官の意見によれば，事業会社の授権資本の額に対する制限は長い間普遍的であったのであり[注85]，本法の態度はこのようなアメリカの趨勢と異なるものであるといえよう。1840年代のニュー・ヨーク州における事業会社の資本の制限については，本章3節【5】において述べたとおりであり，資本の最高限度額を制限する規定が一般化するのは1850年代以後であろう。

　また，本法は，それに基づき設立できる事業目的がまだ制限的である点からすれば，充分に近代的であるとはいえないであろう。本法により設立できる事業会社の範囲は，爾後の改正法によって，しばしば拡張されている[注86]。例えば，印刷・出版・書籍または新聞の販売・洗濯業・屠殺業などである。いかなる適法な事業を目的としても会社を設立できる旨の制定法は1875年の事業会社法の成立までまたなければならない。

　上述の設立手続によれば，定款をカウンティの書記の事務所に提出し，その定款の副本を州務長官の事務所に提出することが要求されている。法人として成立する時点については，それが定款の副本も州務長官の事務所に提出された時であるかどうかは若干疑問がある[注87]。

　上述のように成立した会社は法人の諸権能を有し（§2），また，本法§

第 4 節　1848 年製造工業会社法

26 によれば，本法に基づき設立された会社は，1827／28 年法（The Revised Statutes）pt. 1, ch. 18, tit. 3 が定める諸権能・特権を有し，その定める責任・制限に服することになる。3 名以上 9 名以内の取締役が会社の経営に当たるが，その資格については，その会社の株主であり，かつ，合衆国市民であることが要求された。取締役の過半数はニュー・ヨーク州民たることを要し，その任期は 1 年とされた。取締役選挙においては，株主は 1 株につき 1 議決権が認められる（§3）。社長は取締役の中から指名される（§5）。業務規則（by-laws）は取締役会により作成される（§7）。会社は年次報告書を作成して，それを新聞に公表することを要し，その報告書には，資本の額・払込済資本の割合・既存債務の額が記載される（§12）。会社の債務がその資本額を越えた場合には，それに同意した取締役は，当該会社の債権者に対して，その超過額につき個人的に責任を負う（§23）。

1848 年法の審議段階において，最も議論の多かった株主の責任に関する規定（§10）は，次のとおりである。

「本法に基づいて設立される各会社のすべての株主は，自らが株主たる会社の債権者に対して，各自が保有する株式の額に相当する額まで，会社の債務につき，個別的・個人的に責任を負う。ただし，かかる会社の資本の総額が払い込まれ，その証明書が次条［§11］の定めのとおり作成され，記録された後は，このかぎりではない。また，かかる会社の資本は，その半分が会社成立後 1 年以内に，また残りの半分が 2 年以内に，払い込まれなければならない。」

この規定は，要するに，資本総額が払い込まれるまでは，株主がいわゆる 2 倍責任を負う旨を定めており，株主はその保有する株式の額面を限度として会社債権者に対して直接責任を負うわけである。しかし，払込完了後は，株主は何らの責任も負わない。1811 年製造工業会社法の 2 倍責任の場合には，株主は，その保有する株式の払込を完了しており，会社の資本総額の払込が完了していても，会社の解散の際に，その株式の額面を限度として，会社の債務につき個人的に責任を負うのであるから，上記 1848 年法の責任は 1811 年法よりは緩和されている。また，上記の責任は 1827／28 年法 pt. 1, ch. 18, tit. Ⅲ, §5 の株主の責任と類似しているといえよう。

233

第3章　1846年ニュー・ヨーク州憲法改正から1860年まで

　また，本法§24によれば，当該債務が負担されてから1年以内に支払われるべきものでないとき，また，当該債務の支払期限が到来した後1年以内にかかる債務取立の訴えが当該会社に対して提起されなかったときは，株主は会社の債務につき個人的に責任を負わない。また，株主たる地位を喪失したときから2年以内に，株主に対する訴訟が開始されない限り，会社の債務につき株主に対する訴訟を提起することはできない。また，会社に対する強制執行の全部または一部が不満足な結果（不奏効）となる前も同様である。この規定により1848年法に基づく株主の責任はかなり制約されるであろう。

　上述の1848年法の責任規定は，Lawrence M. Friedmanによって，"a New York idea of 1848"と呼ばれているが，この規定は他の諸州により模倣され，それが多くの州で19世紀末まで継続したのである(注88)。ただし，後述のとおり，本規定自体はマサチューセッツ州1836年法（The Revised Statutes）ch. 38, §16の影響により制定されたものであるといわれている。

　さらに，本法§18によれば，株主は会社の使用人（laborers, servants and apprentices）の賃金債権につき個人的に責任を負うのであり，株主の責任を考える場合には，この規定の存在を無視できないであろう。同規定は既に1847年州議会の審議の際に異議なく承認されていた(注89)。

　本法§13は，「当該会社が支払不能の場合，またはその配当の支払が当該会社を支払不能に陥らせるかもしくはその資本額を減少せしめる場合に，かかる会社の取締役が配当を宣言しかつ支払うときは，かかる取締役は，既存の会社の全債務または爾後その職務を継続する間に負担する会社の全債務について，各自連帯して責任を負う……」と定めている。

　この規定は，「配当規制として資本減損禁止基準とともに支払不能禁止基準を設けた」ものであり，マサチューセッツ州の1836年法（Revised Statutes）ch. 38, §23の影響によると説かれている(注90)。

　以上のほか，本法§8は，当該会社の株式が人的財産とみなされ，会社の業務規則が定める方式により株式を譲渡できる旨を定めている。また，同条は，それ以前のすべての払込請求が完全に支払われるまでは，株式を譲渡できず，また，「会社が他の会社の株式を買い受けるためにその資金を使用することは適法ではない」と定めている。また，本法§14は，資本の払込は

第 4 節　1848 年製造工業会社法

金銭による旨を定めているが，1853 年改正法によれば (注 91)，現物出資が認められ，現物出資者は出資額以上の責任を負わない。さらに，株主総会に関する規定 (§ 21)，株主名簿および名簿閲覧権に関する規定 (§ 25)，資本の増減に関する規定 (§§ 20 − 23) などが設けられている。

　1848 年法の系譜について，Dodd および Baker は，「[1848 年法]は 1836 年の Massachusetts Revised Statutes 中の製造工業会社に関する ch. 38 から自由に借用された」と述べており (注 92)，また，Seavoy も「1847 年の法案は 1830 年の Massachusetts general regulatory statute およびニュー・ジャージーの 1846 年の General incorporation statute に基づいている」と述べている (注 93)。ここで Seavoy が言うニュー・ジャージー法からの影響については，筆者はこれを具体的に明らかにできないが，マサチューセッツ法からの影響を指摘することは容易である。上述の配当条項（マサチューセッツ州 1836 年法 ch. 38, § 23）や株主の責任規定（同法 ch. 38, § 16）もその例であると考えられるが，州議会の討議においてマサチューセッツ法が言及され，上院の報告書中にも同州法の分析がなされ (注 94)，また，The Journal of Commerce 紙は，「この法案 [1847 年の下院法案] はその主要な特色においてマサチューセッツの一般法律と一致している」と述べている (注 95)。さらに，Young 州知事は，1848 年 1 月 4 日のメッセージにおいて，1847 年の下院法案に言及し，「下院が作成し，可決した法案は，製造工業を目的とする団体に適用されるあの州 [マサチューセッツ] の法律の規定を実質的に含んでいた」と述べている (注 96)。ところで，上述のマサチューセッツ法からの影響とは，設立準則主義自体に対するものではない点に留意する必要がある。マサチューセッツ州が事業会社の設立に関する準則主義を確立するのは 1851 年であり，準則主義の樹立に関する限りではニュー・ヨーク州が先んじたからである。

　1848 年法のその後の推移について附言すれば，同法は，1811 年製造工業会社法に次ぐ重要な準則制製造工業会社法としての地位を占め，その後非常に良く利用されている。また，1848 年法は，その後しばしば改正され，1875 年の事業会社法の制定後も存続したのである（**むすび**参照）。ちなみに，1848 年法に基づいて，1848 年から 1860 年までの間に設立された製造工業会

第3章　1846年ニュー・ヨーク州憲法改正から1860年まで

社の数は，1848年—27，1849年—24，1850年—22，1851年—26，1852年—56，1853年—115，1854年—259，1855年—156，1856年—123，1857年—108，1858年—124，1859年—131，1860年—119であり，合計1290に達している(注97)。

最後に，1848年のニュー・ヨーク州の準則制製造工業会社法と類似の制定法がアメリカ全体においてどの程度普及していたかを示す資料として，同時代（1846年〜1860年）のアメリカ諸州において制定された最初の準則制製造工業会社法の一覧表を掲げることにしたい(注98)。

【表＝ⅩⅢ】

アメリカにおける準則制製造工業会社法一覧
——1846年から1860年まで——

【1846年〜1850年】

① An Act to authorize Manufacturing, and for other purposes, Act of Feb. 4, 1846, **Ala. Laws**, 1845-46, No. 18.

② An Act relative to incorporations for manufacturing, and other purposes, Act of Feb. 9, 1846, 44 **Ohio Laws** 37（1846）.

③ An Act to authorize the establishment and to prescribe the duties of manufacturing companies, Act of Feb. 25, 1846, **N.J. Laws**, 1846, pp. 64-73.

④ An Act to authorize General Incorporations, Act of Feb. 22, 1847, **Iowa Laws**, 1846-47, ch. 81.

⑤ An Act to authorize all the free white citizens of the State of Georgia, and such others as they may associate with them, to prosecute the business of Manufacturing, with corporate powers and privileges, Act of Dec. 22, 1847, **Ga. Laws**, 1847, pp. 219-21.

　ジョージア州の法人設立手続は1879年まで混乱が続いたといわれており，ここでは，1846年以降の最初の準則制事業会社法を掲げるにとどめる。なお，上記の混乱の問題については，CHARLES E. NADLER, GEORGIA CORPORATION LAW PRACTICE: FORMS 29-32（1950）を参照されたい。

⑥ An Act to authorise the formation of corporations for manufacturing, mining, mechanical or chemical purposes, Act of Feb. 17, 1848, **N.Y. Laws**, 71st sess., ch. 40.

⑦ An Act to provide for the organization of Corporations in this State, Act of Mar.

第 4 節　1848 年製造工業会社法

16, 1848, **La. Laws**, 1848, No. 100.
⑧ An Act to authorise the formation of corporations for manufacturing, agricultural, mining, or chemical purposes, Act of Feb. 10, 1849, **Ill. Laws**, 1849, pp. 87−93.
⑨ An Act to authorize the formation of corporations for manufacturing, mining, mechanical, or chemical purposes, Act of Mar. 12, 1849, **Mo. Laws**, 1848−49, pp. 18−24.
⑩ An Act to encourage manufacturing operations in this Commonwealth, Act of Apr. 7, 1849, **Pa. Laws**, 1849, No. 368.
⑪ Of Corporations for Manufacturing, Mining, Lumbering, Agricultural, Mechanical and Chemical Purposes, 1849 **Wis. Rev. Stat.**, ch. 51.
⑫ An Act to authorize the formation of Corporations for Manufacturing, Mining, Mechanical or Chemical purposes, Act of Feb. 9, 1850, **Tenn. Laws**, 1849−50, ch. 178.
⑬ An Act concerning Corporations, Act of Apr. 22, 1850, **Cal. Laws**, 1850, ch. 128.

【1850 年代】

⑭ An Act to incorporate joint stock manufacturing companies, Act of Jan. 2, 1851, **Ark. Laws**, 1850−51, pp. 68−71.
⑮ An Act to authorize the formation of corporations for mining, smelting or manufacturing iron, copper or silver ores, Act of Apr. 8, 1851, **Mich. Laws**, 1851, No. 144.
⑯ An Act relating to Joint Stock Companies, Act of May 15, 1851, **Mass. Acts and Resolves**, 1849−51, ch. 133, pp. 633−36
⑰ An act for incorporating manufacturing companies, Act of Nov. 19, 1851, **Vt. Pub. Acts**, 1851, No. 60.
⑱ An Act to establish and encourage manufactures in this State, Act of Mar. 15, 1852, **Miss. Laws**, 1852, ch. 152.
⑲ An Act for the incorporation of Manufacturing and Mining Companies, and companies for Mechanical, Chemical and Building purposes, Act of May 20, 1852, **The Revised Statutes of the State of Indiana**, 1852, ch. 66.
⑳ An Act to authorize the Formation of Corporations for Manufacturing Purposes, Act of May 29, 1852, **Md. Laws**, 1852, ch. 338.
㉑ An Act to encourage the investment of capital for mining and manufacturing purposes, Act of Dec. 22, 1852, **N.C. Laws**, 1852−53, ch. 81.

237

第3章　1846年ニュー・ヨーク州憲法改正から1860年まで

㉒　An Act to provide for the organization of companies for mining and manufacturing purposes, Act of Mar. 3, 1854, **Va. Laws,** 1853−54, ch. 46.
㉓　An Act to authorize the formation of corporations for manufacturing, mining, transporting, mechanical, or chemical purposes, Act of March 10, 1854, **Ky. Laws,** 1853−54, ch. 1012.
㉔　An Act to regulate Corporations for Manufacturing, Mining, Agricultural, Mechanical and Chemical purposes, Act of August 12, 1858, **Minn. Laws,** 1857−58, ch. 78.
㉕　An Act to enable the Trustees of Colleges, Academies, Universities and other Institutions, Societies and Companies, to become bodies Corporate, Act of Feb. 9, 1859, **Kan. Laws,** 1859, ch. 36.

　なお，コネティカット州は，1837年に An Act relating to Joint Stock Corporations, Act of June 10, 1837, Conn. Pub. Laws, 1837, ch. 63 を制定しており，同法は1846年以後に制定された諸準則制事業会社法の先駆的な立法といえよう。

第5節　1848年および1850年鉄道会社法
――鉄道会社の設立に関する準則主義の成立――

【1】　1847年州議会における準則制鉄道会社法案の審議

　1846年ニュー・ヨーク州憲法の要請により翌年の州議会には種々の準則制事業会社法案が提出されたが，その中に，準則制鉄道会社法案も見いだすことができる。結局，1847年にはこのような鉄道会社法は成立しなかったが，この会期でなにが議論されたかを簡単に振り返っておくことにしたい(注99)。

　鉄道の建設に際して，その鉄道用地（the right of way）を確保することが最重要課題であることはもちろんであり，一般法律に基づき鉄道会社に対して収用権（eminent domain）を与えることができるかどうかが最大の争点であった。

　1847年3月13日に提出された上院の鉄道委員会の報告書(注100)によれば，

第5節　1848年および1850年鉄道会社法

収用権の委譲は以下に述べるとおり困難であるから，個別法律に基づく法人の設立を禁止する1846年州憲法の規定（art. Ⅷ, § 1）は，鉄道会社には適用されない。収用権は州に存する主権の1属性であり，鉄道の活動が公共の利益になると判断された場合に，発動されるのであるが，収用権は州議会に専属し，それを法人に委譲することはできない。もし州議会の個別的同意が不必要であり，一般法律により収用権が法人に委譲されるならば，好ましい立地を巡り鉄道間の争奪戦が生じ，その論争のうちに個人の諸権利や私有財産が著しく侵害されるにちがいない。そのような一般法律によるならば，収用権は，準則主義に基づき設立された（self-created）・不特定多数の無責任な会社に事実上配分されてしまうであろうというわけである。

　上記鉄道委員会報告書は，収用権を州議会に留保したうえ，準則制鉄道会社法案を提示している。この報告書の基本的立場によれば，鉄道会社は，個別法律を禁止する州憲法の規定の適用対象外であり，個別法律に基づく鉄道会社の設立方式が継続されるべきであるが，鉄道会社の設立に関する一般法律制定の要求が上院において強力であるため，上述のような準則制鉄道会社法案の報告に至ったのである。

　上記報告書の結論によれば，鉄道会社の設立に関する準則主義は承認するが，収用権を行使するためには，州議会の個別法律の制定が必要であることになる。ただ，この場合の準則主義は機能的には不十分であり，会社が設立されても収用権が承認されず，鉄道用地が確保できないこともあり得ることになろう。

　1847年州議会における鉄道会社法案に関する審議の状況を詳細に知ることはできないが[注101]，3月13日，上院の鉄道委員会から報告と法案が提出され，4月20日，同法案が特別委員会に付託された後は，その審議は殆ど捗らなかったようである。9月に再開された州議会において，上院の特別委員会が20日に修正法案を報告し，同法案が27日に上院を通過している。この法案は，新聞報道による限りでは，同年5月に成立した板舗装道路・ターンパイク会社法[注102]と類似していたと考えられる。しかし，この法案は，下院で修正がなされ，12月14日，下院がそれを否決し，結局，この会期では準則制鉄道会社法は成立しなかった。

第3章　1846年ニュー・ヨーク州憲法改正から1860年まで

【2】　1848年鉄道会社法

ニュー・ヨーク州において鉄道会社の設立に関する準則主義を最初に採用した制定法は，An Act to authorise the formation of Railroad Corporations (注103)（以下1848年鉄道会社法と呼ぶ）である。本法は，アメリカにおける最も初期の準則制鉄道会社法である。しかし，本法は1つの論争点を含んでおり，鉄道用地を取得するための収用権は，州議会に請願して，それを承認する個別法律が制定されたとき，行使できるものとされた。それ故に，本法制定の翌年，直ちにその改正のための論議が開始されたのであり，その点は後述のとおりである。

A　1848年鉄道会社法の制定の経過　1848年1月24日，上院の鉄道委員会は報告書を提出し，一般法律により鉄道会社の収用権を承認することに対して，否定的な見解を述べている(注104)。2月18日に，Johnson上院議員からGeneral Rail-Road Bill（準則制鉄道会社法案）が提出されたが(注105)，その後，上院の法案審議はあまり進捗しなかったようである。3月2日，Geddes議員が上院鉄道委員会の少数意見を提出する(注106)。

他方，下院においては，2月19日，Spaulding議員が準則制鉄道会社法案を提出した。なお，2月29日以前には複数の準則制鉄道会社法案が提出されていたようである。下院の審議が本格化するのは，3月9日に特別委員会の報告がなされ，それに添付された準則制鉄道会社法案に関する議論が開始されてからである(注107)。この法案のうち最も議論が集中したのは§20についてである。この規定案によれば，収用権は高位裁判所に委譲されており，当該鉄道が公益性を有するかどうかは高位裁判所が決定するものとされていた。しかし，3月14日，法案§20に関する重要な変更が行なわれ(注108)，当該鉄道の公益性の判断は州議会が個別法律の制定により行なうものとされた。

3月20日，上記法案が下院を通過し，3月21日，上院は，下院を通過した上記法案に同意を与え(注109)，3月27日，州知事の承認を経て1848年鉄道会社法が成立する。

B　1848鉄道会社法の内容　本法は鉄道会社の設立に関する準則主義

第5節　1848年および1850年鉄道会社法

を採用しているといえる。しかし，会社の収用権は州議会の個別法律により承認される必要があり，これが同法の最大の問題点であった。以下，本法の諸規定を具体的に紹介するが，まず設立方式をみることにしたい。

　§1.　企図されている鉄道の株式引受人たる25人以上の者は，その鉄道の建設・所有・維持の目的のため，以下の諸要件を遵守することにより1つの法人を設立することができる。

　建設が予定されている鉄道全体の各マイルにつき少なくとも1000ドルの資本が誠実に引き受けられ，かつ，その額の10％が払い込まれたときには，当該引受人等はその会社のために取締役を選任することができる。引受人等はそれぞれ定款に署名し，その定款には次の諸事項が記載される。すなわち，法人名・法人の存続期間（50年を越えない）・会社の資本（当該鉄道を建設するための現実の費用――鉄道用地・動力その他建設・運営のためのあらゆる装置を含む）・資本を構成する株式の数・会社企業を経営する取締役の名前とその数（その数は株主数の半分になってはならず，他の者が選任されるまで取締役の職務を保有する）・提案された鉄道が建設される場所（区間）・鉄道が通る予定の各カウンティおよび株式引受のための帳簿を開設する5名のコミッショナーの名前・各引受人が引き受けた株式数などである。

　当該定款は，次条の規定を遵守して州務長官の事務所に提出することができる。その後直ちに，定款に署名した者および随時その会社の構成員となった者は，定款に明記された名により法人となり，The Revised Statutes, pt. 1, ch. 18, tits. Ⅲ, Ⅳの諸規定の定める諸権能・特権を有し，それらの諸規定に服する。

　§2.　引き受けられた資本の額の10％が定款に記載された取締役に対して現実かつ誠実に現金で払い込まれ，かつ，§1が要求する資本の額が引き受けられ，その額の10％が実際に払い込まれた旨の宣誓供述書を少なくとも3名の取締役（定款に記載された）が作成して，それが定款に裏書されるかもしくは添付されたときは，定款を州務長官の事務所に提出することができる。

　上記の「建設が予定されている鉄道全体の各マイルにつき1000ドルの資本」と定款記載事項たる「会社の資本」との関連を明確に理解することが困

241

第3章　1846年ニュー・ヨーク州憲法改正から1860年まで

難である。

　§4.　定款が提出されたとき，その定款に署名・確認をした者およびその承継人は，その定款に記載された名により法人となる。

　法人としての存在を開始するための要件は，本法の場合には定款を州務長官の事務所に提出することであるのに対し，同年に制定された製造工業会社法（§1）の場合には，定款をカウンティの書記の事務所に提出し，その副本を州務長官の事務所に提出することであり（本章4節【2】§1参照），両者に違いがみられる。なお，後述する1850年鉄道会社法は本法と同じである。

　以上が設立準則主義に関連する諸規定であるが，収用権については，§20が次のように規定している。

　本法の諸規定に基づき1法人を設立しようとする13名以上の者は幾人でも，また爾後本法に基づき設立されるであろういずれのカンパニーも，当州議会に対して請願を提出することができる。その請願により，彼等はその建設を計画している場所（区間）および相当に確実なそのロケーションとルートを述べ，また，計画された当該鉄道の建設がそのために私有財産の収用を正当化するのに充分なほど公共の用に役立つかどうかを州議会が決定するよう要望する。そして，その提案された鉄道につき上記のような公共の用に役立つ旨を州議会が法律により決定したときには，かかる会社は，それが設立された場合に，その鉄道の建設・維持のために必要な土地・不動産および財産に立ち入り，それを占有・使用することができる。ただし，以下に規定する方法で，かかる土地などに対して補償しなければならない。

　当該会社が必要とする上述のような土地などを購入できないときはいつでも，その会社はその土地などが所在する地方の高位裁判所に対して申立て（petition）を行ない，裁判所は，補償額を確定するため，5名の有能な中立的なコミッショナーを任命し，そのコミッショナーが土地などの補償額を決定する。以上の手続きにつき§20が詳細に定めている。

　1848年法§20が存在していたため，同年の州議会においては，いくつかの鉄道がその公益性（public utility）の承認を求めて州議会に請願を提出し，6つの鉄道の公益性を承認する旨の個別法律が制定されている[注110]。

　1848年法は全文47カ条から成るが，以上のほかの諸規定は，逐一指摘す

第5節　1848年および1850年鉄道会社法

ることを避けて，1848年法だけにみられる次の規定を紹介するにとどめる。

§14.「当該カンパニーが支払不能である場合またはその配当の支払を行なうことによって支払不能に陥るであろう場合に，かかるカンパニーの取締役が利益配当を宣言し支払ったときは，かかる取締役は，それぞれその職務にとどまる限り，そのカンパニーの既存の全債務および爾後負担する全債務につき各自連帯して責任を負う。」

本規定は，配当制限基準として支払不能基準を採用するものであり，同年に制定された製造工業会社法§13 (注111) と類似している。しかし，後者は，配当規制として支払不能禁止基準とともに資本減損禁止基準も設けている点で本規定と異なっている。なお，本規定は，1850年鉄道会社法には受け継がれることなく，廃止されている。

【3】　1850年鉄道会社法

A　1850年法の制定　1849年ニュー・ヨーク州議会は，1848年鉄道会社法の改正につき議論しており，そのポイントは同法§20に関するものである。

1849年4月3日，下院の特別委員会は，そこに負託されていた法案（An act to repeal section 20 of an act authorizing the formation of Railroad Companies）に関する報告書を提出した (注112)。同法案は，1848年法§20を廃止することによって，鉄道会社が収用権を取得する際に，その鉄道の公益性を宣言する旨の個別法律の制定が不必要であるとするために提出されたのである。しかし，会期の終了間際になってこの法案審議が始まったため，充分な議論が行なわれないままこの法案は否決されている (注113)。

1850年鉄道会社法（これを The General Railroad Law と呼ぶことが多い）は，同年4月2日に制定され，そのタイトルは An Act to authorize the formation of railroad corporations, and to regulate the same である（以下1850年法と呼ぶ）(注114)。本法は，a free railroad law と呼ばれることもあり，ニュー・ヨーク州と全米において，レッセ・フェールの指針（laissez-faire precepts）を未曾有の範囲にまで拡大し，また，運輸における自由競争に対する立法府の抵抗

243

第3章　1846年ニュー・ヨーク州憲法改正から1860年まで

を克服したといわれている^(注115)。

　1850年法の制定経過を辿ってみると，同法案に関する公式の委員会報告はなく，新聞報道も簡潔なものが多い。1847年以来，毎年議論が繰り返され，既に主要な議論が出尽くしたのであろうか。

　2月11日，Geddes議員が鉄道会社の設立に関する一般法律案（修正案）を上院に提出する。なお，彼は1848年議会に鉄道委員会の少数意見を報告したことがある。その後法案の審議が継続され，2月19日，The bill to authorize the formation of railroad corporationsが上院を通過する。2月25日，右法案の修正案が下院に提出され，3月1日，収用権を承認するためには，鉄道の公益性につき州議会の個別法律の制定を要する旨の動議が出されたが，これは否決されている。下院の修正がなされたのは，州務長官に対する鉄道会社の報告事項の強化についてであったようである。3月23日，右法案が下院を通過する。26日，右下院の修正案に対する同意を求めるための報告が上院に提出され，翌日，上院が下院の修正案に一部修正を加え，それに対して下院が同意を与えたうえ，同法案は州議会を通過する^(注116)。4月2日，同法案に対する州知事の承認を得たうえ，1850年法が成立する。

　B　1850年法の内容　　鉄道会社の設立に関する準則主義が充分に機能するためには，1848年鉄道会社法が1つの難点を有していたことについては，既にのべたとおりである。この問題を解決するためには，同法§20の削除が必要であるが，形式的には，1848年法は全部廃止されている（本法§50）。また，実質的には1848年法の相当多くの条文が本法に受け継がれているが，本法は全文52カ条から成っている。以下では，1848年法との比較を念頭に置いて，1850年法の内容を概観してみることにしたい。

　§1.　人および物の運送に関して，公共の用（public use）のため鉄道を建設・維持・経営する目的で，または同様の公共の用のため既に建設された・法人格のない鉄道を維持・経営する目的で，25人以上の者は1つのカンパニー（a company）を設立することができる。また，以上の目的のため，その者等は定款（articles of association）を作成し，それに署名することができる。その定款には，次の諸事項が記載される。すなわち，そのカンパニーの名前・その存続年数・その鉄道が建

第5節　1848年および1850年鉄道会社法

設され維持され経営される場所（区間）・その鉄道の長さ・鉄道が通るカウンティの名称・資本の額（建設される鉄道の各マイルにつき1万ドル以上であること）・資本が構成される株式の数・13名の取締役の名前と住所などである。

　　定款の署名者はそれぞれその名前・住所・引受株式数を定款に記載する。

　　次条の諸規定を遵守するとき，そのような定款は州務長官の事務所に提出される。州務長官は，その提出日を定款に裏書し，自ら備え置く帳簿にその日付を記録する。そして，その後直ちに，定款に署名した者および当該カンパニーの構成員となるであろうすべての者は，その定款に明記された名により法人となり，The Revised Statutes, pt. 1, ch. 18, tit. Ⅲ（§7を除く）の諸規定に服する。

上記規定のうち，下線を付した部分は，いわゆる法人格のない既存企業を法人化することを前提とした規定であり，このような規定は他に殆ど例がないのではなかろうか。

　§2.　建設を企図している鉄道の各マイルについて，少なくとも1000ドルの資本が引き受けられ，かつ，その10％の額が定款に記載された取締役に対して誠実に現金で払い込まれたとき，また，本条が要求する資本額が誠実に引き受けられ，その額の10％が現金で払い込まれ，さらに，定款に述べられた鉄道を建設・維持・経営することが誠実に意図されている旨の宣誓供述書を定款に記載された少なくとも3名の取締役が作成して，それが定款に裏書されるもしくは添付されたときは，かかる定款は州務長官の事務所に提出され記録される。

以上2つの規定によれば，定款を州務長官の事務所に提出することにより法人たる鉄道会社が成立することになるが，本法が資本の最低額を明示している点は1848年鉄道会社法とは異なる（§1）。なお，既述のとおり，定款の謄本をカウンティの書記の事務所に提出する必要がない点は1848年鉄道会社法と同じである。

　§13.　本法に基づき設立されたカンパニーがその法人化のために必要な不動産を購入できない場合には，そのカンパニーは，本法が規定する方

第3章　1846年ニュー・ヨーク州憲法改正から1860年まで

法と特別の手続きによりその不動産に対するタイトル（title）を取得する権利を有する。

1848年法によれば，本条に相当する手続きを開始する前に，当該鉄道の公益性を承認する旨の個別法律を制定するよう州議会に請願しなければならなかったのであるが，1850年法では州議会に対するそのような請願の必要はないわけである。

§ 14. 前条のようなタイトルを取得するために，その会社は，評価委員（commissioners of appraisal）の任命を求めて，高位裁判所に対して申立を行なうことができる。その申立書には，さまざまな事項が記載されるが，その会社の資本総額（鉄道の各マイルにつき1万ドル以上）が誠実に引き受けられた旨の記載が含まれている。また，申立書の謄本の送達につき詳細な規定が設けられている。

この規定によれば，定款を州務長官に提出して法人としての存在を開始するための要件と収用権が承認されるための要件とは異なることになろう。前者の要件は鉄道の各マイルにつき1000ドル以上の資本が引き受けられたときであるのに対して，後者の要件は鉄道の各マイルにつき1万ドル以上が引き受けられたときである。

§ 15. 前条に従って高位裁判所に対して申立がなされたときに，この手続きによりその不動産または利益に影響を受けるすべての者は，その申立の趣旨を認めることに反対する理由の開示を行ない，その申立において述べられたすべての事実を否認することができる。

裁判所が当事者の証拠と主張を審理し，その申立の趣旨を認めることに反対する充分な理由が開示されない場合には，裁判所は，補償額を評価・確定するため，5名の中立的で有能な者を委員に任命する旨の命令を出すものとする。

さらに，評価委員の評価の方法などに関する規定が設けられ（§ 16），裁判所は，評価委員の報告書を確認して，評価と補償に関する命令を発する（§ 17）。この命令の認証謄本がカウンティの書記の事務所に記録され，補償額などの支払が終了したとき，鉄道会社は目的の土地へ立入りそれを占有・使用する資格を認められる（§ 18）。§ 19および§ 20は，以上のほか鉄道

第5節　1848年および1850年鉄道会社法

用地の収用に関連する事項を規定している。

　以上が，1847年州議会以降激しく議論され，1850年法で一応の解決が示された諸論点に係わる諸規定である。次に，その他若干の諸規定を条文順に簡単に紹介することにしたい。

　§5.　法人の業務を運営するため，13名の取締役から成る取締役会が置かれる。取締役は，選挙における株主の投票の過半数により毎年選出される。

　§8.　基本的には，§1により法人としての一般的諸権能が認められるが，本法に基づく会社は，自己または他のいかなる法人の株式であれその買入のために，その資金を使用することはできない。

　§9.　会社の資本は鉄道の1マイル毎に1万ドル以上とされ（§1），増資に関する規定も設けられている。

　§10.　本法に基づき設立された会社の各株主は，その者が保有する株式（stock）の未払込額を限度として，かかる会社のすべての債務と責任につき，かかる会社の債権者に対して，個人的に責任を負う。ただし，その者が保有する株式の総額が当該会社に払い込まれた後はこの限りではない。

　上記の責任は会社の債権者に対する直接責任ではあるが，その株主の未払込額に限定された責任であり，払込を完了した株主は最早責任を負うことはない。これに対し，1848年鉄道会社法§12（この規定は1848年製造工業会社法§10とほぼ同じである）は，会社の資本総額が払い込まれるまで，株主がその保有する株式の額を限度として会社債権者に対して個別的・個人的に責任を負うと定めていたから，ある株主がその保有する株式全部の払込を完了していても，他の株主がその株式全部の払込を完了していなければ（会社の資本総額が払い込まれる前は），各株主は株式の額を限度とする個人的責任（2倍責任）を負うことになる。つまり，ある株主が他の株主の不履行の責任を負わされる結果となったのである[注117]。ただし，この2倍責任は，1811年製造工業会社法§7とは違って，会社解散の場合に限定されない。

　要するに，1850年法の場合には，各株主はそれぞれ保有する株式全部の払込を完了すればそれ以上の責任を負わないのであり，1848年鉄道会社法

247

第3章　1846年ニュー・ヨーク州憲法改正から1860年まで

（1848年製造工業会社法も同じ）の場合よりも株主の責任は緩和されている。しかし，1850年鉄道会社法は1854年に改正され[注118]，その責任規定（§10）は1848年鉄道会社法の責任規定と同じ規定に復帰している。

　総じていえば，ニュー・ヨーク州の制定法における株主（銀行会社を除く）の責任は，19世紀後半を通じて，1848年製造工業会社法§10の規定が一般的であったといえよう。

　§28. 本法に基づき設立された鉄道会社は，1827／28年法（The Revised Statutes）pt. 1, ch. 18, tit. Ⅲにより与えられる諸権能のほか，本条の10項目にわたる様々な権能を有する。そのうち，第10項は，鉄道を完成・経営するために必要な額の金銭を借り入れ，その額につき社債を発行することを認めている。

　1850年鉄道会社法は，その後しばしば改正され，1890年・1892年に同州の会社法の再編がなされた際に，上記1850年法は廃止されている[注119]。

　ちなみに，ニュー・ヨーク州1848年・1850年鉄道会社法によって設立された鉄道会社数は，1849年—4，1850年—5，1851年—17，1852年—22，1853年—26，1854年—4，1855年—3，1856年—3，1857年—3，1858年—2，1859年—11，1860年—15である[注120]。

　ニュー・ヨーク州は世界に先駆けて製造工業会社の設立に関する準則主義を確立したが，同州の鉄道会社の設立に関する準則主義もアメリカで最も初期に採用された1つの例であるといえよう。他の諸州において1860年以前に制定された準則制鉄道会社法のうち，筆者が収集できたものを以下に掲げることにする。

【表＝ⅩⅣ】

アメリカ初期の準則制鉄道会社法一覧

① An Act to authorize General Incorporations, Act of Feb. 22, 1847, **Iowa Laws**, 1847, ch. 81（本法は，表＝ⅩⅢ④と同一であり，鉄道会社も含めた準則制事業会社法である）。

② An Act to provide for the organization of Corporations in this State, Act of Mar. 16, 1848, **La. Laws**, 1848, No. 100（この制定法は表＝ⅩⅢ⑦と同一であり，

§1は鉄道会社の設立を認めている）。なお，後掲⑪を参照されたい。
③ 1848年ニュー・ヨーク州鉄道会社法。
④ An Act to provide for a general system of railroad incorporations, Act of Nov. 5, 1849, **Ill. Laws**, 1949 (2d sess.), pp. 18-33.
⑤ An Act to provide for the incorporation of companies to construct Macadamised, graded, turnpike, wooden, rail roads, or plank roads, Act of Feb. 12, 1850, **Ala. Laws**, 1849-50, No. 22.
⑥ 1850年ニュー・ヨーク州鉄道会社法。
⑦ An Act concerning Corporations, **Cal. Laws**, 1850, ch. 128（本法は，表＝ⅩⅢ⑬と同一であり，§§54-86が準則制鉄道会社法である）。
⑧ An Act to provide for the Incorporation of Railroad Companies, **Cal. Laws**, 1851 (2d sess.), ch. 118.
⑨ An Act to provide for the creation and regulation of Incorporated Companies in the State of Ohio, Act of May 1, 1852, 50 **Ohio** 274（1852）.
⑩ An Act to provide the incorporation of Railroad Companies, Feb. 22, 1855, **Mich. Laws**, 1855, No. 82.
⑪ An Act for the Organization of Corporations for Works of Public Improvement and Utility, Act of Mar. 14, 1855, **La. Laws**, 1855, No. 131.
⑫ An Act to provide for the Incorporation and Regulation of Railroad Companies, Act of Aug. 12, 1858, **Minn. Gen. Laws**, 1858, ch. 70.

第6節　1850年代の事業会社法

1850年鉄道会社法の制定によって，1847年以来展開された一連の準則制事業会社法制定の動向はピークに達したといえるが，1850年代の前半においてもニュー・ヨーク州はいくつかの準則制事業会社法を制定している。以下に，その主なものを列挙する。

【表＝ⅩⅤ】

1850年代準則制事業会社法一覧

① An Act for the incorporation of companies formed to navigate the ocean by steamships, Act of Apr. 12, 1852, N.Y. Laws, 75th sess., ch. 228.

第 3 章 1846 年ニュー・ヨーク州憲法改正から 1860 年まで

② An Act to authorize the formation of corporations for the erection of buildings, Act of Apr. 5, 1853, N.Y. Laws, 76th sess., ch. 117.
③ An Act to authorize the formation of corporations for ferry purposes, Act of Apr. 9, 1853, N.Y. Laws, 76th sess., ch. 135.
④ An Act to provide for the incorporation of life and health insurance companies, and in relation to agencies of such companies, Act of June 24, 1853, N.Y. Laws, 76th sess., ch. 463.
⑤ An Act to provide for the incorporation of fire insurance companies, Act of June 25, 1853, N.Y. Laws, 76th sess., ch. 466.
⑥ An Ac for the incorporation of companies formed to navigate the lakes and rivers, Act of Apr. 15, 1854, N.Y. Laws, 77th sess., ch. 232.

　本章3節～5節に掲げた多数の準則制事業会社法の施行によって，ニュー・ヨーク州は事業会社の設立に関する準則主義をひとまず確立し終えたといえるであろう。各準則制事業会社法に基づき設立できる事業の種類は限定されており，また，各会社法の施行後それぞれにつきしばしば法改正が繰り返されているが，1850年代半ばまでに確立された事業会社法システムは，1890年の会社法制定まで，基本的に維持されたといえよう（**むすび**参照）。

　上述のとおり，ニュー・ヨーク州は，1854年までには，事業会社の設立に関する準則主義をほぼ完全に確立していたといえよう。しかし，準則主義の確立と同時に，個別法律による事業会社の設立（特許主義）が消滅したわけではない。既述のように，1846年ニュー・ヨーク州憲法は個別法律に基づく法人設立を絶対的には禁止していないからである。筆者の調査（Session Lawsの索引および設立法のチェック）によれば，1851年から1860年までに個別法律に基づき設立された事業会社の数は，1851年—0，1852年—14，1853年—10，1854年—9，1855年—11，1856年～1858年—0，1859年—8，1860年—6である。

　以上の会社は，準則制事業会社法が制定されていない事業分野で多く設立されているようである。1851年から10年間に個別法律により設立された事業会社の総数は58であり，そのうち19は水道会社が占めている。残りは，運河会社・吊り橋会社・ドック会社・蒸気船会社・信託会社など様々である。

第 6 節　1850 年代の事業会社法

　以下では，上掲表＝ⅩⅤ④・⑤の 2 つの保険会社法を一瞥するにとどめる。この 2 つの制定法は 1849 年保険会社法を改正し，同法のうち生命保険会社および火災保険会社に関する部分をそれぞれ独立の制定法として整備したものである。したがって，1849 年保険会社法は，生命保険と火災保険に関する規定が削除され，1849 年法には海上保険に関する規定だけが残ったわけである。

　1853 年生命保険会社法（表＝ⅩⅤ④）が定める保険会社の設立手続によれば，13 名以上の者が次の目的のため結合し，法人またはカンパニーを形成すること（to form an incorporation or company）ができる。その設立目的は 2 つの部門から成り，1 つは個人の生命に関する保険および年金保険であり，他の 1 つは個人の健康に関する保険および馬や家畜の健康に関する保険である（§1）。上記第 1 部門と第 2 部門の保険を兼業することはみとめられない（§2）。§1 が言及する 13 名以上の者は会社設立者（corporators）と呼ばれ，その者が会計検査官（the comptroller）の事務所に宣言書（a declaration）を提出しなければならず，その宣言書には会社設立者が署名して，本法が掲げる目的のために会社を設立する意図がある旨を記載する。また，その宣言書には採択のため提示された定款の謄本が含まれ，その定款にはその会社の商号・会社が置かれる場所・事業目的・資本の額・その他の事項が記載される（§3）。

　1848 年製造工業会社法は，資本の額の制限を設けていないが，1850 年代以降の準則制事業会社法は，資本の額を制限するのが通常である。また，1849 年保険会社法では，上記宣言書の提出場所が州務長官の事務所であったのに対し，1853 年法（§4）では会計検査官の事務所へ変更されている。

　なお，1859 年までは，保険会社の監督は会計検査官の権限とされていたが，同年の法改正により保険庁（The Insurance Department）が新しく設置され，従来会計検査官に与えられていた権限は保険庁長官（The Superintendent of the Insurance Department）に委譲された[注121]。したがって，上記宣言書の提出場所は保険庁長官の事務所へ変更された。

　1853 年火災保険会社法（表＝ⅩⅤ⑤）§1 によれば，13 名以上の者は次の諸目的のために結合して事業会社を設立する（form an incorporated company）

251

第3章 1846年ニュー・ヨーク州憲法改正から1860年まで

ことができる。すなわち，住居・店舗およびあらゆる種類の建物ならびに家財の火災による損失に対して保険を付すこと，ならびに内陸航行および運輸の危険に対して保険を付すことである。また，同法§3が定める会社設立の手続は，上述の生命保険会社の設立手続と同じである。

最後に，1840年代末から1850年代末のアメリカ合衆国において制定された準則制保険会社法を列挙し，当時のアメリカ全体における保険会社法の進展状況を考えるための1つの資料としたい。ただし，GEORGE WOLFORD, GENERAL AND PUBLIC STATUTE LAWS OF THE SEVERAL STATES OF THE UNITED STATES RELATING TO FIRE, INLAND-NAVIGATION, MARINE, LIFE, AND HEALTH AND CASUALTY, INSURANCE CORPORATIONS, AND MISCELLANEOUS LAWS PERTAINING TO INSURANCE (1870) を参照しつつ，筆者が収集できた制定法を掲げるにとどまる。この調査のかぎりでは，この時代においては，準則制保険会社法を制定した州は多くはなかったようである。

【表＝ⅩⅥ】

アメリカ初期の準則制保険会社法一覧

① 1849年ニュー・ヨーク州保険会社法がおそらくアメリカ最初の準則制保険会社法であろう（本章3節【5】参照）。

② An act to provide for the incorporation of Insurance Companies, Act of Feb. 9, 1850, **Wis. Laws**, 1850, ch. 232, pp. 186−191.

③ An Act concerning Corporations, Act of Apr. 22, 1850, **Cal. Laws**, 1850, ch. 128（本法は，表＝ⅩⅩ⑬と同一であり，本法 ch. Ⅱ［§§33−53］が保険会社につき定めている。）

④ An Act to provide for the incorporation of insurance companies, Act of Mar. 10, 1852, **N.J. Laws**, 1852, ch. 74.

⑤ An act for the incorporation of insurance companies, defining their powers and prescribing their duties, Act of June 17, 1852. [The **Indiana Revised Statutes** for 1852 に収録されている。]

⑥ An Act for the incorporation of insurance companies, and defining their powers and duties, Act of Feb. 15, 1859, **Mich. Laws**, 1859, No. 262.

なお，ペンシルヴェイニア州は，An Act to provide for the incorporation of Insurance Corporations（Act of Apr. 2, 1856, Pa. Laws, 1856, No. 236）を制定したが，同法は保険会社を設立するために個別法律の制定を要求し，かつ，州知事が勅許状（letters patent）により保険会社を創設するという手続きを定めているから，同法は準則制保険会社法ではなく，a general regulating law であろう。

［第 3 章の注］

（注 1） 1 EDWIN M. DODD & RALPH J. BAKER, CASES ON BUSINESS ASSOCIATIONS 21-22（1940）によれば，ニュー・ヨーク州は，1846 年州憲法の要請を踏まえたうえ，翌年から 1850 年にかけて，種々の準則制事業会社法を制定するが，それらの種々の会社法は，爾後 10 年ないし 15 年の間に，他の州において制定された多数の準則制会社法の起草（draftsmanship）に対して広範な影響を与えており，それ故に，1848-50 年の時期はアメリカ会社制定法（the statutory law of corporations）の転換期であると説かれている。

（注 2） 2 THE FEDERAL AND STATE CONSTITUTIONS 1363（BEN POORE ed., 1924, reprint 1972）.

（注 3） 1838 年自由銀行法と 1821 年州憲法との関係については，本書第 2 章 7 節【4】参照。

（注 4） ルイジアナ州やニュー・ヨーク州と類似する州憲法上の規定は，他の多くの州により採用されたが，この問題ついては，伊藤紀彦「アメリカにおける事業会社の設立に関する準則主義の成立時期について」中京法学 31 巻 3 号 22 頁以下（1997 年）を参照されたい。

（注 5） 1846 年の憲法会議については，次の 3 書がそれを詳しく扱っている。2 CHARLES Z. LINCOLN, THE CONSTITUTIONAL HISTORY OF NEW YORK 184-95（1906）; L. RAY GUNN, THE DECLINE OF AUTHORITY: PUBLIC ECONOMIC POLICY AND POLITICAL DEVELOPMENT IN NEW YORK STATE, 1800-1860, at 170-97（1988）; RONALD E. SEAVOY, THE ORIGINS OF THE AMERICAN BUSINESS CORPORATION, 1784-1855: BROADENING THE CONCEPT OF PUBLIC SERVICE DURING INDUSTRIALIZATION 182-88（1982）.

（注 6） 1 つは，DEBATES AND PROCEEDINGS IN THE NEW-YORK STATE CONSTITUTIONAL CONVENTION, FOR THE REVISION OF THE CONSTITUTION（S. CROSWELL & R. SUTTON reporters）（1846）[hereinafter DEBATES AND PROCEEDINGS] であり，もう 1 つは，REPORT OF THE DEBATES AND PROCEEDINGS OF THE CONVENTION FOR THE REVISION OF THE CONSTITUTION OF THE STATE OF NEW YORK（WILLIAM G. BISHOP &

第 3 章　1846 年ニュー・ヨーク州憲法改正から 1860 年まで

WILLIAM H. ATTREE reporters）（1846）［hereinafter REPORT］である。両議事録はその採録している部分にかなりの違いがあり，また，同じ代議員の発言を記録している場合でも，その記録内容が異なることもあるので，両者を参照する必要がある。

　（注7）　L. Ray Gunn, *New York State Legislature*, 4 SOC. SCI. HIST. 267, 274 (1980). また，1830 年代以後，ニュー・ヨーク州の多くの人々は個別法律の制定が政治的腐敗の根本的な原因であるとみなしており，殊に法人設立法およびその改正法の制定が立法府に課す負担はその党派の違いを越えて悩みの種であった。以上につき，L. Ray Gunn, *Political Implications of General Incorporation Laws in New York to 1860,* 59 MID-AMERICA 171, 175-76 (1977) 参照。

　（注8）　2 LINCOLN, *supra* note 5, at 106.
　（注9）　REPORT, *supra* note 6, at 221.
　（注10）　*Id.* at 222.
　（注11）　*Id.* at 223. なお，Loomis 委員長の発言のうち筆者が下線を付した部分に関連して，Stephen B. Presser, *Thwarting the Killing of the Corporation: Limited Liability, Democracy, and Economics,* 87 NW. U. L. Rev. 148, 155-56（1992）は，準則制事業会社法の制定がジャクソン時代（1825～1855 年）のアメリカ合衆国を民主化した政治的・社会的諸勢力の経済的側面を表すものである旨を指摘している。このような視点から準則主義立法の成立過程をみることも必要であろう。

　（注12）　REPORT, *supra* note 6, at 962.
　（注13）　*Id.*
　（注14）　*Id.* at 965-66.
　（注15）　*Id.* at 962.
　（注16）　*Id.* at 966; DEBATES AND PROCEEDINGS, *supra* note 6, at 741.
　（注17）　DEBATES AND PROCEEDINGS, *supra* note 6, at 737.
　（注18）　REPORT, *supra* note 6, at 966.
　（注19）　*Id.* at 974.
　（注20）　*Id.* at 984.
　（注21）　*Id.* at 1006.
　（注22）　*Id.* at 1013.
　（注23）　2 LINCOLN, *supra* note 5, at 212-13, 216.
　（注24）　MARVIN MYERS, THE JACKSONIAN PERSUASION 265-67（1957）参照。
　（注25）　比例責任（proportional liability）とは社員（株主）がその持株比率に応じて法人（会社）の債務につき個人的に責任を負う場合を言うが，第 17 委員会の提案は次のとおりである（REPORT, *supra* note 6, at 221）。

「営利法人（any incorporation for gain or benefit to the corporators or shareholders）の社員または株主は，保険および次項に述べる諸目的の場合を除き，当該会社が支払不能に陥った場合には，当該会社の未履行の債務および自らが社員または株主であった間に負担された会社の債務について，各自の持株が総株式に対して占める割合に応じた額まで責任を負わなければならない。」

（注26） REPORT, *supra* note 6, at 222.

（注27） *Id.* at, 976–77; DEBATES AND PROCEEDINGS, *supra* note 6, at 746. なお，Simmons 代議員は，「個人的無限責任は貴族主義の本質であり，また中産階級を法人から遠ざけて，金持だけを参加させるものであり，私はそれを否認する」と述べている（*Id.* at, 779）。

（注28） REPORT, *supra* note 6, at 978–79.

（注29） DEBATES AND PROCEEDINGS, *supra* note 6, at 748.

（注30） REPORT, *supra* note 6, at 1013.

（注31） 2 THE FEDERAL AND STATE CONSTITUTIONS, *supra* note 2, at 1363.

（注32） *Id.*

（注33） この問題に関する Wisconsin 州の反応につき，GEORGE J. KUEHNL, THE WISCONSIN BUSINESS CORPORATION 67–70, 74–78, 89–92（1959）参照。

（注34） 2 THE FEDERAL AND STATE CONSTITUTIONS, *supra* note 2, at 1363–64. なお，この規定につき，GEORGE E. BARNETT, STATE BANKS AND TRUST COMPANIES SINCE THE PASSAGE OF THE NATIONAL-BANK ACT 75（1911, reprint 1969）は，「［この責任］はすべての債権者保護のためであるのに対し，1828年の Massachusetts Banking Law（Mass. Laws, 1828, ch. 96, § 13）は，銀行券を保有する債権者［銀行券保有者］のためにのみ制定法上の責任を課している」と述べている。

（注35） 2 LINCOLN, *supra* note 5, at 44.

（注36） DEBATES AND PROCEEDINGS, *supra* note 6, at 141.

（注37） N.Y. Senate Journal, 1849, at 257–58, 376; N.Y. Assembly Journal, 1849, at 901, 1236–37; Albany Evening Journal, Mar. 13, 16, 1849.

（注38） An Act to enforce the responsibility of stockholders in certain banking corporations and associations as prescribed by the constitution, and to provide for the prompt payments of demands against such corporations and associations, Act of Apr. 5, 1849, N.Y. Laws, 72d sess., ch. 226. なお，JOHN CLEAVELAND, THE BANKING SYSTEM OF THE STATE OF NEW YORK 155–70（2d ed. 1864, reprint 1980）参照。

（注39） LEONARDO C. HELDERMAN, NATIONAL AND STATE BANKS: A STUDY OF THEIR ORIGIN 154（1931, reprint 1980）.

第3章　1846年ニュー・ヨーク州憲法改正から1860年まで

　　（注40）　An Act to provide a national Currency, secured by a Pledge of United States Stocks, and to provide for the Circulation and Redemption thereof, Act of Feb. 25, 1863, ch. 58, § 12, 12 Stat. 665; An Act to provide for the Circulation and Redemption thereof, Act of June 3, 1864, ch. 106, § 12, 13 Stat. 99.

　　（注41）　Arthur J. Rolnick & Warren E. Weber, *New Evidence on the Free Banking Era,* 73 AM. ECON. REV. 1080, 1082 Table 1 は，1860年までに制定された諸州の自由銀行法の一覧表を掲げている。同表のほかに，Session Laws of American States and Territories を利用して，本文の一覧表は作成されている。

　　本文に指摘した18州のうち，株主の2倍責任を定めたのは10州であり，4州（アラバマ，オハイオ，マサチューセッツ，ペンシルヴェイニア）は株主の責任につき規定を設けていない。残りの4州（ニュー・ヨーク，ジョージア，ヴァーモント，フロリダ）は，ニュー・ヨーク州1838年法と同一の有限責任規定を定めている。なお，自由銀行法を制定しなかった州においても，銀行会社の株主の2倍責任を定める1851年メアリーランド州憲法 art. III, § 45 のような例にも注目しておく必要があろう（1 THE FEDERAL AND STATE CONSTITUTIONS, *supra* note 2, at 848; JOSEPH G. BLANDI, MARYLAND BUSINESS CORPORATIONS, 1783-1852, at 46-47 参照）。

　　（注42）　An Act to revise the Statutes of this State relating to Banks, Banking and Trust Companies, Act of July 1, 1882, N.Y. Laws, 105th sess., ch. 409; An Act to repeal certain acts and parts of acts, Act of July 1, 1882, N.Y. Laws, 105th sess., ch. 402, § 6: The Banking Law, Act of May 18, 1892, N.Y. Laws, 150th sess., ch. 689.

　　（注43）　John R. Vincens, *On the Demise of Double Liability of Bank Shareholders,* 12 BUS. LAW. 275, 277 (1957).

　　（注44）　An Act to provide for the incorporation of companies to construct plank roads, and of companies to construct turnpike roads, Act of May 7, 1847, N.Y. Laws, 70th sess., ch. 210.

　　（注45）　N.Y. Senate Journal, 1847, at 163, 217, 227, 389-90, 403.

　　（注46）　N.Y. Assembly Journal, 1847, at 972, 1174, 1225-26.

　　（注47）　本文中の下線部分は1849年改正法（Act of Apr. 6, 1849, N.Y. Laws, 72d sess., ch. 250, § 13）により削除された。

　　（注48）　An Act in relation to plank roads and turnpike roads, Act of Apr. 6, 1849, N.Y. Laws, 72nd sess., ch. 250.

　　（注49）　FRANKLIN B. HOUGH, NEW YORK CONVENTION MANUAL, PART II: STATISTICS 33 (1867).

　　（注50）　An Act to authorize the formation of Gas Light Companies, Act of

Feb. 16, 1848, N.Y. Laws, 71st sess., ch. 37.

（注51） Albany Evening Journal, Jan. 31, Feb. 2, 1848; N.Y. Assembly Journal, 1848, at 248−49, 261

（注52） N.Y. Senate Journal, 1848, at 143, 177, 182−83.

（注53） N.Y. Evening Journal, Feb. 14, 1848.

（注54） HOUGH, *supra* note 49, at 34.

（注55） An Act to provide for the incorporation of Bridge Companies, Act of Apr. 11, 1848, N.Y. Laws, 71st sess., ch. 259.

（注56） N.Y. Albany Evening Journal, Jan. 15, Feb. 23, 1848.

（注57） N.Y. Assembly Journal, 1848, at 445, 1172, 1275.

（注58） N.Y. Assembly Journal, 1848, at 318, 1011, 1075−76.

（注59） N.Y. Senate Journal, 1848, at 509, 605.

（注60） An Act to provide for the incorporation and regulation of telegraph companies, Act of Apr. 12, 1848, N.Y. Laws, 71st sess., ch. 265.

（注61） 本文の下線部分は Gunn の解釈に従っている（GUNN, *supra* note 5, at 240）。なお、CHARLES T. HAVILAND, A CONCISE TREATISE ON THE LAW OF CORPORATIONS HAVING CAPITAL STOCK ［NEW YORK CASES AND STATUTES］218（1890）参照。

（注62） HOUGH, *supra* note 49, at 37.

（注63） N.Y. Assembly J., 1847, at 721, 1513, 2235; N.Y. Senate J., 1847, at 716, 1007; Albany Evening J., Dec. 15, 1847.

（注64） Albany Evening J., Feb. 3, Mar. 24, 1848.

（注65） Albany Argus, Jan. 13, Feb. 17, Mar. 12, Apr. 9, 1849; N.Y. Senate J., 1849, at 357, 604−05.

（注66） An Act to provide for the incorporation of Insurance Companies, Act of Apr. 10, 1849, N.Y. Laws, 72d sess., ch. 308.

（注67） corporators の定義については、本章6節表＝ⅩⅤ④の設立法§3 および HAVILAND, *supra* note 61, at 6 n.2 参照。なお、a declaration という用語は、他州の制定法では定款の意味で使用される場合もある。

（注68） HAVILAND, *supra* note 61, at 210.

（注69） Act of Feb. 17, 1848, N.Y. Laws, 71st sess., ch. 40.

（注70） 4 MESSAGES FROM THE GOVERNORS COMPRISING EXECUTIVE COMMUNICATIONS TO THE LEGISLATURE AND OTHER PAPERS RELATING TO LEGISLATION FROM THE ORGANIZATION OF THE FIRST COLONIAL ASSEMBLY IN 1683 TO AND INCLUDING THE YEAR 1906, at 379（CHARLES Z. LINCOLN, ed., 1909）(hereinafter MESSAGES FROM THE GOVERNORS). なお、この Young のメッセージは、当時の多くの州民の感

第3章　1846年ニュー・ヨーク州憲法改正から1860年まで

情を代表するものであったといわれている。

（注71）　早くも翌日，The Albany Evening Journal, Mar. 2, 1847は，この法案に言及し，「昨日下院に報告された当法案は，……重要な利益に関連をもっている。過去2～3年の間，法人に関して抱かれてきた相反する見解がわが製造工業の利益を阻害し，弱めてきた。この国民的産業は，資本の増大によってのみその腕を揮うことができる。したがって，抑圧的でない健全な制約のある法律が製造工業を奨励するために制定されなければならない」と述べている。

（注72）　以上の審議経過については，Albany Argus, Mar. 2, May 5, 12, 13, Nov. 19, 23, 1847; N.Y. Senate Document, 1847, Nos. 116, 143 参照。

（注73）　N.Y. Senate Document, 1847, No. 143, at 5-12.

（注74）　以下の下院法案の支持勢力に関する叙述は，GUNN, *supra* note 5, at 205-09 に依るところが極めて大きい。なお，Gunn, *supra* note 7, at 179-81 ［1977］参照。

（注75）　The Journal of Commerce, Apr. 29, 1847 の記事が Albany Argus, May 4, 1847 に転載されており，そこから引用した。なお，GUNN, *supra* note 5, at 207 参照。

（注76）　Albany Argus, Apr. 28, 1847; GUNN, *supra* note 5, at 207.

（注77）　Albany Argus, Sep. 10, 1847; GUNN, *supra* note 5, at 207-08.

（注78）　Albany Argus, Oct. 4, 1847; GUNN, *supra* note 5, at 208.

（注79）　Albany Argus, Oct. 9, 1847; GUNN, *supra* note 5, at 208.

（注80）　*Id.* at 206.

（注81）　G.G. VAN DEUSEN, THE JACKSONIAN ERA, 1828-1848, at 247（1959）によれば，ニュー・ヨーク州民主党は1846年末には存続しなかったといわれており，この点は，前掲（注24）で言及した Meyer の見解とはずれがあると思われる。また，Albany Evening Journal, Sep. 21, 1847 は，民主党系の新聞も下院法案に賛成である旨を述べている。

（注82）　4 MESSAGES FROM THE GOVERNORS, *supra* note 70, at 404. 製造工業に対する投資を奨励するために準則制製造工業会社法を制定する必要がある旨の主張は前年来のものである。

（注83）　以上の審議経過については，N.Y. Assembly Journal, 1848, at 58, 196-97, 63-65, 403; N.Y. Senate Journal, 1848, at 117, 175, 178 参照。

（注84）　1847年9月29日の上院において，下院法案に反対した上院議員は11名であり，そのうち1848年法案の採決に参加した議員は1名だけである。Albany Argus, Sep. 30, 1847; N.Y. Senate Journal, 1848, at 178-79 参照。

（注85）　Liggett Co. *v.* Lee, 288 U.S. 517, 550-54（1932）.

（注86）　EDWARD W. SOUTHWORTH & DWIGHT A. JONES, A TREATISE ON THE NEW YORK MANUFACTURING CORPORATION ACT OF 1848 AND BUSINESS CORPORATION ACT OF 1875, at 2, 3 n.1 (2d ed., 1890); JAMES M. KERR, THE LAW OF BUSINESS CORPORATIONS: EMBRACING THE NEW YORK BUSINESS ACT, THE NEW YORK MANUFACTURING ACT, AND THE NEW JERSEY AND WEST VIRGINIA ACTS 568-73 (1890).

（注87）　SOUTHWORTH & JONES, *supra* note 65, at 43-44 は，法人の成立要件として，本文に述べた2つの手続が必要であると述べているが，WALTER S. POOR, THE ACT AUTHORIZING THE FORMATION OF CORPORATIONS FOR MANUFACTURING, MINING, MECHANICAL, AND CHEMICAL PURPOSES 28, 29 n.3 (1884) によれば，定款をカウンティの書記の事務所に提出した時に法人が成立するのではなかろうか。なお，1 ARTHUR W. MACHEN, A TREATISE ON THE MODERN LAW OF CORPORATIONS 125-26 & nn.4-5 (1908) も上記 Poor と同じ見解であろう。

（注88）　LAWRENCE M. FRIEDMAN, A HISTORY OF AMERICAN LAW 451 (1973); WILLIAM W. COOK, A TREATISE ON THE LAW OF STOCK AND STOCKHOLDERS 204 (1887).

（注89）　日本の会社法学の通説による株式会社の定義を厳密に適用した場合には，本法§18の存在によって，ニュー・ヨーク州の1961年事業会社法の施行前においては，株式会社は存在していなかったのではないかという疑問が生じる。この点につき，ミギュエル・デ・キャプリレス「ニューヨーク新事業会社法について」海外商事法務29号20頁（1964年）を参照されたい。なお，上記規定は，非上場会社の上位10人の大株主が会社の賃金債務につき連帯して個人的に責任を負う旨の規定に変更されたうえ現在でも保持されている。この点につき，長浜洋一訳・ニューヨーク事業会社法102-03頁〔第630条〕（1990年）参照。

（注90）　伊藤邦夫「アメリカ株式会社会計制度の史的構造（一）」商学研究（一橋大学研究年報）23号77-79頁（1982年），森淳二朗・配当制限基準と法的資本制度17頁（1974年）参照。

（注91）　Act of June 7, 1853, N.Y. Laws, 76th sess., ch. 333, § 2; HAVILAND, *supra* note 60, at 206 n.3.

（注92）　1 DODD & BAKER, *supra* note 1, at 21 n.59.

（注93）　SEAVOY, *supra* note 5, at 194. なお，1830年のマサチューセッツ法は，1836年の Revised Statutes ch. 38 に相当する。また，1847年の下院法案と1848年法とはほぼ同じ内容のものである。

（注94）　N.Y. Senate Document, 1847, No. 53, at 14.

（注95）　The Journal of Commerce, Apr. 29, 1847 に掲載された記事が

第 3 章　1846 年ニュー・ヨーク州憲法改正から 1860 年まで

Albany Argus, May 4, 1847 に転載されており，本文はそこからの引用である。

(注96)　4 MESSAGES FROM THE GOVERNORS, *supra* note 70, at 400.

(注97)　HOUGH, *supra* note 49, at 34.

(注98)　本文に掲げた一覧表は，伊藤・前掲（注4）30-32頁を一部改訂したものである。

なお，筆者の一覧表と Susan P. Hamill, *From Special Privilege to General Utility: A Continuation of Willard Hurst's Study of Corporations,* 49 AM. UNIV. L. REV. 81, 177 Appendix A（1999）との間でいくつかの見解の違いがある。

(注99)　以下については，GUNN, *supra* note 5, at 236-37; SEAVOY, *supra* note 5, at 204-05 参照。

(注100)　N.Y. Senate Document, No. 64, 1847.

(注101)　以下の経過については，Albany Argus, Mar. 15, Apr. 21, Sept. 21, 28, Oct. 25, Dec. 16, 1847 参照。

(注102)　Albany Evening Journal, Sept. 23, 27, 1847.

(注103)　Act of Mar. 27, 1848, N.Y. Laws, 71st sess., ch. 140.

(注104)　N.Y. Senate Document, No. 15, 1848.

(注105)　Albany Evening Journal, Feb. 18, 1848; N.Y. Senate Document, No. 33, 1848. なお，General Rail-Road Bill の内容を新聞報道から知ることはできないが，それは恐らく準則制鉄道会社法案であると考えられるので，以下では右法案をそのように扱うことにする。

(注106)　N.Y. Senate Document, No. 34, 1848.

(注107)　N.Y. Assembly Document, No. 105, 1848.

(注108)　Albany Evening Journal, Mar. 15, 1848.

(注109)　Albany Evening Journal, Mar. 20, 21, 1848

(注110)　An Act to determine and decide the public utility of a railroad from the city of Troy to the easterly line of the county of Rensselaer, Act of Apr. 4, 1848, N.Y. Laws, 71st sess., ch. 173; An Act to declare the public use of a railroad from Syracuse to Binghamton, Act of Apr. 8, 1848, N.Y. Laws, 71st sess., ch. 203. 他の 4 つの制定法は，N.Y. Laws, 1848, chs. 237, 243, 301, 338 である。なお，1849 年の州議会においても，右と同様の4つの制定法が成立している（N.Y. Laws, 1849, 72d sess., chs. 71, 265, 294, 295)。

(注111)　本規定につき，伊藤・前掲（注90）77頁以下；森・前掲（注90）30頁参照。

(注112)　N.Y. Assembly Document, No. 207, 1849.

(注113)　Albany Evening Journal, Mar. 31, Apr. 3, Apr. 10, 1849.

(注114)　Act of Apr. 2, 1850, N.Y. Laws, 73d sess., ch. 140.

(注 115)　Lee Benson, Merchants, Farmers, & Railroads: Railroad Regulation and New York Politics, 1850−1887, at 4−5 (1955, reprint 1969).

(注 116)　以上につき，Albany Argus, Feb. 12, 20, 26, Mar. 2, 25, 29, 1850; Albany Evening Journal, Mar. 28, 1850 参照。

(注 117)　Dwight A. Jones, The Law and Practice Under the Statutes Concerning Business Corporations in the State of New York 81 (1893).

(注 118)　An Act to amend the act entitled "An act to authorize the formation of railroad corporations, and to regulate the same," passed April 2, 1850, Act of Apr. 2, 1854, N.Y. Laws, 77th sess., ch. 282, § 10. なお，§ 10 は § 16 の後に置かれている。

(注 119)　The Railroad Law, Act of June 7, 1890, N.Y. Laws, 113th sess., ch. 565; An Act to amend the general corporation law, Act of May 18, 1892, N.Y. Laws, 115th sess., ch. 687, § 34 ［Schedule of Laws repealed］.

(注 120)　Hough, *supra* note 49, at 36.

(注 121)　An Act to establish an Insurance Department, Act of Apr. 15, 1859, N.Y. Laws, 82d sess., ch. 366, § § 1, 3. なお，保険庁長官は，1892 年の保険会社法以降，The superintendent of insurance（保険監督官）と呼ばれるようになる。

むすび

む す び
―― 1860年代以降のニュー・ヨーク州事業会社立法の主要な動向 ――

　本書を締め括るために，まず，19世紀後半のニュー・ヨーク州事業会社法における若干の注目すべき立法動向を一瞥してみることにする。また，1890年の一連の会社法制定を発端とし，1892年の改正を経て，ニュー・ヨーク州会社法の現代化が開始されたといえよう。その後，1909年の The Consolidated Laws（統合的法律）の制定や1923年・1929年の会社法改正などを経て，現行会社法の基盤たる1961年ニュー・ヨーク州事業会社法（The Business Corporation Law）が制定されたのである。そこで，最後に，19世紀末から1961年までのニュー・ヨーク州における会社立法の動向をおおまかに振り返ることによって本書のむすびに代えることにしたい。

【1】　19世紀後半における事業会社法の動向

　1846年からおよそ10年間に確立されたニュー・ヨーク州の事業会社法制度は，1890年まで，基本的に維持されたといえよう。1848年製造工業会社法を初めとする種々の準則制事業会社法は，その制定後それぞれ数多くの改正を経て，1890年の一連の会社法が制定されるまで，その基本的な仕組みを保持している。そして，その間において最も注目すべき事件は，1875年事業会社法（以下1875年法と呼ぶ）の制定であろう[注1]。同法は，The Business Act と呼ばれることが多いが，The Business Corporation Act とも呼ばれている。The Business Corporation Act と呼ばれる制定法は当時のアメリカではまだ珍しい存在であったと思われる。

　以下では，1848年製造工業会社法（以下1848年法と呼ぶ）と比較対照しつつ1875年法の特徴を探ってみることにしたい。1875年法は同法に基づき設立された事業会社にのみ適用されたから，同法と1848年法との間に全く抵

むすび

触はなく，1890年まで両法は併存したのである。

 1875年法によれば，銀行・保険・鉄道事業など一定の例外を除き，<u>適法ないかなる事業をも目的とする会社を設立することが認められた</u>（§1）。それまでの種々の準則制事業会社法においては，その設立目的が限定されており，それらと比較した場合，1875年法の特徴はその包括性（its comprehensive character）にあり，同法は一層近代的な会社立法に属するといえよう(注2)。

 1875年法の設立手続は，1848年製造工業会社法のそれと比較した場合，かなりの相違がみられる。まず，5名以上の者により定款（a certificate）が作成され署名され確認される。同定款は州務長官の事務所にのみ提出される。しかし，同定款には取締役の名前が記載されていないため，この時点で法人が成立するわけではなく，定款の提出は同法に基づく法人化の申請にすぎない。同法§9によれば，このような定款は仮定款（a preliminary certificate）と呼ばれる。

 同法が遵守されている場合には，州務長官は，当該会社の株式引受のためコミッショナー（commissioners）として帳簿を開設する権限を定款作成者に付与する旨の証明書（a certificate）を発行する。この証明書はa licenseと呼ばれる。そして，コミッショナーは株式引受のための帳簿を開設し，資本総額の半分が引き受けられたとき，コミッショナーは引受人の総会（a meeting of subscribers）を招集する。その総会において，業務規則（by-laws）が採択され，取締役が選任される。1811年製造工業会社法や1848年製造工業会社法では，最初の取締役の名前は定款記載事項であった。これに対し，1875年法では，コミッショナーが引受手続に関与し，引受人総会（創立総会）で最初の取締役が選任されることになる。また，業務規則の記載事項が法定されており（§6），このような規定は極めて珍しい例であろう(注3)。

 上記総会の後10日以内に，コミッショナーは，引受リスト・採択された業務規則・選任された取締役の名前を含めて，真実性の宣言のうえ上記総会の議事録を州務長官の事務所に提出しなければならない。その後ただちに，州務長官は当該会社（corporation）が本法に準拠して完全に設立された旨を記載した証明書（a certificate）を発行する。この証明書は最終的定款（a final certificate）と呼ばれ，同証明書には，仮定款・引受人総会の日付と場所・選

むすび

任された取締役の名前・当法人の設立において本法の全規定が充分に遵守された旨の陳述が含まれる。

上記の最終的定款は，その発行後10日以内に，主たる営業の事務所が置かれるカウンティの書記の事務所に提出されなければならない。そして，同定款は，州務長官の事務所に備えられた the record of incorporations と呼ばれる帳簿に記録されかつカウンティの書記の事務所に備えられた類似の帳簿に記録される（§7）。

また，1875年法に基づき設立される事業会社に2種類のものがある点に注目すべきであろう。その1つは無限責任会社（full liability companies）であり，もう1つは有限責任会社（limited liability companies）である。Kerrは，上記いずれの種類の会社を設立するかについては仮定款に示される，と述べている(注4)。

無限責任会社の社員（stockholders）は，会社のすべての債務および負債（debt and liabilities）について，会社債権者に対して個別的・個人的に責任を負う。ただし，会社に対する強制執行が不満足な結果（不奏効）となるまでは，社員個人に対する強制執行令状が発せられることはなく（§34），また，①債務が負担されてから2年以内に支払わなくてもよい債務の支払の場合，②支払期限後2年以内に取立の訴えが提起されない場合，③ある者が株主でなくなった時から2年以内に，その者の株主としての責任を追及するための訴が提起されなかった場合は，社員は個人的に責任を負わない（§25）。以上のように，full liability という表現が使用されているにも拘わらず，その社員の責任の内容はかなり制約されており，この点は注意を要するであろう。

なお，上記①〜③の場合を除き，会社に対する訴訟において株主は被告として会社と併合される。

ところで，stockholders（shareholders も同じ）という用語は，これを株主と訳すことがわが国の常識である。しかし，日本の会社法では，会社の債務につき個人的責任を負う株主という概念は認められないから，上記の無限責任会社の stockholders という用語はこれを社員または出資者と呼ぶことが適切であろう。

上記の有限責任会社における社員（株主）の責任（1875年法§27）は，

むすび

1848年製造工業会社法における株主の責任とほぼ同一である（本書第3章4節【2】§10参照）。しかし，1875年法によれば，有限責任会社の場合には，当該会社商号の最後の語として"limited"という語が付加され，その商号はペイントで描かれて，その事業が遂行される各事務所もしくは場所の外側に目立つ形で掲示されなければならず，また，当該会社のすべての公示・宣伝公告もしくは事業取引において使用されるすべての手形・小切手・運送証券・送り状・受領証・書状において，会社はそのフル・ネイムを使用することが要求された。"limited"という語が省かれた場合には，その間に負った債務・損害または責任について，当該会社の役員・取締役は，故意がない場合でも，個人的に責任を負わなければならない。このような1875年法の特徴（欠陥）の故に，同法は1848年法より優位となることができず，1848年法が好んで利用されたといわれている[注5]。

以上のほか，1875年法は，取締役の選任について，累積投票制度を採用しており（§26），また，1848年法は，資本の上限を制限していなかったのに対し，1875年法は資本の上限を200万ドルに制限し，額面を10〜100ドルに制約している（§11）。さらに，1848年法は，当該会社の使用人の賃金債権について，株主の個人的責任を認める規定を設けていたが（§18），1875年法はこのような規定を定めていない。

ちなみに，1875年法の基本的な枠組みは，その欠陥を修正したうえ，次の項で述べる1890年以降の会社法制度へ受け継がれたといえるのではなかろうか。

1875年法のほかにもう1つ注目しておきたいのは，1882年銀行法の制定である。1863年・1864年のいわゆるThe National Banking Actにより，アメリカの銀行制度は大きく変貌したが，ニュー・ヨーク州1882年銀行法は，銀行会社（州法銀行）の設立に関する準則主義や株主の2倍責任規定を設けている。1882年法が1838年自由銀行法および1849年改正法を踏襲していることは明らかであるが，同法に基づく州法銀行は最早発券権能を認められていない。さらに，同法は，後述する1892年銀行法により基本的に受け継がれているといえよう。なお，1838年自由銀行法は，上記1882年法の制定と同日に廃止されている[注6]。

むすび

【2】　1890年以降の会社立法の主要な動向
★

　1846年以後の10年間が同州事業会社法史の最初の大変貌期であったことは既に述べたとおりである。その次の大きな転換期は1890年から1892年の時期であり，この時期の一連の会社法が現行のニュー・ヨーク州事業会社法制度の出発点を形作ったといえよう(注7)。

　まず，1847年以来制定された様々な準則制事業会社法が1890年・1892年の時期にどのように再編されたかについて概観しておきたい。

　1890年に制定された一連の会社に関する一般法律は次のとおりである。

①　The General Corporation Law（N.Y. Laws, 1890, ch. 563）.
②　The Stock Corporation Law（N.Y. Laws, 1890, ch. 564）.
③　The Railroad Law（N.Y. Laws, 1890, ch. 565）.
④　The Transportation Corporations Law（N.Y. Laws, 1890, ch. 566）(注8)．
⑤　The Business Corporation Law（N.Y. Laws, 1890, ch. 567）.

　上記5つの制定法はいずれも1891年5月1日に施行されている。しかし，1892年5月18日にはこれら諸法の改正法が成立し，同改正法は直ちに施行されている。1892年に改正された諸法は以下のとおりである。

①'　An Act to amend the general corporation law, Act of May 18, 1892, N.Y. Laws, 115th sess., ch. 687.

②'　An Act to amend the stock corporation law, N.Y. Laws, 1892, ch. 688.

③'　An Act in relation to railroads, constituting chapter thirty-nine of the general laws, N.Y. Laws, 1892, chs. 676, 306, 460, 534, 700, 702.

④'　An Act in relation to transportation corporations, excepting　railroads, constituting chapter forty of the general laws, N.Y. Laws, 1892, ch. 617.

⑤'　An Act to amend the business corporations laws, 1892, N.Y. Laws, 1892, ch. 691.

　以上のほかに，⑥ The Banking Law（An Act in relation to banking corporations, Act of May 18, 1892, N.Y. Laws, 115th sess., ch. 689）および⑦ The Insurance Law（An Act in relation to insurance corporations, constituting chapter thirty-

むすび

eight of the general laws, N.Y. Laws, 115th sess., ch. 690) が制定されている。

　1890年の諸法が1892年の諸法によりいかに改正されたかという問題は省略して，以下では，上記1892年の諸法の仕組みを大まかに紹介することにしたい。

　上述⑤'の法律§2によれば，適法ないかなる事業をも目的として，a stock corporation を設立することが認められており，同法はa general incorporation law（準則制会社法）であるといえる。しかし，銀行・保険・鉄道・運輸事業を目的とする会社は同法に基づいて設立することができない。このような会社は，それぞれ上述⑥⑦③'④'の諸法に基づき設立される。

　なお，1892年 The Business Corporations Law の設立手続によれば，定款には取締役の員数だけが記載され，資本の半分が払い込まれたときに営業を開始できる（shall engage in the transaction or management of business）とされている。

　また，stock corporations とは，"株式に分割された資本"を有する会社をいう。したがって，上記⑤'の1892年 The Business Corporations Law は，銀行・保険・鉄道・運輸などを除いた事業を目的とする stock corporations（このような stock corporations を狭義の business corporations と呼ぶことができるであろう）がその対象である。言い換えれば，狭義の事業会社は1892年 The Business Corporations Law に基づいて設立される会社である。このような会社は，銀行・保険・鉄道・運輸を除いた事業を目的とし，株式に分割された資本を有するといえよう。ただし，同法は business corporations の定義規定を明示的に定めているわけではない。

　以上のような会社法システムを前提とした場合に，1890年代のニュー・ヨーク州の The Stock Corporation Law を単純に「株式会社法」と訳すことは誤解を生じるおそれがあろう。同法に基づき stock corporations を設立することは認められず，同法は The Business Corporations Law により設立された stock corporations に共通に適用される諸規定（取締役や株主に関する）を定めているだけである。この時期に制定された The Stock Corporation Law は，法人化（Incorporation）の手続を定めていないため，このような一般法律は準則制会社法と区別する必要があろう。このような一般法律はa

むすび

general regulating law たる性格を有する点に注目すべきであろう（本書第1章5節【2】B参照）。

また，The General Corporation Law も上述の The Stock Corporation Law と同じ性質の法律である。ところが，これを「一般法人法」または「一般会社法」と訳す場合には，それが準則主義立法（a general incorporation law）であると誤解される恐れがある。ただし，当時他の諸州においては，The General Corporation Law（or Act）という用語が準則制会社法（法人法）の意味で使用されることもあるので(注9)，殊に一般会社法という訳語を使用する場合には，それが上述の a general regulating law と a general incorporation law のいずれであるかを明確に区別する必要があろう。

以上のように，狭義の事業会社を運営する際には，最低3つの主要な制定法に注意を払わなければならない複雑な仕組みの会社法制度が施行されていたわけである。

既述の1875年事業会社法の full liability companies という法的枠組みは，1890年以降においても基本的に維持されている。しかし，1875年法において，有限責任会社の場合に要求された厳格な要件は，1890年以降は定められていない。1890年の The Business Corporation Law は，定款に a full liability corporation となる旨を記載した場合に，そのような会社となると定めている(注10)。

full liability corporations という法的枠組みは，1923年の The Stock Corporation Law によって廃止されるまで存続した(注11)。したがって，ニュー・ヨーク州に即して会社法史を整理する場合には，The business corporations law という用語には特別の注意を要するわけである。1890年の The Business Corporation Law の施行以後1923年の The Stock Corporation Law の施行までの時代においては，The business corporations law は，日本の会社法学でいう株式会社を常に対象としていたわけではないからである。なお，1890年の The Business Corporation Law は corporation を単数で表示しているが，1892年法以降1923年法施行までの制定法は The Business Corporations Law（corporations が複数表示である）と表示している。

むすび

★★

　1909年に，ニュー・ヨーク州は統合的法律（The Consolidated Laws of the State of New York）を制定した。同統合的法律を構成する会社法関連の一般法律としては，①The Business Corporations Law^(注12)，②The Stock Corporation Law^(注13)，③The General Corporation Law^(注14)のほか，④The Banking Law^(注15)，⑤The Insurance Law^(注16)，⑥The Transportation Corporations Law^(注17)　がその主たるものである。なお，⑦The Railroad Law^(注18)は1909年には州知事の承認が得られず，翌年成立している。

　1909年統合的法律の制定の際に，1890年・1892年の一連の会社法は廃止されたが，1890年以降の会社法システムは基本的に維持されているといえる。1909年のThe Business Corporations Lawは，1923年のThe Stock Corporation Lawの施行まで，business corporationsを設立するために準拠する基本的な制定法であった。また，The Stock Corporation LawおよびThe General Corporation Lawも事業会社に関する一般法律であるが，いずれの法も会社の設立手続を定めていない点は，1890年以降のシステムのままである。なお，上記3つの制定法は同時に制定されたものであって，単一の立法の一部分を構成すると理解すべきであるから，それぞれを別々のものとして解釈してはならない旨が指摘されており，この点は注意を要するであろう^(注19)。

　1923年のThe Stock Corporation Law^(注20)は，同州事業会社法システムをかなり大きく変えており，The Business Corporations Lawという名称の制定法は上記1923年法により大部分が廃止されている。その結果，1923年法施行前のThe Business Corporations Lawの大部分の規定は，1923年The Stock Corporation LawやThe General Corporation Lawなどに吸収され，残り僅かの規定は1926年および1952年に廃止されている^(注21)。つまり，1923年法の施行から1952年までは，The Business Corporations Lawという名称の制定法は，事実上存在していなかったのであり，その後1961年のThe Business Corporation Lawが制定されるまでは，business corporation lawという名称の会社法は全く存在しなかったわけである。

　この時期においては，狭義の事業会社は1923年のThe Stock Corporation

むすび

Lawに基づき設立され，同法およびThe General Corporation Law（1929年に改正されている）に服したのである。なお，上述のfull liability corporationsに関する規定が1923年に廃止された点は既に述べたとおりである。

1909年以降，次のような重要な法改正が行なわれた。The Banking Law — 1914年改正法（N.Y. Laws 1914, ch. 369），The Transportation Corporations Law — 1926年改正法（N.Y. Laws, 1926, ch. 762），The General Corporation Law — 1929年改正法（N.Y. Laws, 1929, ch. 659），The Insurance Law — 1939年改正法（N.Y. Laws, 1939, ch. 882）。

★★★

現行のニュー・ヨーク州「事業会社法」は1961年に制定され，1963年に施行されている。原則として，すべての州内会社およびニュー・ヨーク州において営業を行なうことを授権されまたは現に営業を行なうすべての州外会社については，「事業会社法」が適用される（同法§103）[注22]。ただし，銀行法に基づく銀行会社は銀行法にのみ服し，「事業会社法」には服さない。また，保険会社・鉄道会社・運輸会社は「事業会社法」にも服するが，それぞれThe Insurance Law・The Railroad Law・The Transportation Corporations Lawにより設立され，これらの個別の制定法が「事業会社法」と抵触する場合には，それぞれの個別の制定法が優先する。なお，The Stock Corporation Lawは，1963年9月1日現在，business corporationsに対するその適用が停止され，1966年9月1日に，廃止された。The General Corporation Lawも，1963年9月1日現在，business corporationsに対するその適用が停止された[注23]。

1961年法の制定により，同州の会社法の歴史において初めて単一の立法に近い事業会社法が制定されたといわれており，その後，同州「事業会社法」は数多くの改正を経ている。ちなみに，1989年7月16日までに改正された形の「事業会社法」は日本語に翻訳されている[注24]。

現在のニュー・ヨーク州事業会社法は，1890年以後における複雑な変遷を重ねた結果であるといえよう。現時点においては，同州の事業会社は，単一の会社制定法（1961年事業会社法およびその後の改正を含む）に服するが，同法には事業会社（business corporations）の定義規定が置かれていないことを

注意しなければならない^(注25)。繰り返しであるが，ここでいう事業会社はいわば狭義の意味における事業会社とでもいうべきものであり，銀行会社は完全に別個の会社法システムを構成し，保険会社・鉄道会社・運輸会社もそれぞれ独自の会社法システムを有することに留意する必要がある。

［むすびの注］

（注1） An Act to provide for the organization and regulation of certain business corporations, Act of June 21, 1875, N.Y. Laws, 98th sess., ch. 611. なお，1875年には，次のような2つの州の注目すべき準則制会社法が制定されている。① General Provisions Respecting Corporations: An Act to provide incorporation for religious, charitable, literary and manufacturing purposes, for the preservation of animal and vegetable food, for building and loan associations, and for draining low lands, Act of Mar. 26, 1875, **Del. Laws**, 1875, ch. 119; ② An Act concerning corporations, Act of Apr. 7, 1875, Revised Statutes of the State of **New Jersey**, 1875, pp. 3-37.

（注2） 以下の1875年法の分析は，同法の法文の検討およびEDWARD W. SOUTHWORTH & DWIGHT A. JONES, A TREATISE ON THE NEW YORK MANUFACTURING CORPORATION ACT OF 1848, AND BUSINESS CORPORATION ACT OF 1875, at 274-77 (2d ed., 1890) に依拠している。ただし，1875年法のその後の改正は省く。

（注3） *Id.* at 333-36は，1848年製造工業会社法の下における業務規則の書式（forms）を掲載しているが，それが1875年法の影響をうけているかどうかは不明である。

（注4） JAMES M. KERR, THE LAW OF BUSINESS CORPORATIONS: EMBRACING THE NEW YORK BUSINESS ACT, THE NEW YORK MANUFACTURING ACT, AND THE NEW JERSEY AND WEST VIRGINIA ACTS 3 (1890). ただし，Kerrの主張を裏付ける明示の規定はみられないのではなかろうか。

（注5） FRANK WHITE, THE NEW CORPORATION LAWS OF THE STATE OF NEW YORK 291-92 (1890).

（注6） 第3章（注42）参照。

（注7） アメリカ事業会社法の歴史を顧みるとき，19世紀末のリベラルな会社法（The "liberal corporation laws"）に対して，それ以前の事業会社は様々な制約（restrictions）の下に置かれていたことがしばしば指摘されている。この点について，William E. Kirk, *A Case Study in Legislative Opportunism:*

271

むすび

How Delaware Used the Federal-State System to Attain Corporate Pre-Eminence, 10 J. CORP. L. 233, 244-46 (1984) を参照されたい。そして，19世紀末のリベラルな会社法の成立過程に関する本格的な研究は今後に残された課題であろう。

（注8） 第3章3節【1】〜【4】の諸法に基づく会社は，そのほぼすべてが④The Transportation Corporations Law により設立され得るものとされたといえよう。④の制定法の内容は，art. 1. Ferry corporations（§§1-6); art. 2. Navigation corporations（§§10-13); art. 3. Stage-coach corporations（§§20-22); art. 4. Tramway corporations（§§30-33); art. 5. Pipe-line corporations（40-54); art. 6. Gas and electric light corporations（§§60-71); art. 7. Water-works corporations（§§80-85); art. 8. Telegraph and telephone corporations（§§100-09); art. 9. Turnpike, plank-road and bridge corporations（§§120-51); art. 10. Miscellaneous provisions（§§160-63）である。

（注9） JAMES B. DILL, THE STATUTORY AND CASE LAW APPLICABLE TO PRIVATE COMPANIES UNDER THE GENERAL CORPORATION ACT OF NEW JERSEY (1898); J. ERNEST SMITH, THE LAW OF PRIVATE COMPANIES RELATING TO BUSINESS CORPORATIONS ORGANIZED UNDER THE GENERAL CORPORATION LAWS OF THE STATE OF DELAWARE (1899). なお，ペンシルヴェイニア州は，1874年に，An Act to provide for the incorporation and regulation of certain corporations, Pa. Laws, 1874, No. 32 を制定している。同法は非営利法人・営利法人の設立に関する準則主義を採用しており，同法は準則制法人法・会社法ともいうべきものである。同法については，ANGELO T. FREEDLY, THE GENERAL CORPORATION LAW OF PENNSYLVANIA (1882) 参照。

（注10） WHITE, *supra* note 5, at 309-10.

（注11） ALDEN I. ROSBROOK, A TREATISE ON THE LAW OF CORPORATIONS IN NEW YORK 17n.4b (1926).

（注12） An Act relating to business corporations, constituting chapter four of the consolidated laws, N.Y. Laws 1909, ch. 12.

（注13） An Act relating to stock corporations, constituting chapter fifty-nine of the consolidated laws), N.Y. Laws 1909, ch. 61.

（注14） An Act relating to corporations generally, constituting chapter twenty-tree of the consolidated law, N.Y. Laws 1909, ch. 28.

（注15） An Act in relation to banks, individual bankers and corporations under the supervision of the banking department, constituting chapter two of the consolidated laws, N.Y. Laws, 1909, ch. 10.

（注16） An act in relation to insurance corporations, constituting chapter twenty-eight of the consolidated laws, N.Y. Laws, 1909, ch. 33.

（注17）　An Act in relation to transportation corporations, excepting railroads, constituting chapter sixty-three of the consolidated laws, N.Y. Laws, 1909, ch. 219.

（注18）　An Act in relation to railroads, constituting chapter forty-nine of the consolidated laws, N. Y. Laws, 1910, ch. 481.

（注19）　ROSBROOK, *supra* note 11, at 5.

（注20）　N.Y. Laws, 1923, ch. 787, The Consolidated Laws of the Sate of New York, ch. 59.

（注21）　Harry G. Henn, *The Philosophies of the New York Business Corporation Law of 1961,* 11 BUFFALO L. REV. 439, 448 n.58 （1962）.

（注22）　長浜洋一訳・ニューヨーク事業会社法1，3頁（1967年）。なお，N.Y. Laws, 1961, ch. 855, § 2によれば，同chapter 855（An Act in relation to business corporations, constituting chapter four of the consolidated laws）はThe Business Corporation Lawと呼ばれる。同法はいわゆる1961年ニュー・ヨーク州事業会社法であり，The Consolidated Laws of the State of New York, ch. 4を構成している。

（注23）　HARRY G. HENN, HANDBOOK OF THE LAW OF CORPORATIONS AND OTHER BUSINESS ENTERPRISES 33 n.n.26, 27 （2d ed. 1970）.

（注24）　長浜洋一訳・ニューヨーク事業会社法（1990年）。

（注25）　Henn, *supra* note 21, at 442 n.24, 446 n.52. なお，事業会社に関する定義規定が欠如している点は，日本の商法に株式会社の定義規定がないことと同様であろう。

索 引

事項索引（邦文）

あ

アメリカ合衆国初期の事業会社 …9, 10
　——の設立数 …………………11, 30, 38
　——法 ………………………………79–94
板舗装道路会社法：1847年 …217–19
一般法律 …………………………8 (注8), 22
一般（的）会社法 ……………5, 268–70
運河会社 ………………………………51
　——設立法 ……………………………51
　——設立法一覧 ………………………58
永続承継 ………………25, 53, 61, 149
（→ 継続承継）
オールバニィ銀行 ……………………22

か

会計検査官 ………66, 139, 183, 226, 251
カウンティの書記 ……58, 61, 185, 220, 224, 232, 264
株　式 ……………………………21, 25
　——会社 …………………2, 6 (注5), 51
　——買取請求権 ………27, 195 (注43), 199 (注84)
　——の譲渡 ………21, 42, 57, 62, 63, 66
　——の引受 …16, 26, 31, 36, 61, 65, 67
　——を人的財産とみなす規定
　　　………………57, 66, 104 (注115)
（→ 他会社株式の保有）
株　主 ………………………………3–4
　——の議決権 → 議決権
　——の責任 → 社員の責任
　——の募集 → 株式引受
株主総会 …18, 32, 63, 149, 154, 159, 235
　——の権限 ………53, 73–74, 92, 94
　——の招集 ……23, 53, 54, 62, 88, 158
合　併 ……………67, 106 (注133), 155, 199 (注84), 219
会　社 → 事業会社
会社設立者 …………………226, 251
（→ corporators）
ガス灯会社法：1848年…220, 272 (注8)
合衆国銀行
　第1次—— ………14, 95, 96 (注26, 27)
　第2次—— ……………………………172
カユーガ有料橋会社 …………………72
議決権 …………………………………91
　——の逓減制または逓増制 …17, 27, 41, 54, 65, 73, 77, 105 (注127)
（→ 1株1議決権，1人1議決権）
銀行会社 ………………………………2
　——設立法 …………………14, 26–28
　——設立法一覧 ……………28–29, 134
　——の権能 …………………15, 133
　——の設立数 ………11, 132, 145, 188
　——による商業の禁止 ………21, 133
　——法 ………………………131, 136, 145
銀行法：1882年 …215, 256 (注42), 265
　——：1892年 ……………………266
（→ 自由銀行法）
業務規則 ………4, 119, 185, 186, 233, 263
計算書 ……………18, 32, 41, 73, 150
決算書 ………………55, 62, 63, 66
継続承継 ……………………………15, 25
（→ 永続承継）
憲法 → Constitution（＝法令索引）
憲法会議：1846年 ……………206, 212

275

索　引

個人的責任 ……20, 82, 108 (注162), 119, 145, 175-77, 182-83, 211-12, 214, 228-29, 247, 264
(→ 無限責任，連帯的責任)
個別法律 ………………………4, 8 (注8)
　──による事業会社（法人）の設立
　→ 特許主義
コミッショナー（株式引受のための）
　…………………28, 52, 57-58, 61, 63-65, 67, 73-74, 88-89, 149, 154-55, 158-59, 161, 199, 241, 263
(→ commissioners)
コロンビア銀行 ………………………23

さ

事業会社 ……………………………1-3, 10
　──の解散　17, 46, 62, 63, 66, 220, 222
　──の債務負担額の制限
　　…… 19, 26, 84, 98, 141, 219, 222, 233
　──（法人）の（準）公共的性格
　　………………………9-10, 39, 50, 115
　──の成立時点 → 法人の成立時点
　──の設立数 … 38, 122, 142, 188, 219, 221, 224, 235-36, 250
　──の存続期間 ……15, 25, 41-43, 92, 118, 157, 232, 244
　──の設立手続 ……87-90, 118, 149, 185, 217-18, 220-26, 231-32, 241-42, 244-45
　──法：1875年 ……………………262
　──法：1890年 ……………………266
　──法：1892年 …………………266-67
　──法：1961年 ………………262, 270
　──を設立するための個別法律
　　→ 設立法
自治規則 …………4, 18, 32, 41, 45, 65, 92
資本（金） ………………6, 23, 41, 43, 72
(→ capital stock)

　──の減少 ………………137, 140, 235
　──の増加 ……127, 185, 219, 223, 235
資本の額（製造工業会社の）……41, 46, 120, 123, 124, 232, 251, 265
　銀行会社の──　………………16, 23, 26-28, 179, 185
　保険会社の──　……31, 35, 226, 251
　公益事業的性質の事業会社の──
　　………………………………52, 61, 72,
社員の責任 …………2, 79-87, 210-12
　資本総額の払込前における──
　　………………………140, 228, 233, 247
　使用人の賃金債権に対する──
　　………………………2, 221, 234, 265
　1810年以前の── ……………79-87
(→ 個人的責任，2倍責任，比例責任，無限責任，有限責任，連帯的責任)
社　債 ……………………………………248
社　長 …………………26, 31, 53, 56-57, 61, 63, 65, 85, 149, 233
(→ 頭取)
州の出資 …………………27, 28, 35, 41
自由銀行法 …………………………170, 212
州務長官………………52, 58, 117-18, 185, 218, 220, 226, 232, 241-42, 25, 263-64
収用権 ……………………55, 65, 158, 218, 238-40, 242, 243, 246
準則主義 ………4-5, 205, 206, 209, 210
準則制事業会社法 ………………………4
(→ 自由銀行法，製造工業会社法：1811年；1848年，保険会社法，鉄道会社法)
水道会社設立法 …………16, 76-78, 91
　──一覧 ………………………78-79
製造工業会社 ……………………………2
　──設立数 ………………38, 142, 235
　──設立法 ……………………40, 123

276

事項索引（邦文）

──設立法一覧 ……48-50, 127-31
──法 ………38, 86, 123, 142,
　　　　145, 222, 226-27, 233, 265
──法：1811年 …………………114
──法：1848年 …………………227
──法：1809年マサチューセッツ州…7
──法：1830年マサチューセッツ州…7
西部運河会社 ……………………51
責任の態様 → 社員の責任
設立法…………………………………4

た

他会社株式の保有 ………26, 54, 234, 247
ターンパイク会社 …………………59
──設立数 …………59, 122, 142
──設立法 ……………………60
──設立法一覧 ……………68-72
──法：1807年 ……………63-67
──法：1827／28年法 Tit ………136
──法：1847年 ……………217-19
重複責任 → 2倍責任
定款（作成・確認・提出）…18, 185-86,
　　　　218, 220-23, 225,
　　　　232, 241, 244, 263
鉄道会社設立法 …………………147
──一覧 …………………162-69
鉄道会社法：1848年 …………240-43
──：1850年 …………………243
電信会社法：1848年 …………223-24
頭　取 …………16, 21, 82, 181, 185
（→ 社長）
特許主義 ………3, 9, 113, 122, 142, 205
特許状 …………………………………4
（→ 設立法）
取締役 ………………16, 26, 77-78
──選挙の検査 ……28, 31, 139, 159
──の員数 …28, 34, 118, 149, 154, 233
──の資格 ……16, 26, 31, 35, 54, 153
──の責任 ………19-20, 84, 140-41,

──の選任 …16, 31, 41, 53, 61, 65, 73,
　　　　77, 119, 139, 149, 158, 265
──の報酬 ……………54, 62, 94
取締役会 ………31, 32, 54, 97（注37），
　　　　141, 149, 158, 247
──の権限 ………18, 31-32, 92, 233,

な

捺印証書（の確認）……………220, 232
（→ deeds of real estate）
2重責任 → 2倍責任
2倍責任 ………2, 33-34, 46-47, 99
　　　　（注69），119-20, 125-26,
　　　　132, 134-35, 143, 147,
　　　　214-15, 218-19, 247, 265
ニュー・ヨーク・アンド・エリー鉄道
　会社 ……………………………154
ニュー・ヨーク銀行 ………………11
ニュー・ヨーク・セントラル鉄道会社
　……………………………………157
ニュー・ヨーク保険会社 …………34

は

パートナーシップ …6（注4），12, 13, 87,
　　　　93, 96（注18），126, 229
払込（請求）……35, 44, 48, 55, 63, 119,
　　　　150, 155, 160, 234-35
1株1議決権（の原則）…27, 31, 35, 45,
　　　　74, 77, 105（注127），118
1人1議決権 ……………………17, 77
比例責任 ………2, 40, 84, 127, 138,
　　　　210, 254（注25）
法人（事業会社）の成立時点
　………87-90, 118, 185, 218, 220,
　　　　222, 224, 226, 232, 241, 245
法務長官 ……175-76, 200（注108），226
北部運河会社 ……………………51

277

索　引

保険会社 …………………………………2
　　――設立数 ………………29-30, 146
　　――設立法 …………………………30
　　――設立法一覧 …………37-38, 135
　　――による商業の禁止 ……………32
　　――法 ……………………134, 146
　　――法：1849年 …………224-27
　　――法：1853年 …………250-51
保険監督官 …………………261 (注121)
保険庁 ……………………………………251
　　――長官 ……………………………251

――：資本減損禁止基準 ………… 32,
　　　　　　137-38, 141, 186, 234
――：支払不能禁止基準 ……234, 243
リミティッド・パートナーシップ
　………………………………174, 207
（→ limited partnership）
累積投票 ……………………………265
連帯的責任 ……………126 144, 150,
　　　　　　　　175-77, 179-82

ま

マンハッタン・カンパニー …24, 36, 76
無限責任 ………………2, 4, 6, 7, 19, 43,
　　81-83, 86-87, 91, 102 (注98),
　　126-27, 135, 144-45,
　　150-51, 176-77, 182,
　　191 (注5), 255 (注27), 264
モホーク・アンド・ハドソン鉄道会社
　……………………………………148-51

や

役　員 ………………18, 53, 61, 77-78,
　　　　　　　　119, 175, 185, 265
有限責任 ………………2, 4, 6, 7, 19-20,
　　33, 40, 79-81, 83-86, 107
　　(注149), 171, 177, 181-83,
　　186, 187, 215, 264-65, 268
ユナイテッド保険会社 …………………30
有料橋会社設立法 ………………72-74
　　――一覧 ……………………………74
有料橋会社法：1848年 ………221-23

ら

利益配当 ………………………………28, 45
　　――：利益基準 ……18, 28, 45, 55, 66,
　　　　　　　　　　74, 97 (注38)

事項索引（英文）

A

American Fur Company ·················48
articles of association → 定款
aqueduct corporation ···················76
（→ 水道会社設立法）
assessment → 払込（請求）
Attica and Buffalo Rail-Road Company
································157, 158

B

bank commissioners ··················177
Bank of Albany → オールバニィ銀行
Bank of Columbia → コロンビア銀行
Bank of New York → ニュー・ヨーク銀行
Bank War ······················14, 172
banking corporation → 銀行会社
banking power → 銀行会社の権能
bridge corporation → 有料橋会社
business corporation → 事業会社
by-laws···························4, 92
（→ 業務規則，自治規則）

C

canal corporation → 運河会社
capital stock ·········16, 26, 52, 86, 222, 232
（→ 資本）
certificate (in writing) → 定款
chairman ···························57
charter ·························4, 225
（→ 特許状，定款）
Columbia Manufacturing Company
·························44, 47, 119
commissioners ·················65, 242
（→ コミッショナー）
company ···························60
comptroller → 会計検査官
constitution ········13, 17, 93−94, 96（注 18）

fundamental articles of ─── ···········54,
61−62, 93
continual succession → 継続承継
corporation ·························60
corporator 151, 225, 254（注 25）, 257（注 67）
（→ incorporator）

D

deeds → 捺印証書
deeds of real estate ···················224
director → 取締役
double liability → 2 倍責任

E

eminent domain → 収用権

F

full liability company ·········135, 264, 268
（→ 無限責任）
funds ······36, 41, 42, 45, 57, 85, 86, 127, 137
（→ 資本）

G

general law (or act) → 一般法律
general incorporation law
·····················4−5, 117, 208, 267−68
（→ 準則主義，準則制事業会社法）
general regulating law
············5, 63−64, 136,142, 252, 267−68
general regulatory law
→ general regulating law

H

Hamilton, Alexander ··················12
Hamilton Manufacturing Society ··········42

I

incorporated company

279

索 引

..................3, 103, 136, 140, 141, 225, 251
incorporator 211
(→ corporator)
individual liability →個人的責任
inspector →取締役選挙の検査
insurance corporation → 保険会社
Insurance Department → 保険庁
　　Superintendent of ―― → 保険庁長官
interest 42

J

joint and several liability → 連帯的責任
(= be liable jointly and severally)

L

limited liability company..............264－65,
(→ 有限責任)
limited partnership ...... 2 ,174,200 (注108)
(→リミティッド・パートナーシップ)

M

manufacturing corporation → 製造工業会社
Manhattan Company → マンハッタン・カンパニー
Mohawk and Hudson Rail Road Company ...148
monied corporation 136, 137, 198

N

New York Insurance Company → ニュー・ヨーク保険会社
New York Manufacturing Society 40
Northern Inland Lock Navigation Company
→ 北部運河会社

O

officer → 役員
the Oriskany clause 143, 228
Oriskany Manufacturing Company
..............................143－44

P

perpetual succession → 永続承継
personal liability → individual liability
plank road corporation → 板舗装道路会社法

president 15
(→ 社長，頭取)
proportional liability → 比例責任

R

railroad corporation → 鉄道会社
New-York and Erie Rail-Road Company → ニュー・ヨーク・アンド・エリー鉄道会社
Rensselaer Glass Factory 43

S

share ...16, 73, 100 (注70), 118, 120, 125, 138
(→ 株式)
shareholder → 株主
session law 5
special law (or act) → 個別法律
special law of incorporation 4
special incorporation law 4
stock ...16, 21, 22, 25, 32, 45, 57, 81, 118, 138,
247
(→ 株式，資本)
stock corporation 267
stockholder → 株主

T

telegraph corporation → 電信会社法
transfer books 139
Troy and Stockbridge Rail-Road Company
..............................161
trustee 45, 57, 118, 193 (注19)
(→ director)
trustee corporation 108 (注155)
turnpike corporation → ターンパイク会社

U

United Insurance Company → ユナイテッド保険会社
unlimited liability → 無限責任，full liability

W

Western Inland Lock Navigation Company
→ 西部運河会社

法令索引

Banking Law: 1882 ……………………265
――: 1892 ……………………………266
Bankruptcies ………137, 141, 197 (注58)
 (= An Act to prevent fraudulent Bankruptcies by incorporated Companies : 1825年詐欺的破産防止法)
Bridge Corporation Law: 1848 → 有料橋会社法：1848年
Business Corporation Act of 1875 ………262
Business Corporation Law: 1960 ………270
――: 1890 ……………………………266
Business Corporations Law: 1892, 1909
 ……………………………………266, 267
Consolidated Laws: 1909 ……………269
Constitution of New York: 1777…193 (注17)
――: 1821 ……131-32, 188, 196 (注47),
――: 1846 ……………………205, 212
Free Banking Act → 自由銀行法
Gas Light Corporation Law: 1848 → ガス灯会社法：1848年
General Banking Act → Free Banking Act
General Corporation Law: 1890 ………266
―― 1892 ……………………266, 267
General Railroad Law: 1848 → 鉄道会社法：1848年
――: 1850 → 鉄道会社法：1850年
Insurance Law: 1892 …………………266
Insurance Corporation Law: 1849 → 保険会社法：1849年
――: 1853 (life and health insurance companies) ………………………250-51
――: 1853 (fire insurance companies)
 ……………………………………250-51
Manufacturing Corporation Law: 1811 → 製造工業会社法：1811年
――: 1848 → 製造工業会社法：1848年
National Banking Act : 1863, 1864
 ……………………………………214, 265

Plank Roads and Turnpike Roads Corporation Law ： 1847 …………217-19
Railroad Law → General Railroad Law
Railroad Law ： 1890, 1892 ……………266
Restraining Laws ………………131, 178
Revised Statutes of 1827／28 …………135
Revised Statutes of Massachusetts: 1836
 ……………………………………234-35
Safety Fund Act: 1829 …………145, 171
Stock Corporation Law ： 1890, 1892, 1923
 ……………………………………266, 269
Telegraph Corporation Law: 1848 → 電信会社法：1848年
Transportation Corporation Law: 1890, 1892
 ……………………………………266
General Turnpike Act of 1807 → ターンパイク会社

[著者紹介]

伊藤紀彦（いとう　としひこ）

1940年　岐阜県生まれ
1963年　名古屋大学法学部卒業
現　在　中京大学法学部教授
主論文　「アメリカにおける事業会社の設立に関する準則主義の成立時期について」中京法学31巻3号（1997年）
　　　　「ペンシルヴエイニア州初期事業会社法史」中京法学23巻1号，25巻2・3合併号，28巻1号（1989年，1991年，1993年）

ニュー・ヨーク州事業会社法史研究

2004年（平成16年）2月10日　第1版第1刷発行　5551-0101

著　者	伊　藤　紀　彦
発行者	今　井　　　貴
発行所	株式会社信山社

〒113-0033　東京都文京区本郷 6-2-9-102
　　　　　　電　話　03（3818）1019
　　　　　　Ｆ Ａ Ｘ　03（3818）0344

出版編集　信山社出版株式会社
発売所　　信山社販売株式会社
　　　　　　　　　　　　Printed in Japan

©伊藤紀彦，2004　印刷・製本／エーヴィス・大三製本
ISBN 4-7972-5551-X C3332
5551-0101：012-050-010
NDC分類 325.200

日本会社法成立史	淺木愼一 著	16,000 円
商法改正〔昭和25年・26年〕GHQ/SCAP文書　日本立法資料全集 本巻91	中東正文 編著	38,000 円
ＩＢＬ入門　ビジネスマンのための国際取引法	小曽根敏夫 著	2,718 円
中国国有企業の株式会社化	虞 建新 著	5,000 円
企業結合・企業統治・企業金融	中東正文 著	13,800 円
株主代表訴訟の法理	山田泰弘 著	8,000 円
会社法入門	淺木愼一 著	3,500 円
会　社　法　法律学の森	青竹正一 著	3,800 円
中小会社法入門	大野正道 著	2,800 円
ブリッジブック商法	永井和之 編	2,100 円

信山社